MUITO ALÉM DA HIERARQUIA

Dados Internacionais de Catalogação na Publicação (CIP)
(Câmara Brasileira do Livro, SP, Brasil)

Mandelli, Pedro
　　Muito além da hierarquia : revolucione sua performance como gestor de pessoas / Pedro Mandelli. – Petrópolis, RJ : Vozes, 2018.

　　Bibliografia.

　　ISBN 978-85-326-5814-2

　　1. Administração de empresas 2. Administração de pessoal 3. Ambiente de trabalho – Administração 4. Mudança organizacional 5. Trabalho em grupo I. Título.

18-16651   CDD-658.3

Índices para catálogo sistemático:

1. Gestão de pessoas : Administração de empresas
   658.3

Iolanda Rodrigues Biode – Bibliotecária – CRB-8/10014

PEDRO MANDELLI

MUITO ALÉM DA HIERARQUIA

Revolucione sua performance como gestor de pessoas

VOZES
NOBILIS

© 2018, Editora Vozes Ltda.
Rua Frei Luís, 100
25689-900 Petrópolis, RJ
www.vozes.com.br
Brasil

Todos os direitos reservados. Nenhuma parte desta obra poderá ser reproduzida ou transmitida por qualquer forma e/ou quaisquer meios (eletrônico ou mecânico, incluindo fotocópia e gravação) ou arquivada em qualquer sistema ou banco de dados sem permissão escrita da editora.

CONSELHO EDITORIAL

Diretor
Gilberto Gonçalves Garcia

Editores
Aline dos Santos Carneiro
Edrian Josué Pasini
Marilac Loraine Oleniki
Welder Lancieri Marchini

Conselheiros
Francisco Morás
Ludovico Garmus
Teobaldo Heidemann
Volney J. Berkenbrock

Secretário executivo
João Batista Kreuch

Editoração: Elaine Mayworm
Diagramação: Sheilandre Desenv. Gráfico
Revisão gráfica: Alessandra Karl
Capa: Renan Rivero

ISBN 978-85-326-5814-2

Este livro foi anteriormente publicado pela Editora Gente em 2001 com 15 edições.

Editado conforme o novo acordo ortográfico.

Este livro foi composto e impresso pela Editora Vozes Ltda.

Agradecimentos

Quando se pensa em escrever um livro, principalmente pela primeira vez, a sensação é de estar registrando as ideias que apropriei de outros autores e inserindo um conjunto de vivências, observações e opiniões. Minha conclusão é que essa não é apenas uma obra feita nos últimos anos, mas sim uma grande parte de minha vida profissional. Sendo assim, quando penso nos agradecimentos, tenho de fazer várias e várias divisões, porque para mim essa é uma ocasião muito importante. É o momento em que escrevo o que tantas outras pessoas lerão e terão a oportunidade de saber como penso.

Meus primeiros agradecimentos vão para o número elevadíssimo de organizações em que transito desde 1977, quando comecei minha carreira como consultor e gestor de mudanças dentro das empresas. Todas essas experiências, todos esses líderes empresariais com os quais tive contato, ora observando-os de longe, ora apoiando-os em suas empreitadas, serviram de base para este livro. Meus primeiros agradecimentos, então, se destinam a essas empresas e a esse grande número de administradores cuja grandeza me tornaria injusto ao citar apenas alguns.

Esta obra reflete minha vida de trabalho; por isso, é impossível também mencionar todos os apoios que recebi. Uma das pessoas que gostaria de citar, porém, é aquela que me incentivou a pôr minhas ideias no papel e a relembrar todas as experiências: Márcia Marcília. Ao longo de pelo menos um ano, ela esteve presente em todos os registros, em todas as buscas, em todas as transcrições de fitas de vídeo. Infelizmente, ela não está mais entre nós. Gostaria muito de agradecer-lhe em memória.

O segundo agradecimento vai para todas as instituições de ensino que me deram a oportunidade de lecionar e aprender. Meus agradecimentos sinceros primeiramente ao Instituto Mauá de Tecnologia (IMT), que nos últimos 24 anos me propiciou a condição de ser um de seus professores e, com isso, aprender com seus alunos. Com o Instituto Mauá de Tecnologia, lugar em que ministrei minha primeira aula, tenho uma dívida de gratidão especial.

A segunda instituição é a Fundação Dom Cabral, onde desenvolvo desde 1993 um conjunto de programas de formação executiva e tenho aprendido muito a cada participação e a cada turma. Sinto-me honrado em pertencer a seu quadro de professores.

Quero agradecer também à Fundação Getúlio Vargas, onde participo de programas de desenvolvimento na área de gestão empresarial na categoria de professor convidado.

Um terceiro bloco de agradecimentos vai para meus parceiros de consultoria, que por muitos anos de trabalho em conjunto têm me acompanhado em momentos difíceis, de grandes decisões profissionais e de busca de aprendizado. São dezessete anos juntos. Agradeço a Reinaldo Theodoro Ferreira Lucas, Francisco Pierrotti e Cláudio Viveiros, fiéis parceiros inseparáveis. Gostaria de agradecer também à Thereza, organizadora de minha agenda, que me possibilita ter tempo para todas as minhas atividades.

Existe um quarto grupo ao qual eu gostaria de agradecer ainda, com a mesma intensidade. Ao Senhor Ênio Esplendore, o consultor que primeiro pegou minha mão e me ensinou a estudar e a aprender com os autores. Foi uma pessoa que marcou minha carreira, por isso devo a ele agradecimentos especiais.

Ao Professor Luiz Carlos de Queiroz Cabrera, que acompanha minha vida desde os anos de 1980 e que me aconselhou várias vezes na busca dos melhores caminhos para minha profissão. Orgulho-me de ser seu parceiro em alguns trabalhos e, principalmente, um de seus amigos. Ele me ensinou a entender as organizações e meu papel no auxílio prestado a elas. A terceira pessoa é José Paschoal Rossetti, grande professor de economia, homem extremamente dedicado ao que faz, que ama seu trabalho e, entusiasta, lidera turmas ensinando a matéria difícil que é nossa economia. Aprendi com ele a aprimorar minha dedicação à atividade missionária de lecionar.

A quarta e última pessoa a quem gostaria de agradecer de coração é meu amigo, meu compadre e meu fiel escudeiro nesta obra: Antonio Francisco Domingues Loriggio, o Toti. Grande incentivador deste trabalho, foi ele quem reuniu todos os manuscritos, colocou-os na mesa e fez o livro sair. Sem ele, este livro realmente não se transformaria em realidade.

A todas essas pessoas minha mais profunda gratidão.

Reconhecimento especial

Gostaria que nesta obra ficasse um registro muito especial a um pequeno grupo de pessoas que, sem dúvida, arcam com grande parte do ônus de meu sucesso: meus três filhos – Teyde, a mais teimosa; Lívia, a mais ousada; e João Pedro, que, com seus dois anos e meio, ainda não entende muito bem porque o papai está ausente de casa. Esta obra, ao longo dos anos, dirá por que hoje não estou por vezes perto dele para suas brincadeiras.

E quero agradecer especialmente à minha esposa, minha amiga e conselheira, Maura Mazzeo Zurdo. Maura tem sido o pilar de minha saúde mental, da manutenção de minha paciência, meu arrojo, minha paz para poder produzir, uma excelente balizadora de meu conhecimento e postura. Tenho nela a base de sustentação de meu sucesso profissional. Obrigado por esses anos de paciência e apoio, sempre com carinho e muito afeto, plagiando assim as palavras que ela própria dedicou a mim em sua dissertação de mestrado.

Sumário

Prefácio à edição comemorativa, 11
Prefácio à 15ª edição, 15
O autor, 17
   Luiz Carlos Cabrera
A obra, 21
   José Paschoal Rossetti
Introdução, 25

Parte 1 – Organização e pessoas: tudo mudou, 33
1 Entendendo a década da revolução, 35
2 O impacto da revolução nos gestores, 47
3 Gestor de pessoas: problemas ou resultados, 65

Parte 2 – Desenvolvendo a infraestrutura para a alta *performance*, 91
4 O que é um gestor além da hierarquia (GAH), 93
5 Como entender o perfil do time, 100
6 Fazendo a equipe perceber o risco para compartilhar, 130
7 Definindo o seu legado para a equipe, 142

Parte 3 – Buscando a alta *performance*, 157
8 Aumentando o nível de compromisso, 159
9 Alinhando o comportamento, 182

Parte 4 – Trabalhando com os pares, 199
10 Equipes multidisciplinares, 201
11 Inovando para ganhar credibilidade, 221
12 Como manter a sua credibilidade, 244

Parte 5 – Montando o roteiro para a alta *performance*, 253
13 Como integrar os conceitos em um plano de ação, 255

Parte 6 – Questão final: autodesenvolvimento, 269
14 Autogestão do próprio desenvolvimento, 271
15 Novo ambiente, novos desafios!, 290

Parte 7 – Como criar um ambiente de alta *performance* **em toda a organização**, 303
16 Gestão de pessoas: certificando gestores para o alto desempenho, 305

Mensagem final, 343

Referências, 345

Prefácio à edição comemorativa

Nos últimos dois anos me dediquei a transformar o meu filhote *Muito além da hierarquia* em outros livros e nasceram o *Exercendo liderança*, em 2016, o *Liderando para alta performance*, em 2017, e o *Imaginando e desenhando a liderança*, final de 2017 (um gibi), sempre em conjunto com Antonio Loriggio (Toti) e Livia. Porém, um vazio tomou conta deste profissional que não queria ver sua primeira criação simplesmente sumir das prateleiras sem deixar um sinal claro de sua passagem. Por outro lado, meus ex-alunos, clientes históricos que passam conhecimento de geração a geração, sempre me cobravam a edição do então filho moribundo. Minha iniciativa então foi a de criar uma edição comemorativa para o filhote, sem correções ou ajustes; simplesmente editar para tornar claro que o meu papel foi cumprido e que seus sucessores já estão nascidos e bem vivos no ambiente dos seguidores da boa liderança!

Muito importante dentro de minha vida pessoal e profissional é deixar marcas sólidas das passadas de meu caminho, e os livros e artigos escritos (www.mandelli.com.br) são estas pegadas. O conhecimento e a prática da longa carreira ficam registrados não somente neles, mas também nas pessoas com quem convivi ao longo dos últimos 35 anos de consultoria e 40 anos de ensino executivo e que me cobraram fortemente esta edição. Não estou parando não, em hipótese alguma; estou recomeçando (sempre), pois tenho mais uns 20 anos pela frente muito ativo, contundente, dedicado como sempre busquei ser; ainda vou escrever visionariamente sobre "como ser um liderado" – como uma advertência àqueles que parecem líderes, mas na verdade comandantes antigos que ao longo dos próximos anos ficarão sozinhos com certeza!

O reconhecimento profissional já o tenho e sempre me alimenta muito; portanto, com esta edição, o momento é de celebrar com vocês, todos obstinados pelas boas práticas de liderança, este filhote que escrevi com muito carinho e um grande empurrão de muitos amigos e mestres em 2001.

A vida se alterou, a situação se tornou mais agravada face ao contexto mundial e local brasileiro, as pessoas mudaram seus desejos e suas visões, nós mudamos e a necessidade de tirarmos de dentro de nós o líder que lá existe se tornou evidente. Ou cada um de nós faz nascer esse líder voluntariamente ou nos tornaremos reféns de nossa própria zona de conforto; ou seja, o conformismo. Coincidentemente este é o recado do *Muito além da hierarquia* original de 17 anos atrás; sim, ele tinha um atrativo visionário que ao ler esta edição você perceberá a evolução destes anos para o bem e para o mal. Muitas pessoas brilharam liderando e muitas ficaram pelo caminho das reclamações, choros e debitando a outros da definição e execução dos seus próprios objetivos.

Os convites são: ainda há tempo, mas as dificuldades aumentaram; portanto, o exercício da liderança precisa ser mais meticuloso, mais profundo, e não opcional: liderança se aprende. Então, vamos estudar e praticar para evoluir e revolucionar a nós mesmos!

Reler uma obra de 17 anos e refletir o quanto caminhamos ou o quanto ainda estamos no mesmo cenário de liderança. O tempo passa, as pessoas mudam, as organizações evoluem, mas as questões humanas de liderança foram e serão sempre as mesmas; afinal, quando abordamos liderança abordamos a alma humana, e esta, por sua vez, ainda continua sendo sensível, cheia de incertezas, dúvidas e inseguranças com uma série de questões que venho buscando responder há muitos anos e que continuarei (!) com a certeza de que nunca acharei respostas definitivas.

Obrigado por todos estes anos, e podem esperar que vem mais coisas nos próximos anos...

Abraço a todos!
Pedro Mandelli

Prefácio à 15ª edição

O *Muito além da hierarquia* está fazendo aniversário. Esta é sua 15ª edição e isso me deixa muito satisfeito e feliz, pois percebo que seu conteúdo tem ajudado muitos leitores a reverem sua forma de gerir pessoas. Este livro já é parte de minha trajetória que, atualmente, inclui 32 anos de deliciosas atividades didáticas e 26 anos de desafiadores projetos de consultoria em gestão de pessoas e mudanças.

É óbvio que, cada vez mais, a árdua tarefa de gerir pessoas está adquirindo novas facetas, pois as organizações precisam de pessoas que "façam a diferença da diferença". As exigências e o nível de formação requerido são maiores a cada dia; por outro lado, as pessoas se tornaram mais conscientes de sua função na vida e acabaram determinando alguns limites para interesses no ambiente de trabalho. Resultado: carreiras mais curtas e mais intensas têm sido a tônica.

Meu objetivo com este livro não é definir tendências ou novos conceitos para o assunto, mas sim continuar servindo de guia para essa trilha. Talvez eu até ouse com a colocação diferenciada de algum conceito ou técnica, mas, principalmente, procuro orientar o gestor atual com táticas e truques para a obtenção da alta *performance*.

A aplicação do conteúdo desta obra por parte dos leitores tem me trazido surpresas – por exemplo, a maneira própria como cada gestor enxerga a forma e o conteúdo abordados, e a atualidade dos temas em face aos problemas e desafios do cotidiano. Mas o que mais me chama a atenção é a surpresa de algumas pessoas ao se deparar com ferramentas que as organizações imaginam que já venham "instaladas" em seus gestores – como pesquisas de clima, avaliações de desempenho e o velho *feedback*, ou seja, maneiras de lidar com a complexidade do desempenho humano coletivo.

Nesse sentido, fui instigado a desenvolver o conceito de alta *performance* em algumas organizações. Foi um desafio, já que o conteúdo do livro sempre foi focado no gestor e não na empresa como um todo. A Parte 7, incluída nesta edição, demonstra o resultado dessa experiência.

Junto com meu sócio Antonio Loriggio, o Toti, desenvolvi uma metodologia capaz de certificar ou não os gestores, que já estão em seus cargos, na competência de liderança para o alto desempenho. A experiência mostrou que esses profissionais que ocupam posições estratégicas nem sempre estão aptos a liderar. Na maioria dos casos, usam o velho comando-controle de uma forma menos incisiva porque as pessoas já não o aceitam mais da forma antiga, ou seja, disfarçam as ordens com participação e aguardam a próxima crise para demonstrar a eficácia de ter os funcionários sob seu efetivo controle.

Espero que este novo capítulo desperte em você a curiosidade sobre o tema.

Considero o assunto "lidar diretamente com os chefes" um grande tema, que pode se tornar um novo livro de minha autoria ou mais um capítulo para este livro. Só o tempo dirá!

Como sempre, estou cada vez mais dedicado ao serviço da gestão de pessoas e mudanças nas organizações.

Pedro Mandelli

O autor

Conheço Pedro Mandelli há mais de vinte anos. Encontramo-nos, pela primeira vez, nos Cursos Especiais de Administração do Instituto Mauá de Tecnologia (IMT). Pedro era um aplicado aluno/monitor do curso de Sistemas de Informações Gerenciais coordenado por Sérgio Bio e Jackson Fischer. Na verdade, Pedro e mais alguns profissionais da área de sistemas (hoje denominada tecnologia de informações) tinham convencido Sérgio e Jackson – que eram, como eu, professores do curso de extensão em Administração Industrial do IMT – a criar um curso específico de Sistemas de Informações Gerenciais.

Assim, na condição de aluno de uma turma-piloto e de fomentador do curso, sua integração com toda a nossa equipe de professores foi tão rápida e tão intensa que, no curso seguinte, ele já foi convidado a dar aulas. Nessa época, Pedro já era careca (um pouco menos do que hoje) e gago (um pouco mais do que hoje). Sua participação, como professor, foi um sucesso. Competência profissional em sistemas de informação ele já possuía; sua didática natural e espontânea completava um conjunto vencedor. Nas aulas, em poucos minutos, a gagueira desaparecia e as metáforas didáticas tornavam os conceitos inesquecíveis.

Dar aulas em cursos de extensão noturnos, aos quais os alunos, apesar do enorme interesse, chegam cansados da longa jornada de trabalho, exige dinâmica e ritmo intensos. Esse é um dos segredos do Pedro. Usando o humor, exemplos práticos e entregando-se por inteiro a ponto de descabelar-se, Pedro consegue a atenção de toda a turma e, principalmente, revitaliza a disponibilidade mental dos alunos para aprender.

Sua carreira de sucesso como professor possui outro ingrediente, que é a grande capacidade de se articular com os alunos no desenho do conteúdo de suas aulas. Explico melhor: sua carreira profissional em sistemas conferiu-lhe uma grande capacidade de diagnosticar os problemas organizacionais e comportamentais. Conversando constantemente com os alunos, Pedro fazia um diagnóstico dos problemas organizacionais de cada um e, no decorrer dos seus cursos, propunha caminhos que poderiam levar à solução. Essa qualidade de suas aulas atraiu um público cada vez maior para os cursos do IMT e, ao mesmo tempo, fez com que ele repensasse sua carreira profissional e deixasse de ser um executivo para ter sua própria empresa de consultoria.

A atividade didática combina muito bem com a de consultor, e foi assim que Pedro se associou a três amigos e fundou a Mandelli Consultores. Criava-se o ciclo perfeito e virtuoso de experiências profissionais que eram transformadas em aulas e de aulas que eram inspiradoras de soluções para os clientes da consultoria.

Esse círculo alimentou, também, uma série de artigos escritos para várias revistas de negócios, com destaque para *Exame* e *Você S/A*.

O sucesso como consultor foi acompanhado do sucesso como professor. A revista *Você S/A* realizou uma pesquisa nacional em que ele foi escolhido como um dos três melhores professores de cursos de pós-graduação do Brasil. Sua atuação no MBA da Fundação Dom Cabral tornou-o merecedor desse destaque.

Faltava, no entanto, para coroar esse sucesso como professor e como consultor, uma obra que fosse um legado para seus ex-alunos, alunos, clientes, colegas e amigos. Começou então a gestação deste livro.

O tempo passou a ser o inimigo inexorável. Unidade de medida implacavelmente esgotável e finita. Acostumado a trabalhar de doze a catorze horas diariamente, Pedro achou que superaria esse desafio com facilidade. Apesar de sua determinação, ele tinha de lutar com outra qualidade sua – o perfeccionismo. A luta foi intensa, mas com todas as dores de um parto nasceu *Muito além da hierarquia*.

Pedro, que já havia gerado duas filhas, Teyde e Lívia, e mais recentemente um lindo menino chamado João Pedro, entrega agora ao mundo mais um filho. Um livro profundo, agradável, sério mas bem-humorado, profissional, didático e imperdível. Um livro que é, na verdade, um retrato do próprio Pedro Mandelli: um homem profundo, agradável, sério mas bem-humorado, profissional, didático e imperdível como consultor, como professor e como amigo.

Luiz Carlos Cabrera

A obra

Mudanças. Nenhuma palavra tem sido tão pronunciada no mundo corporativo. E provavelmente é essa a palavra-chave que continuará dominando as atenções, as preocupações e os movimentos estratégicos e operacionais das organizações por muito mais tempo, em todos os lugares. Mudaram, e continuam mudando a cada dia, as condições do macroambiente de negócios, tanto em termos globais quanto no país.

Como processo histórico, a globalização avança, implicando progressivos movimentos de desfronteirização. Consolidam-se diferentes tipos de macroalianças nacionais, desde blocos em que se fundem não só a economia como a política, a cultura e os interesses nacionais de maior amplitude, até áreas de livre-comércio ou, mais restritamente, uniões alfandegárias. Em consequência, os mercados se abrem tanto para o comércio quanto para fluxos de investimentos diretos e para operações exigíveis. Em resposta, as empresas redefinem seus movimentos estratégicos, com um olho na internacionalização e outro em nova logística de global-localização.

Em praticamente todos os países, na esteira desses movimentos, processaram-se inusitadas reengenharias dos negócios e reestruturações setoriais que conduziram a uma onda sem precedentes históricos de fusões, aquisições e alianças. Os resultados têm sido a constituição de megacompetidores que estão presentes em todas as cadeias de negócios, definindo um modelo de concorrência mais acirrado, mais denso e de maior peso. Mais que isso: em cada um dos elos das cadeias estabeleceram-se competidores crescentemente qualificados.

Todos esses movimentos têm sido reproduzidos também no Brasil. A estratégia nacional definida desde o início dos anos de 1990 é de inserção global, não de proteção isolacionista. O velho modelo nacionalista foi trocado por uma nova concepção de extroversão competitiva. O balanço internacional de pagamentos deixou de ser equilibrado por megassuperávits comerciais, que comprimiam o mercado interno, bloqueavam as importações, impediam o acesso do país às tecnologias de ponta e arrastavam a economia para o sucateamento industrial. Em seu lugar, o equilíbrio passou a se realizar por megaingressos de capitais, preferencialmente investimentos produtivos diretos, ampliando a presença de empresas globais no país.

As mudanças, obviamente, não ficaram restritas ao ambiente de negócios e à nova lógica estratégica das empresas. Elas causaram impacto, e grande, nos comportamentos sociais e nos fundamentos das relações interpessoais, ao mesmo tempo em que desaguaram na revisão das bases doutrinárias em que se lastreiam as operações das empresas em todas as suas cadeias de relações – desde as relações com o meio ambiente e com a sociedade até as que se travam com as cadeias produtivas a que estão ligadas, com os seus mercados, com os consumidores de seus produtos e com as pessoas que empregam, de forma direta ou terceirizada.

Se considerarmos todas as cadeias de relações das empresas, veremos que elas se modificaram substantivamente, ampliando-se os compromissos externos, desde os de maior abrangência, como o meio ambiente e a sociedade, até os de amplitude menos difusa, como clientes, consumidores e usuários finais. Em contrapartida, reduziram-se os velhos compromissos internos com as pessoas empregadas, principalmente os de perenizá-las em seus postos de trabalho e os de assegurar um projeto de carreira fundamentado na adesão a seus credos, no enquadramento em suas práticas e na paciente espera pela promoção a patamares hierárquicos superiores.

São óbvias as razões desse segundo, e decorrente, conjunto de mudanças. A competição mais densa, de maior peso e mais acirrada, juntamente com mercados mais abertos, exigiu medidas internas nas empresas que resultassem em novos padrões de qualidade e de custos em todas as áreas. Daí os projetos de reengenharia de negócios e de processos, de *downsizing* e de *delayering*, todos reduzindo o número de postos de trabalho, uma vez que focados em melhores resultados, e não na manutenção de tarefas de questionável valor adicionado.

Uma das mais visíveis contrapartidas de todas essas transformações tem sido a busca por profissionais não só mais qualificados, como requalificados. As capacitações e as atitudes requeridas não são as mesmas da geração precedente, com a agravante de que as gerações já não se renovam mais de trinta em trinta anos, mas de três em três ou em períodos ainda mais curtos, uma vez que as tecnologias que dão suporte às operações das empresas e aos produtos por elas gerados renovam-se a velocidades crescentes. Entre as novas atitudes requeridas estão seis muito bem destacadas pelo professor Mandelli neste livro: autodeterminação, coragem, energia, compromisso com resultados, autogestão e empreendedorismo. Quanto às novas capacitações, destacam-se pelo menos três: atuação global-localizada, compreensão sistêmica das transformações e multifuncionalidade amparada por formação multidisciplinar.

Nesses anos em que tenho atuado nos programas de capacitação de dirigentes e de executivos da Fundação Dom Cabral, em que também atua o professor Mandelli, tenho observado que ele não "passa a mão na cabeça das pessoas", no sentido de consolá-las em suas lamentações e de ampará-las em suas incapacitações. Seu trabalho tem sido outro, certamente mais contributivo: revelar cruamente as novas realidades, destacar seus impactos e despertar as pessoas quanto à insustentabilidade de suas antigas áreas de conforto.

Este livro, do qual tive o privilégio de ler os originais, resume suas contribuições. E é especialmente bem-vindo por se dirigir às pessoas mais duramente atingidas pelas mudanças que se abateram sobre o mundo das organizações: as que exercem a gerência intermediária.

A atenta leitura dos ensinamentos que aqui se encontram, fruto de duas décadas de reflexões honestas e proveitosas, é o primeiro passo para o reenquadramento pessoal nas organizações e para a busca das requalificações, principalmente de atitudes que se exigem dos que almejam, nesses novos tempos, a plena realização profissional.

José Paschoal Rossetti
Fundação Dom Cabral
Belo Horizonte, 2001.

Introdução

Nos últimos vinte anos, dediquei-me a trabalhos de desenvolvimento organizacional, atuando em planejamento de mudanças e mobilização de pessoas para patamares de *performance* substancialmente elevados. Passei a acreditar que as empresas são bem maiores do que as pessoas, muito embora se diga que as empresas *são* as pessoas. Se, porém, somarmos as pessoas, o resultado não corresponderá à empresa. Ela possui outros componentes vitais para ser o que é.

Como pessoas físicas, temos um forte papel a desempenhar em relação a nós mesmos e, como profissionais, prestadores de serviços de gestão. Isso me levou a propor uma linha de trabalho em autogestão de resultado, independentemente da empresa em que cada leitor esteja. Essa ideia, com o tempo, evoluiu para a criação de um sistema de implantação de gestão de resultados nas empresas.

Conto aqui histórias, de sucesso e de fracasso, de pessoas que se sentem energizadas pelo trabalho ou terrivelmente temerosas. Muitas histórias são casos reais publicados em revistas de negócios e estão citadas no texto. Histórias e dados cujas fontes não estão identificadas foram extraídos de entrevistas que conduzi com profissionais de várias empresas. Algumas outras histórias são fictícias, mas foram inspiradas em situações e pessoas com as quais tive contato.

Se tivesse de escolher algumas características essenciais comuns a qualquer profissional, fosse ele empregado, fosse empresário, seriam a coragem e a autodeterminação. Certamente existem outras, não menos importantes, como saber lidar com mudanças, obter energia e compromisso das pessoas, manter um clima de tensão criativa em suas ações. *Saber fazer* e *fazer os outros fazerem*, porém, requer energia e técnicas que, até pouco tempo, a conjuntura não exigia, pois se contentava com aquilo que trazíamos em nossa bagagem, fruto de nossa experiência.

A ética da hierarquia é a base de formação da geração hoje presente nas organizações, em que a máxima "manda quem pode, obedece quem tem juízo" é o fio condutor das atividades. A ética da hierarquia criou uma geração embalada no relacionamento formal e informal em qualquer instituição, seja na empresa, na família, na escola ou na igreja. Em todas elas, sempre prevaleceu a lei do mais forte, que talhou a nossa formação e o nosso caráter ao longo da vida e é repetida dentro das organizações.

Nos últimos anos, entretanto, a ética da hierarquia vem sendo criticada e encarada como algo a ser rompido e desrespeitado, por não servir como meio de subordinação das pessoas. Nos dias de hoje, fazer a diferença é a regra, mas fazer a diferença no meio da pirâmide organizacional, onde existem os mitos e os ritos da cultura organizacional, torna-se muito mais complexo. Mitos esses que ainda, e principalmente, estão fortemente embasados na ética da hierarquia. É por esse motivo que o título deste livro destaca uma postura *muito além da hierarquia*, muito além da ética da subordinação.

Esta obra foi elaborada com o intuito de servir de guia para os líderes que desejam aprender a antecipar e, até mesmo, a criar cenários, em vez de ser surpreendidos pelo futuro. O foco das recomendações aqui presentes prende-se ao que eu chamo de gerência intermediária. Considero gerentes intermediários todas as pessoas da organização, excluindo o presidente e o nível mais baixo da empresa, ou seja, o nível de execução. A gerência intermediária é o bloco de pessoas que, ao longo dos últimos anos, está sendo traído pelo rompimento do vínculo de segurança e estabilidade que as empresas ofereciam em troca de obediência e servidão estratégica ao gerente, fazendo promessas psicológicas de carreira sólida, futuro próspero, qualidade de vida e crescimento pessoal.

Hoje as empresas não prometem mais segurança e estabilidade. As organizações substituíram essas promessas pelo aumento sensível do volume de informações de curto prazo, para que os gerentes intermediários não se sintam traídos quando da ocorrência de uma fusão, aquisição ou mudança da estratégia de mercado. As empresas cobram o compromisso e as competências necessárias para os projetos organizacionais, e não mais a obediência e o enquadramento. Este livro, portanto, focaliza o novo papel que a gerência intermediária deve assumir. E esse papel, ressalto, começa com a coragem e a autodeterminação que, sob esse ponto de vista, são as bases para aqueles que desejam crescer profissionalmente. Isso, no entanto, requer um grande esforço e até mesmo sofrimento, com a renúncia temporária a algumas coisas da vida.

Os efeitos da redução de níveis hierárquicos (os *downsizings*) da reengenharia e da terceirização atingiram a gerência intermediária, cujo papel sofre constantes reformulações, cabendo a ela não só a manutenção do resultado atual das organizações como também a inovação e o aprendizado. As longas jornadas de trabalho são causadas pela mudança da dinâmica organizacional, que incorporou as metas de curto prazo, no que diz respeito à qualidade e à quantidade das atividades, aos projetos de inovação e reciclagem profissional.

Boa parte do conteúdo deste livro é proveniente do convívio, ao longo daquela jornada de vinte anos, com pessoas que têm colocado seus serviços e sua lealdade às organizações, que vêm construindo as riquezas do país; pessoas que perceberam que tudo o que lhes garantia sucesso e crescimento no passado está se transformando muito rapidamente e que intuição e ações pessoais não servem mais de alavanca para o aumento de sua credibilidade na organização.

Minha expectativa é que esta obra capte sua atenção e você acorde para uma vida profissional dedicada e ativa, pois as organizações já acordaram e o obrigam a fazer mais com muito menos do que antes. Meu desejo é estimular a reflexão e possibilitar a prática de um conjunto de técnicas e habilidades para conduzir sua autogestão, de maneira perseverante, hoje e nos anos vindouros. Foi-se o tempo em que somente trabalhar duro era suficiente para que os sonhos se transformassem em realidade, em que a empresa comprava a sua esperança e você lhe entregava a alma.

O meio da pirâmide está desabando

O que é um gestor? Parece uma questão conceitualmente resolvida, mas de realização prática difícil. Cada organização tem suas características, sua cultura e suas exigências em relação aos colaboradores, e gerir torna-se diferente em cada ambiente.

Até pouco tempo atrás, gerir era atribuição de quem ocupava cargos acima de certo nível hierárquico em empresas nas quais um nível se encarregava de gerar volumes e outro de planejar, dirigir e controlar as operações.

Crescer profissionalmente significava então galgar posições na estrutura organizacional. Esse modelo propiciou o surgimento de grandes estruturas e falsas expectativas de crescimento pessoal. Nestes novos tempos, as empresas vêm buscando crescimento sem criar inchaços; vêm buscando maior nível de competitividade internacional por meio de qualidade globalizada e custos competitivos, reduzindo o porte e competindo melhor; vêm focando mais claramente os esforços e benefícios do treinamento.

Essas constatações não são visões futuristas, mas parte de um processo de transformação que já está ocorrendo há algum tempo. Há empresas que, por não acompanharem proativamente esse cenário, já percebem a sensação de serem as últimas. O que essa realidade traz de novo ao conceito de gestor? Gerir passa a ser atribuição de cada pessoa, em todos os níveis das organizações – agora reduzidos –, do operador de máquina ao presidente. Ensinar os porquês e os comos para cada um assumir a gestão de seus resultados e, por meio, desse processo, gerar aumento de credibilidade é o meu propósito.

Este livro está dividido em sete partes. A primeira é o espelho através do qual você poderá identificar e entender o que mudou nos últimos tempos, avaliar seu desempenho atual, analisar seus erros e sua carreira. Aborda os estilos gerenciais até então praticados e suas consequências no desenvolvimento das equipes. Além disso, descreve o impacto do ambiente de mudanças na perspectiva das pessoas e esclarece o porquê da sensação de desmoronamento das expectativas nas organizações.

A Parte 2 contempla os perfis de gestor orientados para o desenvolvimento e os resultados, que denominamos neste livro de "gestor além da hierarquia" (GAH), e a possibilidade de verificar quão perto ou distante você está de aumentar seu espaço na organização e crescer nestes novos tempos. Apresenta os três pilares que sustentam o gestor além da hierarquia: a equipe de risco compartilhado, as bases para o desenvolvimento da equipe e a visão comum.

A Parte 3 apresenta as ferramentas necessárias para que o gestor além da hierarquia as utilize na mobilização e no alinhamento de sua equipe. Essas ferramentas são essenciais para você atingir e sustentar patamares superiores de *performance*.

A Parte 4 traz ao gestor uma dimensão adicional à gestão de pessoas, que é o trabalho com os pares. Entendemos como pares os gestores de mesmo nível hierárquico ou superior. Você encontrará todos os conceitos e as técnicas para aumentar sua credibilidade em trabalhos de inovação em times multidisciplinares.

Na Parte 5 tracei um roteiro acompanhado de um fluxo no qual você poderá buscar orientações para elaborar a fórmula que o levará à *performance* superior com seus pares e sua equipe.

A Parte 6 enfoca a necessidade do autogerenciamento de carreira e os cuidados que você precisa tomar para não delegá-la a qualquer organização.

Na Parte 7 apresento um capítulo que trata de todos os aspectos da criação de um ambiente de alta *performance* para toda a organização.

Resumindo:
Parte 1 – Organização e pessoas: tudo mudou;
Parte 2 – Desenvolvendo a infraestrutura para a alta *performance*;
Parte 3 – Buscando a alta *performance*;
Parte 4 – Trabalhando com os pares;
Parte 5 – Montando o roteiro para a alta *performance*;
Parte 6 – Questão final: autodesenvolvimento;
Parte 7 – Como criar um ambiente de alta *performance* em toda a organização.

Este livro se vale de experiências boas e ruins de pessoas que deixaram de ser promessa e viraram realidade ou continuam lutando para tal. Todos os casos citados objetivam evidenciar a prática dos conceitos de autogestão sem a pretensão de glorificar nem crucificar ninguém. Interpretações parciais ou equivocadas de boas ideias emprestadas ficam sob minha total responsabilidade.

As questões aqui levantadas têm sido amplamente debatidas nos trabalhos de consultoria realizados no decorrer de minha carreira em empresas de pequeno, médio e grande porte, jovens ou maduras, bem como em programas específicos e palestras, que constituem minhas atividades didáticas, analisando o perfil dos gestores, as dificuldades e ansiedades pelas quais eles têm passado. Isso equivale a um conjunto de pelo menos algumas dezenas de milhares de pessoas em posições de gerência que operam em grandes centros produtivos e desenvolvimentistas. Os elementos selecionados para compor o cenário estão sendo catalogados e estudados por meio de observação direta e convívio com o estado mundial de desenvolvimento. Por meio dessa experiência, cheguei às seguintes conclusões:

- No primeiro contato com a postura e as técnicas de autogestão, aproximadamente 30% das pessoas mudam radicalmente a forma de enxergar a profissão e a organização. Nesses casos, tem sido muito gratificante encontrá-las, depois de algum tempo, felizes, autodeterminadas e ocupando posições de relevância nas empresas.
- Os 70% restantes correspondem a pessoas que, embora considerem o instrumental altamente relevante para a sua vida profissional, ainda não sentiram necessidade de se dedicar de maneira determinada a suas carreiras. Nesses casos, o conhecimento das técnicas tem servido puramente como reflexão. Com o passar do tempo, para minha surpresa, boa parte dessas pessoas me procura e se declara arrependida por não ter praticado essas técnicas, às vezes por ausência da necessidade momentânea, e sente que perdeu tempo ao não utilizar o ambiente de trabalho para essa prática. As alegações são: "Lá é diferente"; "Não sei se precisa"; "Acho que a turma não vai gostar"; "Depois eu pratico".

Convém lembrar então que o domínio efetivo de qualquer habilidade só ocorre depois de algum tempo. A esses 70% de pessoas eu digo: acordem antes que o mundo passe por cima de vocês. De qualquer modo, sempre sobrarão para elas aquelas organizações que remuneram e valorizam somente o uso do braço. A aposentadoria será sua real recompensa. E vamos torcer para que essas organizações existam sempre e não descubram que as pessoas que não progridem atrasam o desenvolvimento do ambiente em que vivem.

Pedro Mandelli

Parte 1

Organização e pessoas: tudo mudou

1
Entendendo a década da revolução

Ao fazer uma análise da evolução da vida organizacional nos anos de 1990, verifica-se com facilidade a existência de períodos substancialmente diferentes quanto a competitividade, tecnologia, gestão, estruturas e aos anseios pessoais dos profissionais. Cada um desses períodos correspondeu a diferentes modelos empresariais, e a transição entre um e outro foi tão rápida que muitos profissionais, nesse caso os gestores, não chegaram a dar-se conta das mudanças nem perceberam que o cenário ainda não parou de se alterar. Quem não consegue acompanhar essa evolução está ficando para trás, perdendo espaço na empresa e no mercado.

Não se pode exigir mudança e evolução sem a compreensão prévia e ampla dos fatos. Sem entender o que vem causando essas bruscas alterações do cenário organizacional, não há condições de chegar a uma conclusão que indique o caminho a seguir para o profissional de um novo tempo. Sendo assim, convido você a analisar o percurso feito pelas empresas nos últimos dez anos.

Até a década de 1980, que podemos chamar de "os velhos bons tempos", as empresas brasileiras estavam em um mercado de expansão sob o regime de proteção. Vamos analisar esse conceito com mais detalhes e por meio de três exemplos típicos desse período. Até o início da década de 1990, para contar com uma cervejinha gelada no carnaval, era imprescindível e necessário começar a fazer estoques em casa já no fim do ano. Nessa época, as cervejarias não estavam interessadas em conhecer nossas preferências como consumidores do produto.

O segundo exemplo diz respeito à compra de carros com cobrança de ágio na época do governo Collor. As pessoas faziam fila para realizar o sonho de ter um carro novo, que custava até menos do que um carro usado. E a telefonia? Era só surgir um boato de que estariam abertas as inscrições para o plano de expansão que começavam a se formar filas imensas, gente que passava a noite em frente à companhia telefônica para assinar um contrato e virar reclamante oficial dos prazos de instalação do telefone. Os tempos eram bons para as empresas e difíceis para o consumidor.

Nessas condições, dentro da empresa o topo da organização definia o que devia ser feito, e a base realizava. O meio da pirâmide tinha uma função clara: levar para a base as tarefas e trazer para o topo os problemas encontrados para realizá-las. O gestor intermediário sentia-se seguro em sua posição e transmitia essa sensação de estabilidade aos subordinados, que, por sua vez, eram-lhe servis, porque estar bem com essa gerência significava um passaporte para a promoção.

A estratégia adotada pelas organizações limitava-se a repetir o desempenho passado e projetar o crescimento futuro sem propor nenhuma mudança substancial no modelo de gestão. O aumento natural dos volumes de produção em um mercado em expansão representava para os funcionários um conjunto significativo de boas oportunidades. Havia, então, uma espécie de *software organizacional*, um modelo de pensar e agir que se apoiava em alguns pilares básicos e imutáveis: a estrutura organizacional, o arranjo físico, os instrumentos de gestão, o ritual de gerenciamento e a tecnologia instalada.

A *estrutura organizacional* raramente sofria alterações, e era isso que garantia as novas oportunidades de crescimento profissional para as pessoas. Quando conseguiam empregar-se em grandes estruturas, elas pensavam: "Puxa, já que estou numa empresa desse porte, talvez eu consiga um dia posições melhores". A esperança das pessoas residia no tamanho da estrutura, que por isso não era alterada sob pena de causar um grande impacto motivacional no meio e nas bases da pirâmide empresarial.

Outro pilar que sustentava esse modelo era o *arranjo físico* da organização. Ao ser promovido a gerente, o profissional passava a ter direito a uma sala com características específicas de tamanho, luminosidade e privacidade. As pessoas sentiam-se donas de áreas da empresa e construíam o que atualmente consideramos "feudos organizacionais". A arquitetura física era um reflexo dos domínios que as pessoas tinham sobre partes físicas da organização, e também aí não havia interesse em mexer.

O terceiro componente básico do modelo eram os *instrumentos de gestão* pouco claros e precisos, o que obrigava os níveis mais altos da hierarquia a buscar informações com os gestores intermediários. Dominar a informação significava ter poder, e não havia, portanto, nenhum interesse em aprimorar os instrumentos de gestão. Era por meio desse descontrole sob domínio que o meio da pirâmide garantia acesso ao topo.

Outro aspecto era o *ritual de gerenciamento*, que pode ser mais bem percebido quando se pensa naquela espécie de "missa" organizacional que toda empresa tem. Os níveis hierárquicos mais baixos "leem" como os gestores trabalham e se adaptam a essa forma, conquistando com isso sua zona de conforto. Entendemos como zona de conforto o espaço no qual o proibido e o permitido estão claramente definidos.

No último pilar, a *tecnologia instalada*, também não se desejava nenhuma mudança. Dominar a tecnologia existente e em funcionamento significava ter força e poder dentro da empresa: "Eu ajudei a implementar isso; portanto, eu domino isso".

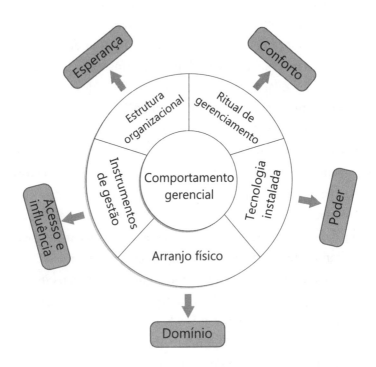

Resumindo: sob o ponto de vista do fator humano, a gerência intermediária entendeu esses cinco pilares da seguinte forma:

PILAR	INFLUÊNCIA NO COMPORTAMENTO
Estrutura organizacional ➡	Esperança de *status* e conforto
Arranjo físico ➡	Domínio territorial
Instrumentos de gestão ➡	Poder de acesso e influência
Ritual de gerenciamento ➡	Conforto no relacionamento hierárquico
Tecnologia instalada ➡	Exercício de poder no processo decisório

O quadro reflete a influência dos pilares do *software organizacional* no comportamento gerencial. Resumidamente, podemos dizer que não mexer na estrutura organizacional influenciava diretamente o comportamento do gestor, que tinha a expectativa, então, de obter mais *status*, mais conforto e menos trabalho. A manutenção do arranjo físico em estados constantes dava ao gerente a capacidade e o poder de exercer o domínio territorial. A terceira base, os instrumentos de gestão, tem no seu conteúdo as informações. E ter as informações na mão significava ter poder de acesso e influência em níveis organizacionais maiores. Entender os rituais de gerenciamento levava a certo conforto de relacionamento hierárquico, o que era totalmente traduzido em segurança. Dominar a tecnologia instalada significava ter muita força no poder decisório.

Enfim, ao ingressar em uma empresa sempre pela base da pirâmide, a pessoa entendia que, se adequasse seu comportamento a esse modo de agir e pensar organizacional e conhecesse em profundidade os processos e a tecnologia da empresa, teria o aval para uma carreira de sucesso: o conhecimento estava dentro da empresa.

Ao entrar na década de 1990, esse modelo de pensar e agir, submetido à tempestade do processo de globalização e aos ventos e raios da competitividade, sofreu grandes mudanças. Não houve, na realidade, uma contração do mercado, mas a competição fora da empresa cresceu assustadoramente. Surpresas, as organizações tomaram como primeira medida cortar gente. Mas cortar ainda seguindo critérios antigos: as demissões atingiram especialmente a base da pirâmide e não se sustentaram em nenhum avanço de tecnologia de gestão.

Nesse primeiro momento, os gerentes intermediários não foram reduzidos, mas não deixaram de sofrer um grande impacto. De um dia para outro, a empresa queria que eles passassem a agir como o presidente e exigiu uma forte interação com os pares, a eliminação de trabalho e a capacidade de fazer com que equipes reduzidas trabalhassem em dobro e motivadas.

Esse processo de mudança teve duas características fortes: foi muito rápido e imposto de cima para baixo, o que fez com que essa gerência passasse a desconfiar da organização, resultando no seguinte sentimento:

> Não estou mais seguro. Perdi minha função principal, que era levar as metas à base. Além disso, a empresa não garante mais minha posição e sinaliza que carreira e aperfeiçoamento são problemas meus. Exige motivação e alta *performance* para que, como gestor, eu possa servir de exemplo para a equipe. Preciso ser e estar inteiro na empresa.

Ainda no início da década, as empresas perceberam que dispensar pessoas não bastava, porque em um mercado em expansão competitiva existem dois tipos de competidor: aquele cuja atuação a empresa conhece, porque executa a mesma coisa do jeito que ela espera, e o que vai fazer aquilo que a empresa ainda não sabe que tem de ser feito. Inovação passou a ser a palavra-chave, e algumas organizações souberam tornar-se mais competitivas. Ou seja, nas mesmas condições, inovaram seus mercados, produtos e serviços e começaram a satisfazer o mesmo cliente com essas inovações, enquanto outras continuavam a realizar tudo do mesmo jeito.

Nesse contexto, tornou-se necessário fazer o mesmo produto e/ou serviço no mínimo com mais qualidade e ganhar o mercado por meio desse atributo. O país investiu pesadamente em qualidade como se fosse o passaporte para a competitividade. Não era. Entretanto, os programas de qualidade sem dúvida trouxeram bons resultados, devendo-se destacar dois fatores dentro do contexto deste livro.

O primeiro deles é que o pessoal de fábrica teve de ser intensamente treinado, o que amadureceu o relacionamento entre a empresa e o trabalhador de base. Nesse sentido, as organizações passaram a tratar o profissional do piso de fábrica como adulto, em lugar da forma infantil anterior, quando não podiam conversar nem dar muita risada, havia chapinhas numeradas para ir ao banheiro e cartas de advertência, entre tantos outros procedimentos felizmente abolidos.

Esses mesmos operários começaram a ser reunidos numa sala para falar de suas ideias, já que agora estariam integrados aos círculos de qualidade total. A situação era tão inusitada que, a princípio, era comum que imaginassem tratar-se de uma "pegadinha". O quadro reverteu-se rapidamente, e as empresas passaram a evidenciar um alto nível de confiança nos operários no que tange a melhorias.

O segundo grande impacto dos projetos de qualidade foi o fato de os principais executivos das empresas terem sido orientados a se aproximar das bases para "vender" as ideias e a emoção do futuro da organização para os profissionais da produção. Perceba só que movimento interessante ocorreu naquele momento: o pessoal mais simples subiu e os altos executivos desceram do topo, encurtando a distância da comunicação. Apesar de ter trazido benefícios inegáveis, entendeu-se rapidamente que, por si só, os programas de qualidade nesse estágio não garantiam a competitividade da organização. A qualidade hoje pode ser considerada um mínimo obrigatório. Ou seja, não é diferencial competitivo, mas, se faltar, é restritiva de mercado.

Por isso, simultaneamente, iniciaram-se os movimentos de redução dos níveis hierárquicos e de terceirização. Pela primeira vez, o mercado assistiu à demissão do pessoal da gerência intermediária, que sempre fora o sustentáculo da cultura da organização. Chegamos à segunda metade da década reinventando a empresa pela reengenharia, pois somente a qualidade, a redução dos níveis hierárquicos e as terceirizações não estavam produzindo o aumento de competitividade imprescindível para a empresa continuar no mercado. Todos os processos foram redesenhados e houve uma enorme busca por melhores práticas e padrões de desempenho para reconstruir o modelo de gestão e produção.

Uma rápida observação: neste texto evidenciamos que, em cerca de sete anos, abrimos a economia, eliminamos a correção monetária, produzimos qualidade, reduzimos os níveis, fizemos a terceirização, *reengenheiramos* os processos e liquidamos a arrogância da organização no domínio do conhecimento. Finalmente a empresa teve de admitir que havia inteligência e conhecimento fora dela e teve de curvar-se a práticas de outras organizações.

Todas essas mudanças foram muito positivas sob o ponto de vista do aprendizado organizacional: aprendemos a trabalhar em processos, de forma horizontal, com os clientes internos e em equipe, sempre buscando a inovação. É disso que as organizações precisam para competir. Inovar é fazer a empresa custar menos, fazer a própria área custar menos, com um nível melhor de atendimento interno e/ou externo. A empresa que não evoluir nessa direção terá custos maiores, e agora já não há mais a alternativa do simples repasse ao preço final.

É verdade que as mudanças aconteceram muito depressa, foram pesadas e impostas de cima para baixo. Mas não havia jeito de ocorrer de outra forma, pois nos sentíamos confortáveis e protegidos pelo modelo de pensar e agir da estrutura organizacional, arranjo físico, instrumentos de gestão, ritual de gerenciamento e tecnologia instalada. Era de se prever que, para mexer nessa casa, não haveria um grande esforço participativo voluntário e genuíno dos funcionários, como de fato não houve.

Como gestor, entretanto, você tem de estar pronto para trabalhar nessa nova organização surgida a partir desse ciclo de transformações. Agora e futuramente, por estarmos em um mercado em expansão competitiva, a estratégia de crescimento das empresas continua a ser obtida com a ampliação da operação. Mas os cinco pilares básicos foram sensivelmente reduzidos, e isso afetou diretamente a esperança dos funcionários em relação à organização.

Agora o gerente intermediário sente-se espremido em um único nível hierárquico com um grande volume de atribuições e sob o acompanhamento atento e constante de seus superiores. O espaço físico foi rearranjado, não há mais divisórias na sala e sua equipe trabalha também com outros gerentes. Os instrumentos de gestão estão mais afinados: o orçamento é para valer e os indicadores de desempenho fazem parte do sistema de remuneração. Toda a tecnologia que o gerente dominava renova-se rapidamente, e ele precisa manter-se à frente, estudando. Isso se não quiser correr o risco de ser substituído por pessoas novas que trazem novas tecnologias.

Foram realmente grandes mudanças em poucos anos e, portanto, há necessidade de se rever o foco e a forma de trabalhar da gerência intermediária a fim de prepará-la para agir nesse novo cenário. Costumo dizer que, em poucos anos, só existirá lugar nas empresas para dois tipos de pessoa: a que vai fazer as mudanças e a que será mudada. Por isso, aqui estão algumas dicas para você tornar-se o gestor muito além da hierarquia:

- Não adianta trabalhar muito, é preciso trabalhar no foco;
- Não adianta ter mais gente, é preciso trabalhar com inovação;
- Não adianta gostar da empresa, você tem de gostar da profissão;
- Não adianta ter "meu" time, e sim formar gente para a empresa;
- Trabalhe horizontalmente, ou seja, com os pares;
- Esqueça o orgulho da autoria.

A mudança de um mercado em expansão sob proteção para um mercado em expansão em competição global fez com que as organizações incorporassem à sua dinâmica alguns fatores que não faziam parte dos anos de 1980.

As várias ondas de gerenciamento – reengenharia, terceirizações, fusões e aquisições – levaram à ampliação da dinâmica organizacional, o que significa que, no início da década, o trabalho gerencial estava totalmente focado em fazer os volumes acontecerem e a inovação se concentrava nas áreas de engenharia e organização e métodos/informática.

A expansão em competição global fez com que a inovação permeasse toda a estrutura organizacional – todas as pessoas precisam inovar e, para isso, necessitam de mais competência e

Resumo da década: O impacto da década na dinâmica do emagrecimento

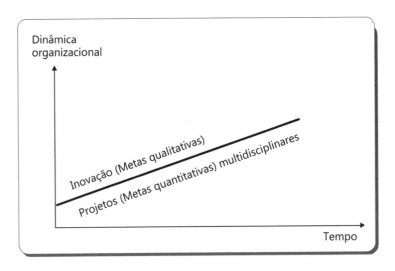

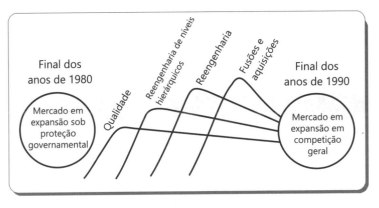

formação. Enfim, houve a incorporação e a ampliação do foco gerencial, ou seja, além de cumprir as metas quantitativas estabelecidas, característica do início da década, hoje cada gestor precisa cumprir também as metas qualitativas. Além disso, tem de participar de projetos de inovação da empresa e desenvolver os próprios projetos. Para isso, o gestor precisa estudar.

A dinâmica organizacional de hoje, portanto, incorpora metas qualitativas, quantitativas, de inovação e aprendizado, e essa é a dinâmica organizacional que marcará os próximos tempos. Gerentes que estavam acostumados a trabalhar suas oito horas por dia terão de buscar uma dimensão maior de trabalho/ desenvolvimento, porque hoje fazem parte de uma dinâmica organizacional extremamente diversa.

Nesse resumo da década convém ressaltar também o alto volume e a aceleração dos processos de fusões e aquisições que envolveram o mundo, principalmente nosso país. Esses processos de fusões e aquisições levaram à união de culturas organizacionais diversas, fazendo com que os gestores intermediários se acostumassem a lidar com instrumentos de gestão diferentes, com climas organizacionais diferentes, com nacionalidades diferentes. Isso tornou o processo de aprendizado na organização extremamente acelerado, mas o aprendizado para sobreviver, e não para mudar a organização ou crescer profissionalmente.

QUESTÕES-CHAVE

1. Como você verificou ou avaliou seu comportamento nessa transição? Sofreu, acompanhou ou antecipou?

2. Como você avalia a evolução da dinâmica organizacional na(s) empresas(s) em que já atuou?

3. O que mudou em sua profissão? Quem saiu na frente, onde está agora?

4. Faça um inventário de aprendizado das ondas – abertura do mercado, qualidade, terceirização, redução de níveis hierárquicos e reengenharia – pelas quais passou.

2
O impacto da revolução nos gestores

O estudo e a convivência com a realidade organizacional e gerencial evidenciam, atualmente, a existência de uma desvinculação entre as necessidades das empresas modernas e o preparo dos gestores. Como já vimos no primeiro capítulo, no passado as empresas estavam orientadas para a produção, o mercado era amplo, e, a concorrência, fraca e negociada. O foco era produzir o maior volume possível e repassar os custos ao preço sem nenhum esforço de otimização.

Nesse contexto, as estruturas eram hierarquizadas e as pessoas podiam se esconder atrás do tecnicismo, do paternalismo e das fórmulas prontas para resolver os problemas que surgissem. Como a economia evoluía vegetativamente, a empresa inchava e crescia, mesmo que corrompesse, em alguns casos, os princípios básicos de gestão. Quase por si só, os resultados apareciam e, assim, gerenciar podia ser, simplesmente, dar-se bem com os outros, tomar conta da equipe e resolver os problemas rotineiros, por vezes incendiários.

A globalização, no entanto, fez o mundo começar a competir de verdade, trazendo a disputa pelo consumidor. As questões fundamentais, então, passaram a ser:

- Como tornar o cliente cativo, satisfeito e surdo ao canto da sereia da concorrência?
- Como obter produtividade e qualidade dentro das organizações?
- Como enxugar custos sem afetar os mecanismos de operação e de gestão vigentes?

Empresas e profissionais foram colocados diante da extrema competitividade com pouca ou nenhuma tecnologia para enfrentar de maneira saudável o desafio trazido pelos novos tempos. Ocorre que, entretanto, causando grande ou pequeno impacto em seus profissionais, a organização precisa continuar buscando tudo o que lhe assegure a sobrevivência, o crescimento e a prosperidade.

Gerir tarefas não dá resultado

As organizações sempre orientaram seus sistemas de obtenção de resultados para aumentar o volume (de vendas, de produção ou de projetos, entre outros). Isso deixava os gestores na posição de comandantes com rota definida, pelo menos, até a próxima viagem. Os profissionais acostumaram-se a essa forma de a empresa medir seu desempenho, pois era até prazeroso e confortável receber missões e, com o uso de técnicas e habilidades conhecidas, conseguir cumpri-las.

Isso originava o que chamo de regra de três. O aumento do volume de produção gerava o aumento proporcional dos recursos humanos. Isso significa que se para fazer cem peças seriam necessárias dez pessoas, para fazer duzentas peças seriam necessárias vinte pessoas. Dessa forma, o "império" do gestor ficava cada vez maior e produzia uma reação em cadeia: o aumento do volume gerava o aumento dos recursos humanos. O "império" estava mantido.

Atuando como consultor dentro de uma empresa, certa vez presenciei o seguinte diálogo entre um requisitante, que precisava de um lote de arruelas "sem furo", e o gestor de suprimentos:

Gestor: – Arruelas sem furo?
Requisitante: – É... Um tipo de calço para usar em certas máquinas.

Gestor: – É fácil. Você pode fazer a solicitação que no local tal, bairro tal, rua tal podemos achar essas arruelas. Mas eu conheço pelo menos mais meia dúzia de fornecedores. O que você acha?
Requisitante: – Ótimo! Confira o que dá para fazer.

A conversa entre os dois gira em torno do conhecimento técnico sobre material, local, similaridade e poderia incluir preço, contato, enfim, tudo sobre a área de suprimentos. É evidente que esse gestor teve a oportunidade, ao longo de sua carreira, de acumular um grande conhecimento técnico sobre fornecedores e materiais, mas minha conversa com ele foi bem diferente, e eu a reproduzo a seguir:

Consultor: – Como vai sua área?
Gestor: – Procuramos fazer tudo o que dá. A empresa está reduzindo gente, e eu precisava de pelo menos mais dois. Procuro fazer o máximo possível.

Consultor: – Mas sua área vai bem ou mal? Como você busca melhorar seu nível de contribuição à empresa?
Gestor: – Seja mais claro. Que informação você quer exatamente?

Consultor: – Gostaria de saber se sua área vai bem ou mal e que resultado você busca.
Gestor: – Faço o máximo que posso. O que você deseja ver?

Consultor: – O que seus clientes internos acham de sua área?
Gestor: – Bem, eles estão insatisfeitos, sempre querem mais e mais rápido. Furam o esquema, tudo é urgente.

Consultor: – Como você vai resolver isso?
Gestor: – Em toda empresa é assim. Compras é uma área de serviços, e serviços é assim mesmo.

Esse profissional respondeu com segurança às questões técnicas, mas quando indagado sobre desempenho e contribuição ao trabalho fez queixas e apontou dificuldades, deixando implícito que a culpa era da empresa. Ele trabalha com foco nas tarefas, uma zona de conforto, esquivando-se da gestão por resultados.

Apesar de as mudanças no cenário das organizações não serem mais tão recentes, ainda há muitas pessoas gerindo tarefas. Ainda prevalece a ética da hierarquia, em que predomina a política de resultados de curto prazo, ou seja, a relação comandante-comandado, em que os resultados descem em cascata na pirâmide organizacional.

Para superar esse obstáculo ao desenvolvimento profissional, o passo preliminar é o autodiagnóstico. Para isso, como gestor de sua área, responda às perguntas que seguem. Se as respostas não vierem de imediato, é provável que você esteja trabalhando arduamente, mas ainda focado nas tarefas, cumprindo metas impostas de cima para baixo:

- Que nível de resultado você pretende alcançar no próximo período?
- Que resultado seu cliente interno ou externo espera de você nesse período?
- Que indicadores de resultado você acompanha e sobre quais promove alavancagem de resultados?
- Com que frequência você repensa e consulta seus clientes internos sobre a necessidade de aumentar o desempenho de sua área?
- Sua equipe está comprometida com o plano de alavancagem de desempenho?
- Qual é o padrão de desempenho em sua profissão, mas fora da empresa?

Quando um profissional como aquele da área de suprimentos faz um curso sobre técnicas modernas de gestão, ele volta afirmando que o aprendizado foi muito positivo, mas tudo é de difícil aplicação na empresa. Isso tem sentido? É lógico que tem! Primeiro porque o gestor se sente impotente para implantar mudanças; segundo porque é muito cômodo para ele trabalhar somente com os instrumentos que já domina.

Muitas vezes é a própria bagagem profissional – o conjunto de crenças e práticas – que impede a assimilação de novos conceitos. A carreira técnica, tal como aconteceu com o gerente de suprimentos do exemplo, pode levar as pessoas a adotar um comportamento predeterminado exclusivamente por esse nível de conhecimento. Esses profissionais só conseguem discutir e assimilar informações na área técnica de sua especialidade.

As pessoas que dão grande valor somente ao saber técnico, quando assumem uma posição de gestão, normalmente entendem que gerenciar é fazer a rotina ou as metas acontecerem e resolver os problemas tecnicamente. Esse tipo de gerenciamento dava certo quando a inovação e os saltos de *performance* eram determinados pelo topo da estrutura. Atualmente, porém, o saber técnico por si só não habilita mais ninguém ao exercício de suas atividades.

Imagine que seu perfil está sendo formado dentro de uma visão técnica e você entra no elevador da empresa e percebe que a seu lado está o presidente. Você o cumprimenta, ele responde simpaticamente e puxa conversa: "Você sabe que estamos passando por algumas mudanças na empresa. Se eu precisar de você em outro departamento da organização daqui a um ano e meio, em que situação deixaria a área em que atua agora?" Não esqueça: seu conhecimento técnico não o habilita a essa resposta. Você tem o tempo de nove andares para responder a essa questão. Esses andares, com certeza, parecerão uma eternidade. Pense bem.

Até recentemente, ainda havia muitas organizações em que a cúpula era formada por pessoas com saber eminentemente técnico. Tratava-se, geralmente, dos fundadores da empresa, que conheciam a fundo os processos e procedimentos e se sentiam, portanto, muito seguros nesses assuntos. Tinham, porém, grande dificuldade para lidar com planejamento estratégico e sistemas de gestão. Em verdade, a maioria dos gestores, independentemente do nível hierárquico, não sabia realmente definir e atingir resultados, pois esse conhecimento não lhe fora propiciado pela formação acadêmica nem pela experiência profissional.

A diferença entre ser e estar gerente

Não há como negar que gerentes trabalham muito, mas estão sempre cobrando as tarefas do dia a dia e criando rituais para coordená-las. São constituídos grupos ou comitês para buscar soluções conjuntas para problemas, mas não para comprometer pessoas em torno de um resultado. Os cursos mais vendidos no mercado nacional nos anos de 1970 eram os técnicos, pois se acreditava que o país precisava muito deles e em grande quantidade. Nos anos de 1980, entendeu-se que a crise era de gerência, então toda a literatura foi dedicada a esse segmento.

Toda essa história pode ser resumida assim: os cargos de gerência foram ocupados por técnicos sem habilidade para desenvolver atividades interpessoais, muito menos para empreender sob condições de risco. Então surgiram técnicas para a solução de problemas e a condução de reuniões, cursos na área comportamental e de análise transacional e, finalmente, cursos de gerência de pessoas.

Mas, ao participar dos programas de treinamento gerencial, é comum verificar uma contradição: o celular toca e é o superior imediato cobrando tarefas pendentes ou então é o próprio gestor que gasta todo o seu intervalo em contato com a empresa para resolver problemas técnicos e lembrar aos subordinados os prazos das tarefas em execução. O que está sendo cobrado: tarefas ou resultados?

A essência da gerência não é tarefa, mas o resultado contínuo e crescente. Se o seu superior cobra tarefas, você igualmente puxa sua equipe para o curto prazo e, dessa forma, reforça a prática contínua de realização de tarefas. O que acontece com um funcionário novo? Ele chega cheio de ideias, enxerga com clareza os problemas, sugere soluções criativas. Mas as tarefas aparecem e, junto com elas, uma pesada pressão para cumpri-las dentro do prazo. Desestimulado pela própria chefia, em quatro ou cinco meses o funcionário novo para de apresentar ideias, não vê mais solução para os problemas e acha tudo muito difícil. Finalmente, ele fica igual aos outros, e todos concordam: o novo funcionário está bem integrado. Ou seja, a integração está completa quando a pessoa fica míope e para de pensar, passando a "trabalhar" em coisas e problemas conhecidos.

A execução automática de tarefas envolve os profissionais de tal maneira que eles perdem de vista a razão do que estão fazendo. A atividade passa a ser guiada por um objetivo falso e se torna um fim em si mesma. Muitas das tarefas executadas não se transformam em produto. Relatórios extensos, difíceis de ser elaborados, são inúteis, porque não geram inovação e pouco contribuem para o aumento de resultados. Descrição de procedimento é descrição de tarefa. Isso porque todo o esforço é voltado para o controle das atividades rotineiras. Quanto maior o nível de orientação para a tarefa, mais os gerentes controlam as pessoas, os detalhes, e menos o resultado a ser atingido. Outra armadilha que os gestores frequentemente preparam para si mesmos diz respeito à solução de problemas. Eles gastam um tempo precioso na investigação de causas e culpados e na análise detalhada de cada questão. Aí, quando o tempo se esgota, acabam dando uma solução de curto prazo. O pior é que, acreditando na possibilidade de voltar a ocorrer aquele problema específico, criam rotinas para estarem prontos para a solução. Raramente, entretanto, ocorre a eles questionar e investigar se essas soluções estão ajudando na obtenção dos resultados.

O que fazer para colocar o foco em resultado na bagagem profissional das pessoas? Será que elas estão dispostas a ser de fato profissionais de gerência ou estão confortáveis, usando apenas suas habilidades e seus conhecimentos técnicos? O trabalho é tão dedicado à execução de tarefas que não sobra tempo para mais nada. Essas pessoas fazem da atividade contínua uma muralha de proteção atrás da qual escondem seu baixo desempenho. Não podemos estar gerentes, temos de ser gerentes. E ser gerente não é ganhar uma promoção, e sim assumir uma nova profissão: é uma questão de novas competências e prática profissional. Nessa ordem.

Uma carreira exige mais do que a empresa pede

As organizações cresceram, criando muitos níveis hierárquicos, porque, quando um gestor é responsável por um número muito grande de funcionários, as atividades de controle são afrouxadas. Ou seja, quando a amplitude de um nível gerencial é muito grande, o esforço de coordenação tem de ser bem maior. Por outro lado, quanto mais níveis hierárquicos uma organização tiver, maiores serão os problemas de integração e comunicação.

Diante da elevada carga de tarefas e da comunicação difícil, as organizações muito hierarquizadas perderam o foco em resultados, tornando-se um sistema social complexo com tendência à deterioração. Isso gerou mais custos, que foram repassados aos preços para manter a margem do lucro. Como o mercado continuava comprando e a empresa ganhando, os custos também continuavam a ser repassados aos preços e os problemas internos não eram resolvidos. Esse ciclo acabou.

Em um mercado competitivo, agir assim é o caminho certo para o fracasso empresarial. E para o gerente também: o profissional orientado para a tarefa trabalha muito, sempre nas mesmas coisas, e nunca tem tempo para desenvolver sua competência, testar novas tecnologias ou visitar outras empresas. Ou seja, não tem oportunidade de inovar e crescer nem faz contatos para buscar um emprego melhor.

As empresas exigem de seus gestores somente aquilo de que precisam para sobreviver e manter o negócio saudável. E isso é pouco, muito pouco, se comparado ao que o desenvolvimento de uma carreira requer de um profissional.

Quando ameaçadas, as organizações acionam seus mecanismos de proteção: corte de níveis, corte de investimentos, terceirização e outros. Algumas até mantêm áreas orientadas para tarefas e outras com foco no futuro. O objetivo é estarem estruturadas para manter o negócio sempre em desenvolvimento. Todo profissional faz parte de uma estrutura desse tipo, mas, se não estiver atento ao seu crescimento profissional e à sua capacidade de gestão, dará à empresa somente o que ela "pede" e ainda vai reclamar das novas exigências e mudanças. Só quando é "cortado" percebe que o mercado não precisa mais do que ele sabe fazer.

Portanto, um profissional de gestão deve manter-se muito ativo na empresa e também fora dela, prestando um bom serviço à organização e, ao mesmo tempo, garantindo sua posição no mercado. Ter uma carreira de sucesso não é problema da empresa, mas sim do profissional que você é. Quando o desempenho está abaixo do esperado, a organização aciona seus mecanismos de proteção. Sendo assim, a única proteção de um profissional é sua competência. Da mesma forma, estar preparado para lidar com resultados não é uma questão de sua empresa querer ou não. Isso faz parte da sua profissão. Os profissionais que se preocupam com seu desenvolvimento estarão sempre à frente, protegidos pela competência.

Para fazer um autodiagnóstico a respeito de sua competitividade profissional, basta expor-se ao mercado em busca de nova colocação. As perguntas feitas, atualmente, em uma entrevista de seleção são muito diferentes daquelas de cinco anos atrás. Hoje perguntam sobre nossas inexperiências, nossos erros, as inovações que fizemos, como vemos nossos pares, nosso chefe, a equipe. Se as respostas forem dadas com o enfoque antigo, o mercado coloca seu currículo no arquivo morto. Nossa cabeça tem de mudar. E a ênfase nos resultados é a primeira grande mudança.

Gestor tarefeiro, equipe alienada

Uma reclamação constante dos gestores é a falta de compromisso dos funcionários com o desempenho da área. Mas de onde vem essa alienação? É bom lembrar que é o gerente quem forma a equipe, e faz isso de acordo com a bagagem que possui. Se valoriza demais a técnica e a tarefa, é com essa mentalidade que moldará os subordinados. Muitas vezes essa é a única maneira de trabalhar que esse gerente conhece.

Grande parte dos gestores acredita que formar pessoas não é sua atribuição. Espera que a área de recursos humanos faça isso. Eles não estão preparados e confundem formar com adestrar. Treinar para executar tarefas não pode ser considerado uma formação, mas sim adestramento. Formar profissionais não é adestrar.

Vamos considerar o caso de uma equipe formada para executar tarefas conduzida por um gerente técnico. Ao empregar o dia trabalhando sob a pressão da tarefa, a equipe assume isso como foco. Os desafios que surgem são "desafios de braço", ou seja, exigências de mais volume de produção e maior rapidez na execução. Mas o que realmente vai aumentar o resultado de uma área ou melhorar substancialmente seu desempenho não são as tarefas cumpridas com rapidez. O que faz essa diferença são os "desafios de cabeça", isto é, criar alternativas de solução, aguçar o raciocínio e conhecer novos modelos.

De início, quando o gerente começa a exigir competência da equipe além do mínimo aceitável para a execução das tarefas, vai sentir uma enorme resistência, pois o processo de formação é doloroso. As pessoas sentem-se incomodadas de crescer, porque isso exige delas um esforço extra. Na verdade, esperam "ser crescidas" dentro do conforto que a rotina permite.

Durante muitos anos, as empresas dedicaram-se a criar funcionários tarefeiros e seguros, que realizavam atividades repetitivas e monótonas, de ciclo curto, com bons salários, boas refeições, clube, abono, transporte e direito a promoções dentro da mesma tarefa. Eles ficavam satisfeitos com o *status* que o nome da empresa oferecia, tranquilos com a segurança e o conforto, e não precisavam preocupar-se com seu desenvolvimento. Deviam apenas manter o volume de produção e ser leais ao chefe e à organização.

Quando as pessoas vão admitir a necessidade de crescer? Elas só darão valor ao seu crescimento quando sentirem o risco de não se desenvolverem e de estagnarem. Quem ocupa a mesma posição há muito tempo com boa remuneração se sente seguro em relação ao que sabe, ao que faz, ao chefe, aos companheiros de equipe... Essa sensação de segurança anestesia os sentidos, enquanto a situação de percepção de risco nos move na direção de novos rumos.

Paternalismo e motivação

O primeiro fator de desmotivação são as tarefas repetitivas e de ciclo curto, com finalidade distante da percepção dos executores e pautadas por padrões rígidos descritos em processos de trabalho. Sob essas condições, os problemas não são resolvidos ou, no máximo, encontram soluções paliativas. Os funcionários habituam-se às regras, aos problemas, ao baixo desempenho e desenvolvem um elevado grau de tolerância, o que inibe e descaracteriza a necessidade de busca de melhoria de desempenho.

Em organizações paternalistas, as áreas de treinamento limitam-se a fazer o levantamento das necessidades e inscrever funcionários em cursos sobre técnicas modernas – aqueles que estiverem na moda. A maioria, porém, não consegue implementar o que aprende. Um profissional só assimila uma nova técnica quando percebe que atingiu seu limite de competência em determinado assunto. A partir daí, ele não sente o risco de não conseguir resolver os problemas seguintes. Por isso, precisa ser desafiado em sua competência para sentir exatamente onde está mais fraco. Nessa situação, com certeza, solicitará cursos que aumentem sua capacidade de contribuição.

Além do foco na tarefa e da alienação quanto a resultados, as mudanças abalaram também o conceito de lealdade. Muitas gerações de profissionais se formaram acreditando que deviam lealdade à empresa e ao chefe. Uma vez desligadas da organização, essas pessoas percebiam que não tinham competência e preparo porque haviam sido leais à empresa e não à profissão, ou melhor, à própria carreira. Assim, durante o período em que o normal era não questionar, não mudar, criou-se um contingente de pessoas alienadas e descomprometidas com os resultados das empresas. Hoje, ao contrário, o objetivo é o aumento de resultado, o que só pode ser obtido com o comprometimento das equipes e o uso efetivo da competência de cada um.

As organizações paternalistas acostumaram os funcionários a contar com estímulos externos para motivá-los e impulsioná-los: promoção por tempo de casa, plano de carreira, aumento por mérito (lealdade ao chefe), tolerância às restrições, ao mau desempenho, baixo *turnover*. O paternalismo é confortável, pois passa longe das exigências do crescimento pessoal e do desenvolvimento profissional. Os gestores são hoje cobrados por um desempenho muito acima da média anterior e têm também de obtê-lo de suas equipes. Mas, se não mudarem a forma de tratar seus funcionários, conseguirão muito pouco.

As novas gerações de profissionais não conhecem o paternalismo. Estão acompanhando privatizações dolorosas, fusões e aquisições nas quais, rapidamente, são descaracterizados os ambientes estáveis e de baixo desempenho. Os novos profissionais, independentemente da idade que tenham, não gostam de ser tratados como crianças que não sabem nada. É essa geração que precisamos manter motivada para dela obter os melhores resultados.

É interessante observar o comportamento das crianças quando saem em excursão escolar ou vão a um acampamento de férias: arrumam a cama, lavam a louça e a roupa, limpam o quarto. Em casa? Nem pensar! Quando não têm quem faça essas tarefas para elas, sentem o risco de não fazer nada, e isso é um fator de motivação. A ação deixa de ser uma simples tarefa e se transforma em necessidade: portanto, tem de ser executada. Assim, o motivo passa a existir.

A percepção de risco é a base da formação pessoal, pois o indivíduo cresce quando a tem claramente. Desafiado em sua competência e percebendo que atingiu seu limite, o profissional se automotiva para executar o trabalho que lhe foi entregue.

Se conhece os riscos que seu superior e ele próprio estão correndo, caso o trabalho seja feito para "cumprir tabela", ele se compromete com a qualidade e com o resultado da área.

Quando o paternalismo das empresas é reduzido ao mínimo, as pessoas concluem que a formação, o desenvolvimento profissional e a motivação são responsabilidade de cada um, e não da organização. Cabe ao gestor, portanto, mudar esse enfoque, promovendo situações em que o risco seja sentido por todos. Dedicarei o capítulo 5 à formação de equipes, tendo como base a busca do risco compartilhado.

A desintegração no meio da pirâmide organizacional

No passado, as fábricas podiam produzir o que quisessem, na quantidade e nas especificações mais convenientes e com os preços e prazos autodeterminados. Nessas circunstâncias, o relacionamento entre os departamentos era muito bom: um não incomodava o outro. Afinal, a fábrica era eficiente porque produzia da maneira desejada e as vendas sempre atingiam as metas em um mercado tipicamente comprador.

Quando o mercado fica competitivo, no entanto, é o cliente que define quantidade, qualidade, especificações do produto, prazo e preço. Empresas sem flexibilidade não conseguem atender às novas exigências e perdem competitividade. Passa a ser comum as áreas de vendas não atingirem as metas estabelecidas e a produção não dar conta das quantidades vendidas. Diante de perdas reais, os departamentos tentam resolver a crise isoladamente e, como não conseguem, o relacionamento entre eles se deteriora.

É nesse momento que os principais executivos abandonam o papel de gestor e assumem o de mediador de conflitos, tentando reduzir distâncias e promover articulações. Surgem, então, as reuniões de integração, um ritual de gestão muito comum que as empresas adotam para fazer com que as áreas conflitantes conversem. Ocupado com essa mediação, o gestor perde o foco estratégico.

Se as relações chegam a esse ponto, muitas empresas decidem reunir os gerentes em cursos comportamentais em hotéis-fazenda, cercando-os de conforto e descontração. Quando terminam o curso, estão de fato mais integrados, o clima ficou melhor. Entretanto, isso dura pouco, porque uma real integração depende de algo mais do que um relacionamento agradável entre os gestores.

As mudanças de estrutura também são utilizadas nessa situação, com a criação de cargos intermediários para os quais são nomeados os gestores das áreas conflitantes. Mas o problema continua o mesmo, porque os novos gerentes carregam consigo os velhos conflitos e posturas.

Outro fator que contribui negativamente para a integração é a avaliação de desempenho vertical. Para ser verdadeira, uma avaliação deve ser horizontal: são os clientes internos que devem avaliar o desempenho dos funcionários. Trabalhar nessa linha horizontal é uma novidade, é uma visão moderna no trabalho de gerência. Na realidade, o gerente não tem peso na avaliação; o que o cliente quer é bom atendimento. Se o profissional está consciente de seu papel e o desempenha, o cliente acha até que a estrutura restante é desnecessária. Isso é integração.

Assistimos, hoje, a um completo desmantelamento das teorias clássicas de administração e da ética da hierarquia. A estrutura por especialização está sendo quebrada pelas células de produção, adotadas com sucesso em qualquer parte da organização. A gestão das cadeias de suprimento acabou com os estoques de materiais. Mas falta eliminar os estoques de desconfiança no meio da pirâmide organizacional. Devido à falta de confiança nos fornecedores internos, as solicitações são feitas com muita antecedência ou em quantidade superior à necessidade. Isso também é estoque. Uma das principais questões agora em administração é: Como eliminar os estoques de desconfiança entre as áreas?

Pressões sobre a motivação gerencial

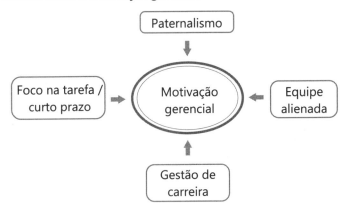

Neste capítulo foram descritos os fatores que interferem diretamente na motivação gerencial. Esses fatores consistem no foco na tarefa de curto prazo – acelerada como questão de sobrevivência organizacional –, na quebra de todos os mecanismos de paternalismo que "compravam" a alma do gestor, na equipe totalmente alienada ao movimento organizacional e com sérias dúvidas em relação à continuidade da empresa nesse mercado competitivo e em todas as pessoas – especialmente do quadro gerencial – altamente orientadas e pressionadas para gerir suas carreiras.

Em resumo, o comportamento gerencial altamente pressionado nos últimos tempos e o gestor temeroso em relação a seu preparo nesse cenário geraram atitudes de autoproteção. No entanto, a dinâmica organizacional força o aprendizado, os projetos de inovação e as metas, obrigando os gestores a responder a essas necessidades, porém buscando emocionalmente a autoproteção. O produto dessa situação foi o *empowerment* forçado e não genuíno. Esse quadro dividiu as pessoas da empresa em dois grupos: aquelas que reagiram por medo e autoproteção e as que não reagiram e ainda continuam chorando pelos cantos todas as necessidades impostas pelo novo contexto.

QUESTÕES-CHAVE

1. Qual é a realidade do comportamento gerencial em sua empresa? Tendo como base o primeiro capítulo, elabore um quadro comparativo de dois períodos distintos (dos últimos dez a cinco anos e de cinco anos para cá).

2. Quais são os aceleradores desse processo na empresa? Quais são os freios?

3. Como os gestores estão lidando com essa transição de crenças e práticas?

4. Em sua gerência, quais têm sido os gatilhos críticos: uma percepção de futuro, uma pressão do presente ou um passado falido?

5. Como você, na posição de gestor, reagiu às pressões de foco na tarefa ao paternalismo e à alienação da equipe?

3
Gestor de pessoas: problemas ou resultados?

Dois fatores são fundamentais para quem tem o objetivo de se tornar um gestor pronto para os novos tempos da economia globalizada: consciência do cenário enfrentado pelas empresas e autodiagnóstico claro e preciso das próprias falhas e capacidades profissionais. Já tratamos dos principais tópicos sobre o meio ambiente organizacional, mas isso não significa que você deve parar por aqui: estude, leia, informe-se por meio de revistas, jornais e, quem sabe, volte a frequentar um bom curso. Estudar é sempre muito positivo, pois areja as ideias e estimula a troca de experiências.

Muitas profissões estão desaparecendo e, nos próximos anos, surgirão tantas outras que não vai importar a faculdade cursada, pois dificilmente a pessoa seguirá a carreira para a qual se preparou academicamente. O importante – e isso já é verdade – é uma boa formação cultural, o conhecimento de línguas, de informática, de tecnologia e de competências reconhecidas pelo mercado. Por isso, na volta à escola, leve esse fator em consideração.

Em relação ao autodiagnóstico, vamos dedicar este capítulo aos diversos perfis assumidos pelos gerentes em ação dentro das empresas. O objetivo é ajudar você a detectar suas principais características positivas e, também, as negativas. Existem comportamentos que ajudam a realizar tarefas, mas nem sempre colaboram para os resultados da organização.

Muitas vezes assumimos essa postura sem perceber, premidos por nossas ansiedades e nossos desejos e até pelas circunstâncias apresentadas pelas empresas. Ao ver este ou aquele perfil descrito em detalhes, no entanto, temos mais condições de fazer a identificação e racionalizar a questão com o intuito de aprimorar as qualidades e eliminar ou minimizar os defeitos.

A empresa paga para que você aprenda

Em primeiro lugar, vamos tratar das tais circunstâncias apresentadas pela maioria das empresas a seus gestores. Imagine uma organização que atue nas seguintes condições:
• As políticas e a missão estão claramente definidas;
• Os funcionários estão altamente motivados e trabalham com foco em resultados;
• A empresa possui um mercado cativo crescente;
• As inovações ocorrem por inércia, sem a necessidade de esforço para implantá-las;
• Os resultados são suficientemente positivos para garantir a qualidade de vida a todos.

Essa empresa felizmente não existe porque, se existisse, não precisaria de gerentes. Para que contar com gestores se não há dificuldades a superar? Costumo dizer que, quanto melhor o gerente, pior deveria ser a empresa em que ele trabalha. Afinal, são os maiores desafios que necessitam dos melhores talentos.

Em toda empresa há desafios e pontos de vista que precisam ser revistos, mas não se pode dizer também que tudo esteja sempre ruim. Quem trabalha o tempo todo reclamando transforma-se em um "chiador sênior", e a organização segue em frente. Não se trata de defender nem de atacar a empresa, trata-se de perceber essa importância para você como profissional.

Esse é o único lugar do mundo em que você é pago para pôr em prática o que já sabe e fazer experiências, errar para aprender. As organizações são um laboratório de formação profissional, e mesmo que você cometa erros, desde que não exista má intenção, há sempre uma segunda chance. É preciso eliminar aquela velha ideia de que a empresa é um conjunto de problemas logicamente organizados para prejudicar você. Ao contrário: ela é a estrutura formal que paga para você aprender trabalhando, pesquisando, estudando.

É claro que um gestor enxerga os problemas que estão à sua volta porque tem percepção, tem competência. Mas ele precisa esforçar-se para dar sua contribuição sem a pretensão de mudar tudo, pois não tem força para isso. Temos de estar preparados para obter resultados com os problemas e apesar das dificuldades, extraindo o máximo do mundo imperfeito que nos cerca. Poucos gerentes podem escolher suas equipes, menos ainda são aqueles abençoados com um chefe perfeito e raríssimos podem afirmar que foram designados para uma missão nobre, perfeita e vital.

Fuja do triturador de talentos

Se por um lado a empresa paga ao gestor para aprender, por outro pode causar um efeito perverso sobre seus melhores gestores. É o que eu chamo de triturador de talentos. Como efeito da redução dos níveis hierárquicos, a empresa procura utilizar as melhores pessoas para resolver problemas cada vez mais complexos ou aumentar sua participação em quase todas as atividades de inovação ou solução de problemas que ela possui.

O triturador de pessoas, conforme indica a ilustração a seguir, é descrito como uma máquina com duas lâminas que funcionam de forma sincronizada. Uma delas representa a quantidade de trabalho, e a outra, a qualidade do gerenciamento. Se você observar mais detalhadamente, verá alguns pingos escorrendo. São o sangue e o suor do talento do gestor, resultado do processo de trituração. Entre as lâminas está o que restou do gestor, totalmente desgastado.

Esse é o processo: a empresa dá mais trabalho para as pessoas mais talentosas, que vão recebendo cada vez mais trabalho. É uma reação em cadeia. Na regra de antigamente, a empresa as promoveria e lhes daria mais recursos. Hoje lhes dá mais trabalho. E a lâmina da quantidade vai girando mais rápido, mais rápido... e a jornada de trabalho vai aumentando até chegar a 26h por dia, considerando o rateio do domingo pela semana útil.

Sobrecarregado, esse gerente começa a ter menor participação perante os pares e o chefe. Vai a reuniões sem estar preparado, todos os participantes discutem, dão ideias, e ele, que não teve tempo para se preparar e não leu o relatório básico, apenas diz: "Eu também acho que a solução é por aí".

Todos os participantes da reunião notam que ele não somou, que não deu uma contribuição que faça jus à sua credibilidade dentro da empresa, que começa a cair, cair... Quando a credibilidade do gerente começa a cair, depois de um tempo ele vai sendo deixado de lado e, finalmente, é devolvido a seu habitat, ou seja, fora da portaria. Nesse exato instante, a empresa contrata outro gestor, que chega, olha para a área que era gerida por aquela pessoa e raciocina: "Não foi à toa que demitiram meu antecessor... Olhe essa área como está". Ele muda a área, as funções, a forma de trabalhar, os princípios e conceitos de trabalho. A empresa começa a enxergá-lo com bons olhos e afirma: "Está aí a pessoa certa".

Daí começa o novo ciclo do triturador de talentos: cada vez mais trabalho, mais sangue e suor, menos credibilidade... Ele passa a dedicar menos tempo à equipe, e isso inicia um processo de delegação de baixo para cima, em que a equipe acaba aumentando a pressão sobre ele, em torno de soluções e orientações no trabalho. Esse é o mecanismo que chamamos de *socador de talentos*, que, na figura, empurra o gestor na direção das lâminas.

Não há indícios de que o trabalho nas empresas vá diminuir. Na verdade, está aumentando. Quando acontece alguma redução, é de pessoas, e o trabalho *per capita* aumenta mais ainda. Mas, se o volume de trabalho cresce e a empresa liga o triturador, você precisa tomar uma providência para preservar seu desempenho e sua carreira.

Verifique em sua agenda, na última semana, que atividades você desenvolveu com o objetivo de reduzir trabalho. É muito provável que nenhuma. E fique atento, pois quem diz que está sem tempo para reduzir trabalho já está dentro do triturador, de cabeça para baixo. Trabalhar hoje à noite, amanhã à noite, quarta à noite, quinta à noite é reagir à pressão. E o que acontece? Vai haver mais pressão. Você precisa reconhecer que o triturador de talentos existe nas organizações e dedicar parte do seu tempo a eliminar tarefas.

Ainda encontro profissionais muito bem-intencionados que se permitem capturar por essas contradições naturais das organizações e assumem comportamentos prejudiciais. No primeiro momento, o prejuízo é só da empresa, que deixa de contar com um gestor focado em resultados. No segundo, esse gerente estará fadado a ser substituído, causando perdas para si mesmo.

O estilo "Eu-sou-a-solução-do-problema"

Existem pessoas que gerenciam utilizando o lado heroico de sua personalidade. Eu comparo esse tipo "eu-sou-a-solução-do-problema" ao Zorro, por causa da semelhança de comportamento. Esse herói só aparece na cidade quando há problemas. Surge do nada, saca a espada e enfrenta os bandidos, enquanto os moradores ficam assistindo à luta, seguros e protegidos. Não ajudam em nada, mas ficam por perto, recolhem um cesto do chão ou mandam as crianças para dentro.

Outra característica do Zorro é nunca matar um bandido, ele só o espanta: depois de dominá-lo, faz sua marca com a ponta da espada, monta em seu belo cavalo e desaparece. Quando não existem problemas, o Zorro vai à cidade como Dom Diego, um herdeiro que só se ocupa com banalidades. Note bem: o Zor-

ro apresenta suas características e desenvolve suas competências e habilidades quando está com máscara. O disfarce é quando ele veste o terno e vai à cidade. Resolver os problemas é a base fundamental da atuação do Zorro. É para isso que ele existe. Ele se disfarça de "bonzinho" para pesquisar se há novos inimigos na cidade.

O gestor-herói é a mesma coisa. Seu comportamento é perfeitamente complementado pelo modo de ser da equipe, que só cuida da rotina, longe dos riscos. Gerente e equipe acreditam mesmo que o chefe é a solução. É comum o funcionário consultar primeiro o chefe, mesmo sabendo como resolver o problema. O gestor pode até não ter muita certeza, mas orienta o subordinado, pois como gerente-herói tem a obrigação de resolver tudo. Ele não pede a opinião do funcionário, e este, por sua vez, não se sente obrigado a dizer nada. Se a orientação dada pelo gerente falhar, ele volta a procurar o homem-solução.

Gestor que sempre resolve os problemas sozinho não amadurece a equipe. Nos filmes do Zorro, enquanto ele duela, no fundo da cena sempre passa alguém com uma moringa d'água na cabeça ou puxando calmamente uma carroça. É a representação de que o povo mantém a rotina, porque os problemas são todos do herói. Para complicar a situação, o herói, como principal responsável pela imaturidade dos próprios subordinados, não pode se queixar deles.

Quando ocorre uma troca de gestor, a equipe rende mais do que com o antigo chefe. É que o recém-chegado não tem como controlar, de imediato, as tarefas com seus atos heroicos. Ele entra conduzindo os trabalhos no campo gerencial, e a equipe, sem nenhum Zorro por perto, cresce. À medida que começa a controlar tudo, empurra de novo a equipe para baixo, e a alienação dos subordinados volta. E como é fácil permanecer assim! As pessoas acabam respeitando o Zorro pelo heroísmo e, como os habitantes da cidade do filme, sentem-se tranquilas e protegidas.

Esse tipo de comportamento acontece tanto dentro das grandes organizações quanto nas pequenas empreitadas. Para se ter uma ideia de como isso funciona na prática, acompanhe um hipotético diálogo entre um empregado da construção civil e um Zorro engenheiro ocupadíssimo em espantar problemas:

– Doutor Arnaldo, tem que pintar as paredes lá. Pinta de azul ou de vermelho?

– Você já pegou as tintas, João? Vá buscar as tintas.

Pouco depois:
– Doutor Arnaldo, as tintas estão aqui. Pinta de azul ou vermelho?
– Você já passou o fundo?

João sai e diz para o pessoal que o chefe mandou passar o fundo. Alguém quer saber se passa em tudo ou não. João volta:
– Desculpe, doutor Arnaldo, mas nós estamos querendo trabalhar lá embaixo. É pra pintar tudo?
– Claro, pinta tudo!

Algum tempo depois:
– Doutor Arnaldo, olha, nós passamos fundo em tudo.
– Vocês pintaram a parede onde vai fazer a projeção?
– Vou dar uma olhada.

Mais tarde, o doutor Arnaldo vai até lá. O fundo está pronto. Quantas vezes o doutor Arnaldo tomou uma decisão? Nenhuma.

Ele só provocou a ação do subordinado. Quantas vezes precisou provocar a ação? Muitas. Isso desgasta um gerente e torna a equipe dependente. Se você não confia em uma pessoa, troque-a. Não dá para manter os funcionários e assumir tudo por eles. Quanto tempo você consome protegendo sua equipe? Aonde você espera chegar dando-lhe tanto conforto e segurança, poupando-a de riscos?

É preciso considerar ainda o lado centralizador do gerente-herói. Esses gestores adotam a seguinte definição: gerenciar é fazer acontecer a rotina e as metas e resolver os problemas decorrentes delas. Uma justificativa comum é que as metas da empresa estão baseadas na rotina e, então, é preciso executá-la.

Quando os *problemas* surgem, a equipe chama o Zorro para resolver tudo porque acredita que ele está lá para isso. Esse tipo de gerência estimula o lado heroico e promove delegação de baixo para cima. Ou seja, é a equipe que delega os problemas ao gerente, que acaba sem agenda para exercer seu real papel de gestor. Não se esqueça do triturador de talentos.

Vou dar outro exemplo, citado no artigo "Who's Got the Monkey", de W. Oncken & D.L. Wass, publicado pela *Harvard Business Review* em dezembro de 1999. Seus funcionários saem normalmente às 18h. Quando são 17h30 já estão limpando a mesa e se livrando das encrencas para o dia começar amanhã "zero bala". Essa é a linguagem deles. Como já perceberam que seu estilo é o de gerente-herói, às 17h45 pegam os problemas e vão procurar você. Isto é, amarram o "macaco" na cordinha e levam o bicho até a sua mesa. Se o problema for pequeno – só um saguizinho –, você vai desqualificar. Mas, como subordinados espertos, eles antes põem o bichinho na mesa, afofam os pelos, dão-lhe uns tabefes para ele ficar nervoso e falam assim: "Chefe, tem um gorila aqui! É bom dar uma olhada nisso, senão amanhã a gente para! Precisa ver o seu interesse nisso, a sua experiência..." Já são 17h50, e você cheio de coisas para fazer. O diretor está falando ao telefone e ainda há uma última reunião às 18h30. Mas como gerente-herói você responde: "Deixe aqui que eu vou ver".

Às 20h você ainda está lá, achando que nessa hora o trabalho rende mais. Às 20h15 a família telefona, e então você pega toda a bicharada, põe em sua "jaulinha gerencial" – sua pasta – e vai para casa. No caminho, quando o trânsito para, os bichos dentro da pasta falam para você: "Me resolve! Você está perdendo tempo". Eu já vi gente que senta o bichinho no volante e chega a conversar com ele.

Como em casa não dá nem mesmo para olhar para a pasta, no dia seguinte você volta para o escritório, abre a "jaulinha" e os macacos retornam direitinho cada um para o seu monte. Mal você começa a ler o primeiro relatório, um subordinado aparece na porta (ele não entra por inteiro na sala, mas dá para perceber o corpo malhado e o ar descansado pela sauna de ontem à noite) e pergunta: "Deu para você ver aquele negócio que eu deixei ontem? Estamos quase parando..." A pergunta é fatal: Quem é o chefe de quem?

O que está por trás disso é a crença do "eu-sou-a-solução". A equipe vai percebendo que você acredita nisso e se molda. Em toda empresa existem Zorros, que gostam de agir assim. Algumas pessoas, ao participarem o dia todo de uma reunião de planejamento, costumam chegar em casa e comentar: "Hoje não fiz nada. Participei do planejamento o dia inteiro". Sentem-se altamente valorizadas quando resolvem um sem-número de problemas de curto prazo, sentem-se reconhecidas tal qual o Zorro expulsando todos os inimigos da cidade todos os dias. Gostam de ser avaliadas pelo volume de problemas resolvidos, muito embora lamentem isso. Estar cansado de solucionar problemas é muito mais gratificante do que estar cansado por participar de reuniões de planejamento e inovações.

Outra situação típica vivida pelo gerente-herói: às 15h haverá uma reunião com o pessoal do marketing, que quer mudar um produto, o que vai causar muita encrenca. Alguém pergunta ao gestor se ele vai participar. "Não sei", responde reticente e vai para sua sala, onde ninguém sabe muito bem o que faz. É a caverna do Zorro. Às 15h10 – ele espera a chegada dos bandidos, senão brilha menos – aparece na reunião. Os bandidos atacam, o gestor arranca a espada e começa a duelar! E a turma toda fica na rotina, admirando o Zorro. Quando é que o gestor é mais autêntico: quando é Zorro ou quando é Dom Diego? Qual é o disfarce? É a máscara ou aquele terninho mexicano? O disfarce é quando ele está sem máscara. O que ele gosta mesmo é de ser Zorro, porque tem uma visão heroica de si mesmo.

Ser um gerente-herói tem lá suas vantagens. Ele se sente importante, poderoso, e seu ego adora. A empresa considera-o essencial e retribui com estabilidade e um bom salário. Mas isso é história do passado. Hoje em dia, acredite: quanto mais Zorro você for, menos você "liquidará" os problemas. Você viu alguma vez o Zorro enfiar a espada e matar o bandido? Jamais! O Zorro não mata bandido, só espanta.

Esse comportamento gerencial é cada vez mais inaceitável. Ser gerente não é saber tudo. É saber gerenciar pessoas e tirar o melhor de cada uma delas. As novas gerações de profissionais estão mais bem informadas e atualizadas. Por isso, todos têm capacidade de identificar problemas e apresentar ótimas alternativas de solução. Abandone a máscara de Zorro e faça sua equipe mostrar do que é capaz.

Você precisa mudar?

Para a empresa, o alerta da necessidade de mudar é dado pela perda de mercado, margem, caixa ou clima organizacional. Para os profissionais, esse alerta costuma chegar junto com uma carta de demissão. Mas existem indicadores que podem ajudar na percepção da necessidade de mudança. Por meio deles você pode saber se está se tornando descartável. Esses indicadores devem ser buscados em sua área, e não na empresa como um todo.

Você pode identificar boa parte deles respondendo ao teste que apresento na p. 77. Mas peça para sua equipe validar as respostas para que não haja distorções. As questões propostas devem ser retomadas a cada dois ou três meses, como forma de gerir seu desempenho, e acompanhadas de um plano de ação. Esse plano pode ser elaborado assinalando-se para cada item do teste as mudanças necessárias para aprimorá-lo. Depois da segunda vez que você percorrer o roteiro, assinale se a situação atual evoluiu ou não em relação à anterior.

Esses indicadores, associados ao diagnóstico de perfil, constituem excelente avaliação do seu momento profissional. Se quiser, pode utilizá-los tendo como foco a organização.

Não é necessário estabelecer pontos para perceber o que está acontecendo e vai acontecer com você. Faça uma reflexão.

INDICADORES	RARAMENTE OCORRE	OCORRE COM CERTA FREQUÊNCIA	OCORRE NORMAL-MENTE
1. Prazos vencidos: uma sensação de que tudo o que chega para ser feito já deveria estar pronto.			
2. Acúmulo de trabalho: impressão de que a jornada normal de trabalho é insuficiente e de que é preciso ir para a empresa no sábado para tentar pôr as coisas em dia.			
3. Flexibilidade da estrutura: sempre que você precisa de um esforço adicional, tem de pedir ajuda à equipe e convencê-la da importância dessa necessidade. A estrutura está orientada para a tarefa.			

INDICADORES	RARAMENTE OCORRE	OCORRE COM CERTA FREQUÊNCIA	OCORRE NORMAL-MENTE
4. Objetivos imprecisos: você não consegue perceber com clareza para onde tem de ir; limita-se a cumprir as tarefas.			
5. Objetivos conflitantes: parece que você está na contramão, decidiu ir para um lado enquanto os outros vão na direção oposta.			
6. Gargalo: a rotina anda e para. Você precisa interferir para que ela volte a andar e sua área parece atravancar o fluxo da rotina.			
7. Sucesso no passado: seu atual desempenho é insatisfatório, mas no passado você foi bem-sucedido e sempre faz menção àquele momento de "glória".			
8. Crescimento da equipe: ela quer novos horizontes, quer crescer, mas você segura isso com estratégia pessoal.			
9. Estrutura inchada: por falta de clareza de foco, há trabalhos realizados sem necessidade, como relatórios que "alguém pode precisar, é bom ter" etc. Isso requer mais pessoas, acarreta acúmulo de trabalho e falta de tempo.			

10. Pressão: você se sente constantemente pressionado, por cima e por baixo, e nem sempre a cobrança corresponde a reais necessidades.			
11. Frequente mudança de prioridades: tão logo você as estabelece, descobre que já não são mais aquelas; parece que tudo é prioritário.			
12. Ênfase excessiva na atividade: sua área transformou-se em um cartório, só cuida da rotina, não há espaço para pensar.			

Minha experiência mostra que o estilo heroico geralmente induz o gestor a dois tipos de perfil. Vamos a eles.

1. O técnico que virou chefe

Esse estilo de gerência, inspirado na concepção mecanicista de Taylor & Fayol, costuma ser assumido por técnicos quando são promovidos a posições de gestão das áreas em que atuavam. Eles não são gestores, apenas viraram chefes. Em geral, sabem mais do que a equipe e, por isso, sentem-se provedores de solução para tudo. O técnico-chefe traz para si toda a responsabilidade do trabalho e, claro, está sempre muito ocupado. Impacienta-se e às vezes torna-se intolerante diante do despreparo da turma.

Em algumas circunstâncias, esse estilo é muito eficaz. Por exemplo, quando surgem problemas sobre os assuntos que essas pessoas dominam e o nível dos subordinados ainda é baixo, elas são chamadas para ajudar e não encontram outra saída a não ser agir como técnico-chefe; mas não pode ser por muito tempo. Nesse caso, o risco é deixar a equipe em estado perpétuo de incompetência e o gestor tornar-se obsoleto, porque é muito difícil atualizar-se resolvendo apenas problemas técnicos já conhecidos.

Requisitos muito baixos para gerenciar certas áreas levam a empresa a não ter nenhum interesse em promover o desenvolvimento do gerente. O que se espera é justamente que ele seja e permaneça um técnico-chefe. Problemas técnicos relacionados com a especialização do gerente valorizam muito esse estilo, sempre convocado como bombeiro para apagar o incêndio. Mas cuidado: as empresas em que prevalece o estilo técnico-chefe nos quadros de gerência tendem a sofrer incêndios rotineiramente. Quanto mais incêndios, mais valorizam o técnico-chefe, e quanto mais os técnicos-chefes forem valorizados, mais incêndios haverá.

O estilo apresenta sérias desvantagens: desvio do foco em resultados para foco em obediência ao chefe, uso exclusivo das técnicas mais conhecidas por ele, atrofia do potencial de desenvolvimento da equipe, anulação da autoconfiança dos subordinados e centralização de poder.

Muitas vezes, ao perceber esses problemas, a empresa inscreve o gerente em cursos sobre temas que o ajudam a assumir um comportamento de gestor, como de delegação de autoridade. Mas os resultados costumam ser nulos. É que esses cursos não são formatados para eliminar justamente os fatores que causam esse tipo de gerenciamento: apego às glórias obtidas no passado por bom desempenho técnico, inabilidade para gerenciar pessoas e suas necessidades emocionais, gosto pelo trabalho solitário e atração por problemas técnicos difíceis. No ambiente de trabalho de um técnico-chefe, as reuniões são apenas de cunho informativo, a supervisão dos subordinados é cerrada e todos aplaudem quando ele resolve situações complexas.

2. Vão que eu vou atrás

O tocador é uma espécie de técnico-chefe, mas não tem aquela garra toda para trabalhar. Gosta mais de organizar, deixar tudo funcionando bem, para então ficar na cabina tocando o barco. Ele faz com que cada um cumpra a sua parte e procura não assumir problemas de fora. Como participa de tudo – vai a reuniões, feiras, seminários –, dá a impressão de estar envolvido com os assuntos. Na verdade, não assume nenhum.

Para certificar-se de que tudo está indo bem, cada um fazendo certo a coisa certa, harmoniosamente, é claro que ele controla a equipe. Mas não no corpo a corpo, e sim por meio dos sistemas administrativos disponíveis. Ao contrário do técnico-chefe, o tocador prepara os subordinados para executar as tarefas, reservando para si o papel de coordenador e principal responsável pelas decisões. Mas não espere que ele desenvolva a equipe; apenas deseja um time afiado para fazer o que tem de ser feito e nada mais. Se depender dele, os subordinados não precisam ser muito competentes; basta que sejam bons executores das tarefas e o consultem em caso de dúvida. Para ele, gerenciar é conseguir que o trabalho seja feito pelos outros.

O tocador utiliza seus conhecimentos técnicos para manter o respeito e avaliar a *performance* da equipe. Eles são numerosos, altamente valorizados e vistos como espertos e sintonizados. Em algumas situações, o tocador é bem eficaz: quando o departamento está organizado, quando os subordinados já conhecem suas funções e as regras operacionais, e quando a empresa necessita de coordenação e de pessoas com aptidão política.

Trata-se, porém, de um modelo de falsa gerência. O técnico-chefe é mais real, trabalha muito mais. O tocador é um queixoso.

É preferível um quadro com 100% de técnicos-chefes a outro com 100% de tocadores. Para gerir um quadro desses seria preciso uma forte gestão de resultados associada a um severo regime de obediência às normas. Bom seria que fossem todos extintos.

Veja a síntese comparativa dos dois perfis:

COMPORTAMENTOS	Estilos heroicos (Tipo Zorro)	
	GERENTE TÉCNICO	TOCADOR
Planejamento	Não usa, não gosta.	Participa: vai às reuniões, ajuda a prepará-las, dá sugestões e defende.
Integração	Não trabalha de modo integrado, mas quando requisitado com jeito é prestativo.	Alta.
Motivação	Aparentemente é baixa, mas na realidade é alta. Impõe resistência, mas quando assume veste a camisa.	Aparentemente é alta, mas na realidade é baixa. Não gosta de fazer.
Crescimento	Embotado.	Limitado. Cresce enquanto o mercado é favorável, porque basta *ir tocando*. Ao atingir uma posição mais alta, tem habilidade para inovar.
Contribuição da equipe	Baixa.	Baixa, porque ele não traz problemas.

Velocidade na solução de problemas	Baixa. Mesmo sendo rápido, só pode resolver um problema de cada vez. Para ele é alta, pois considera que faz mais depressa do que um subordinado.	Alta, pois, como ele quase não traz problema, as questões que apresenta são resolvidas com velocidade. Escolhe problemas que possam agregar valor à sua imagem.
Resistência a mudanças	Alta. Adora mudanças na área dos outros.	Baixa. Dá sugestões para a mudança em outras áreas, mas resiste se a sua for mexida.
Nível de conflito	Alto. Trabalha na vertical e faz "estupros" organizacionais.	Baixo. Ele é um apaziguador, um harmonizador.
Qualidade de trabalho	Duvidosa. Em virtude da correria e do acúmulo de atividade, as soluções costumam ter a exata amplitude do curto prazo.	Questionável.

Avaliação do nível de proatividade gerencial

Além da avaliação dos estilos heroicos, tenho observado muito de perto reações de profissionais quanto aos novos parâmetros do cenário organizacional, que impõem ao profissional de gestão um conjunto de características extremamente diferentes. Essa observação tem-me possibilitado identificar os tipos de postura (passiva, reativa e proativa) mais presentes nesse conjunto de gestores. Para isso, utilizei um modelo de comportamento das organizações apresentado por Djalma de Pinho Rebouças no livro *Planejamento estratégico*, e adaptado para a identificação das posturas pessoais em períodos de transição.

Essas posturas, além dos perfis heroicos que já identificamos, serão ferramentas importantes para seu autoconhecimento como gestor e para uma análise de sua postura gerencial.

A postura passiva – *dinossáurica* – caracteriza-se por apatia e indiferença ao que ocorre no mundo externo. Pessoas que adotam esse comportamento não gostam de participar de reuniões nem de seminários, entre outras atividades em grupo. Pertence a essa categoria o tipo de pessoa que não reage, não se adapta e não inova, só trabalha. Ela sobrevive no curto prazo, mas, se o mercado continuar competitivo, está fadada à extinção. Algumas empresas são verdadeiros "vales de dinossauros". Isso ocorre porque seu mercado é cativo, não há concorrência e podem garantir salário e emprego, pois prestam serviços essenciais à sociedade. Quem trabalha em uma empresa assim está fora da realidade do mercado.

A postura reativa – *camaleônica* – observa as tendências do ambiente e procura acompanhá-las; tira o máximo proveito das forças externas favoráveis, observando e incorporando a tendência para se proteger. As pessoas desse grupo reagem à mudança, mas se adaptam a ela e não inovam. Sobrevivem no longo prazo porque as empresas gostam de pessoas com esse perfil, já que fazem qualquer coisa que lhes seja pedida. O problema é que trabalham muito, estão sempre correndo. São os verdadeiros carregadores de piano.

A postura proativa – *empreendedora* – é a de quem conhece e sabe submeter as forças externas à sua vontade, necessidade e controle. Está sempre buscando novidades e informações. Lidera, tenta convencer os outros. Antecipa-se aos movimentos. A esse grupo pertencem aqueles que se adaptam e inovam. Sobrevivem em longo prazo e lideram os processos de desenvolvimento. É desse perfil que as empresas precisam.

Ao longo dos últimos dez anos, utilizei um instrumento no qual as pessoas de um grupo avaliavam de forma fechada a postura gerencial dos demais participantes do mesmo grupo. Por essa metodologia, que venho aprimorando durante esse tempo, já passaram cerca de cinco a seis mil pessoas. Trata-se de uma avaliação de imagens, e não de competências, perante as exigências de proatividade nos ambientes organizacionais em mudança. Esse trabalho permitiu a construção de um banco de dados que me dá estatisticamente a seguinte composição:

Cerca de 15% dos gerentes que tenho observado são completamente *dinossáuricos*. Percebi um tipo intermediário, a que chamei de *dinoleão* ou *camalossauro*, que reage por estímulo – quando este cessa, ele para. Equivale a aproximadamente 25% dos profissionais observados. Os de perfil *camaleônico* totalizam 50% aproximadamente. Os 10% restantes são os *empreendedores*, dos quais 8% conseguem influenciar, mas sem clareza de resultados. Assim, apenas 2% realmente inovam, sabem para onde ir.

POSTURAS	PORCENTAGENS OBSERVADAS
Dinossauros	15%
Camalossauros	25%
Camaleões	50%
Empreendedores	10%

O que tenho verificado nas empresas é que o discurso é muito bom da porta para fora. Internamente, a realidade não é bem essa; a estatística prova que os gestores estão percebendo a mudança do ambiente, mas não mudam na mesma intensidade e velocidade de seu sistema psíquico-social interno.

Se você, leitor, quiser saber que postura assume na estrutura organizacional, peça para sua equipe lhe dar um *feedback*. Os quadros a seguir refletem as posturas passivas, reativas e proativas. Nesses quadros estão as principais características de cada uma. Peça para sua equipe analisar todas elas item por item.

C A M A L E Ã O

POSTURAS

RESISTIR ➡ Não avança, mas se defende se alguém invadir seu território.

AJUSTAR ➡ Observa as tendências do ambiente e procura acompanhá-las.

EXPLORAR ➡ Tira o máximo proveito das forças externas favoráveis.

CONSEQUÊNCIAS

Reagente
Adaptativo
Não inovador
➡ Sobrevive no longo prazo ➡ Estagnação

E M P R E E N D E D O R

POSTURAS

INFLUENCIAR ➡ Procura exercer uma forte influência no processo de decisão de mudanças, embasado em sua visão técnica e, via de regra, parcial.

ATACAR ➡ Procura clareza de diagnóstico, sendo agressivo quanto à realização; consegue formular programas de mudanças.

ANTECIPAR ➡ Formula novas realidades e consegue articular a organização para a realização.

CONSEQUÊNCIAS

Reagente
Adaptativo
Inovador
➡ Sobrevive no longo prazo ➡ Desenvolvimento

Conclusão

Neste capítulo vimos um pouco sobre perfil e estilo gerenciais cujas conclusões nos levam a modelos de gerenciamento de pessoas que, no fundo, são modelos de gerenciadores de tarefas, e não de pessoas. Esses modelos servem como meio de preservação de um clima sustentado pela relação comando-controle, chefe-subordinado. Procuramos definir também os níveis de passividade, reatividade e proatividade do gestor, que precisa avaliar continuamente sua postura e seu estilo. Propomos ainda uma autoavaliação, incluindo a da equipe, no que tange ao estilo e à postura e boas conversas com seus pares e superiores. A partir daí, você terá condições de desenvolver conjuntos de ações em curto prazo para crescer profissionalmente. Os capítulos a seguir darão a você as bases para complementar seu plano de ação.

QUESTÕES-CHAVE

1. Como você analisa sua atuação quanto à velocidade:

   – das mudanças na organização?

   – de atualização na profissão de gestor?

   – da mudança no perfil de sua equipe?

2. Como sua equipe enxerga os itens acima expostos?

3. Compare as posições obtidas entre sua avaliação e a de sua equipe e identifique o distanciamento entre elas. Não se esqueça: você não é o que pensa que é, e sim o que as pessoas pensam sobre você.

4. Avaliando o estilo de gestão da organização como um todo, como se situam suas práticas gerenciais em relação às bases descritas?

5. Como o estilo de gestão da empresa afeta, ou até dá forma, a seu estilo de gerir pessoas?

6. Você está à frente ou dentro dos desgastes que o mecanismo organizacional provoca?

Parte 2

Desenvolvendo a infraestrutura para a alta *performance*

4
O que é um gestor além da hierarquia (GAH)

Quando alguém valoriza muito o conhecimento técnico, acaba optando por graduar-se em uma especialidade que lhe ofereça, justamente, esse tipo de formação, na qual os fatos e fenômenos tendem a parecer mais objetivos e controláveis: toma-se uma solução à procura de problema. Esse profissional, no entanto, pode escolher ou ser levado pela própria carreira a ocupar funções hierárquicas em que outras habilidades também são requeridas. Ele tenderá, contudo, a manter uma atitude tecnicista. Por outro lado, existem pessoas com tendência natural para valorizar os outros, assim como os processos de crescimento próprios e os do grupo no qual está inserido. Geralmente profissionais desse tipo têm um perfil desenvolvimentista de atuação como gestores, que eu gosto de chamar de *gestor além da hierarquia* (GAH).

A maioria dos gerentes com os quais tenho convivido infelizmente não tem perfil desenvolvimentista. Os gestores com perfil tecnicista apresentam certa dificuldade em apreender e praticar o gerenciamento além da hierarquia, pois este não passa pelo aprendizado na lógica técnica. Ao estudar alguma matéria técnica, tão logo as informações sejam dominadas o assunto está esgotado, ficando abertas somente as possibilidades para o aprimoramento futuro daquela técnica específica.

Então, a partir do aprendizado, é só aplicar e praticar. Quanto mais pratica, mais hábil a pessoa se torna.

Com a gestão é diferente, para não dizer radicalmente o oposto. Quando se estuda gestão, percebe-se claramente que não basta só entender os conceitos e aplicá-los. O gerenciamento também possui conceitos, técnicas e ferramentas, mas são tantas as variáveis da prática, em especial com a inserção inescapável do fator humano, que é preciso ampliar a dimensão do conhecimento.

Ao contrário do conhecimento técnico, não é possível dominar uma visão gerencial. Os gerentes olham a proposta desenvolvimentista por meio das lentes de sua visão técnica e acreditam que, para ser um gestor além da hierarquia, basta conhecer e dominar determinadas regras e colocá-las em prática. Esse é o grande problema prático das modernas técnicas de gestão.

Em gestão não se domina, formula-se uma ideia e dá-se um passo. No meio do caminho, é preciso reformular para dar novo passo. Na realidade, o GAH pensa grande para conseguir fazer pequeno, porque sabe que, se pensar pequeno, só conseguirá realizar algo menor ainda. Ou seja, como as técnicas de gestão nunca se esgotam em si mesmas, é preciso contar com uma visão ampliada para gerir recursos e pessoas tendo como alvo os resultados gerais da equipe. Com a prática da gestão, descobrem-se novas variáveis a cada dia.

Se você não adotar um perfil desenvolvimentista, jamais será um bom gestor. A grande vantagem é que não é preciso autorização de ninguém para fazer essa transformação profissional: ela vai depender somente das mudanças que você estiver disposto a fazer em suas crenças e práticas.

O comportamento humano é resultado direto do conjunto de crenças de cada um. Quaisquer que sejam elas, quem conviver com você vai percebê-las: às vezes, com clareza; outras, com a intuição. Quando alguém age em desacordo com seu conjunto de valores, passa a sensação de vazio e indiferença. Por isso, seus subordinados percebem, pelo seu comportamento, tudo o que você preza ou despreza e, com base nessa percepção, procuram amoldar-se.

O comportamento de um gestor, portanto, deve ser coerente com suas crenças, pois essa é a direção de seus funcionários. Quando um chefe prestigia igualmente o funcionário tarefeiro e aquele que pensa nos problemas e dá novas ideias, a equipe não sabe quais são seus valores. Assim, como tendência natural, ela segue o caminho mais fácil, que é ficar apenas na execução de tarefas.

Sua equipe existe porque você não conseguiria fazer tudo sozinho. Então a função do grupo é ajudá-lo. E, para que a ajuda seja efetiva, seus integrantes precisam estar em constante crescimento e desenvolvimento. Na escola mecanicista de administração, os conceitos de equipe e gestão estão distorcidos para o contexto atual: é o mais adestrado quem manda e "toma conta" dos menos adestrados, que precisam estar prontos para obedecer, pois quem não puder seguir o chefe estará fora.

Gerentes do tipo técnico-chefe ou tecnicista congelam o próprio crescimento e o dos funcionários, pois, ao valorizar o volume de tarefas realizadas, imobilizam a competência do grupo. Volume qualquer um faz, é só aprender pelo adestramento. Assim, um gestor além da hierarquia, um GAH, precisa valorizar a competência dos subordinados, esperando deles uma real colaboração na tomada de decisões e uma contribuição efetiva para melhorar os resultados da área.

Como é impossível assumir todos os problemas sozinho, o gestor deve trazer para si somente aqueles que envolvem maiores riscos e menores prazos. Os que apresentam baixo risco e longo prazo de execução devem ser distribuídos aos integrantes da equipe como forma de obter ajuda e, ao mesmo tempo, desafiá-los no que ainda não sabem. Quando provocada em sua competência, a pessoa resolve um problema, e a satisfação pelo sucesso e o prestígio decorrentes são a melhor recompensa. A relação volume/recompensa que se adapta bem ao perfil heroico de gestão, no que se refere à completa dependência da equipe, apenas condiciona as pessoas, pois o movimento só se dá a partir do estímulo externo. Quando o estímulo cessa, o movimento também acaba, destruindo assim qualquer iniciativa latente nos membros da equipe, conforme salienta Cecília W. Bergamini, autora de *Motivação nas organizações*.

O desafio à competência da equipe, no entanto, é só o começo do processo de desenvolvimento. Por exemplo, o único fator que mantém um grupo unido é a clareza dos resultados desejados. Isso é válido tanto nas organizações como em casa, na igreja ou na escola. Um casal só se mantém unido enquanto houver um projeto em comum. Um time, antes de começar o jogo, faz aquele círculo e todos juntam as mãos para criar um sentido de unidade de propósito.

Cabe ao gestor viabilizar a clareza de objetivos de sua área, mas não espere unir sua equipe organizando churrascos. Na empresa, a unidade de propósito é criada pela definição de resultados em cada uma das áreas e amparada por mecanismos de planejamento e controle. Metas impostas de cima para baixo não criam uma unidade no departamento. Para garantir a união da equipe, o objetivo deve desafiar a inteligência.

Um gestor além da hierarquia disponibiliza todos os conhecimentos ao seu alcance para ajudar os subordinados a crescer. De início é natural que eles resistam um pouco a esse estilo de gestão. Nessa fase o gestor deve redobrar a atenção aos processos de crescimento de cada funcionário. Quando um deles assumir um comportamento fechado e se recusar a pensar e assumir riscos, tome cuidado e verifique se não está sendo complacente demais. No capítulo 8, sobre mobilização de equipes, estudaremos uma técnica para abordar essa situação.

A tolerância será prejudicial a esse profissional, que se acomodará mais ainda em sua zona de conforto. Porém, será mais negativa para os outros integrantes da equipe, que não se sentirão motivados a continuar enfrentando seus novos desafios. O importante é deixar claro que esse não é o padrão de desempenho esperado. Estando definida a expectativa de resultados, a equipe trabalhará em função deles, e o controle será desnecessário.

Cabe a você, como gestor, provocar o crescimento dos profissionais de sua equipe. Simplifique processos, elimine tarefas, mas, principalmente, não dê todas as respostas mesmo que as tenha disponíveis. Isto é, simplifique, mas não facilite o trabalho. Estimule os profissionais a encontrar as respostas, fazendo-os usar ao máximo o conhecimento que possuem. Além disso, se for preciso (e sempre é), incentive a busca de novos conhecimentos, pois eles aumentarão a competência instalada na área. Trabalhe ao lado de sua equipe, envolva-se, mas sem ficar no centro – não há necessidade de ser a estrela da área. Com um time forte seu poder como gestor aumenta.

Em resumo: uma equipe forte cobre qualquer deficiência no seu perfil de gestor. Um gerente fraco com uma equipe forte é forte. Um gerente forte com uma equipe fraca é fraco. E um gerente fraco com uma equipe fraca não é nada.

A atuação de GAH apoia-se, como vimos até aqui, em três bases:

- Formar, de maneira constante, uma equipe com risco compartilhado;
- Promover o desenvolvimento contínuo das aptidões individuais dos subordinados;
- Formar e determinar, em comum com a equipe, a visão de futuro do processo.

O limite do gestor técnico é fazer com que a rotina ou as metas aconteçam e resolver os problemas recorrentes. O limite do GAH, além de viabilizar as metas e a rotina, é levar a equipe à conquista do conhecimento enquanto resolve os problemas e evocar o espírito de aprendizado, excelência, resultados e autogestão.

Sem esse substrato, você dificilmente terá uma equipe de alta *performance*.

Abordaremos adiante o aprofundamento necessário ao pleno entendimento do perfil do GAH e cada uma das três bases.

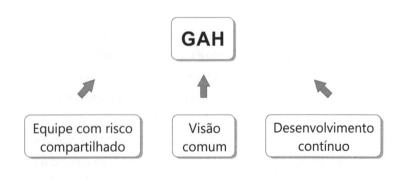

QUESTÕES-CHAVE

1. Ao gerir sua equipe, você busca atuar como um gestor além da hierarquia ou mantém uma visão tecnicista? Evidencie seu comportamento.

2. Analisando seu conjunto de crenças e valores, você diria que seu perfil é o de um GAH?

3. Em sua empresa a motivação da equipe se dá pelo sistema de volume/recompensa? Como você tem percebido o estímulo da empresa em relação aos líderes no sentido de desafiar a inteligência das equipes?

4. Como você mantém sua equipe unida na organização? Investe no aspecto social, no alinhamento de valores ou na criação de futuro? Evidencie.

5. Em sua equipe a sinergia acontece naturalmente ou você tem sido agente desse processo?

5
Como entender o perfil do time[1]

Liderar equipes de qualquer nível representa sempre um desafio. Embora os conceitos envolvidos sejam razoavelmente simples, sua implementação prática mostra-se bastante complexa, pois passa por relacionamento entre pessoas que sempre demonstram individualidades e contextos próprios.

Patrick Lencioni, em seu livro *The Five Disfunctions of a Team* (*As cinco disfunções de um time*, Wiley, 2002), apresenta-nos pistas muito interessantes, as quais, após algumas adaptações e complementos, mostramos a seguir.

Segundo o autor, existem cinco armadilhas nas quais os times de topo normalmente caem, o que acaba gerando resultados insuficientes. Não é raro vermos equipes de altíssimo gabarito, formadas por talentosos participantes e com real vontade de fazer as coisas acontecerem, naufragarem impiedosamente em resultados inferiores aos esperados. Note que nem sempre são desastres, mas são resultados incompatíveis com o perfil esperado desses fortes grupos.

---

[1] Capítulo escrito em coautoria com Antonio Francisco D. Loriggio (Toti).

O desenho a seguir mostra as cinco armadilhas chamadas de disfunções por Lencioni.

Armadilha número 1 – falta de confiança

Essa armadilha está em primeiro lugar de forma absolutamente proposital, pois dela derivam as demais. É como se ela fosse a causa-raiz de um grande problema, e dela derivam diversos efeitos colaterais.

Confiança é uma palavra básica em qualquer relacionamento humano. Seu uso indiscriminado tem deturpado seu significado.

Confiança é a crença de que as pessoas de quem dependemos irão cumprir com nossas expectativas. Confiar, portanto, é acreditar em primeiro lugar, é crer para ver, é uma atitude doadora a qual significa vulnerabilidade. Sim, pois se dependemos de nossos chefes, de nossos pares ou de nossos subordinados para que uma série de coisas aconteçam, estaremos altamente vulneráveis ao que eles poderão produzir. Quando dependemos de alguém, mas não confiamos nessa pessoa, precisaremos inserir controle na relação para que o nível de risco seja aceitável. Quanto maior o controle, maior a falta de confiança nas relações. Quanto maior o controle, maior o trabalho desnecessário, menor o *empowerment* dos envolvidos, maior a sonegação de informações, maior o distanciamento entre as pessoas. Nesse tipo de situação, o resultado pode até ser satisfatório, mas muito aquém do surpreendente. Costumamos chamar isso de desempenho adaptado, ou seja, aquele que não vai além do que a situação de alto controle pode produzir.

Precisamos também lembrar que um dos ingredientes da definição de confiança é a nossa expectativa. Queremos crer que as pessoas de quem dependemos irão cumprir com aquilo que esperamos, mas nem sempre o que esperamos está claro. É por isso que às vezes ocorrem situações de baixa confiança, por falta de clareza daquilo que se espera da relação de dependência.

A confiança está lastreada em três pilares básicos:
• Resultados
• Demonstração de preocupação
• Integridade

Não existe relação de confiança que resista a resultados insuficientes. Se você deixou clara a sua expectativa em uma relação e ela não se concretizou, pode ter certeza de que a confiança foi abalada, salvo se os motivos forem totalmente alheios ao esforço dos envolvidos. Resultado é premissa para que a confiança se instale em qualquer nível.

O segundo pilar é demonstrar preocupação com a relação. Quando dependo de alguém, preciso sentir que o risco que estou correndo está sendo tratado com a devida atenção e cuidado. Quando transpareço estar preocupado com alguém que depende de mim e mostro todo o meu esforço para cumprir com as expectativas dele, cria-se um elo de segurança que sustenta a relação de confiança. Isso significa que precisamos demonstrar quanto consideramos importante o que fazemos para os nossos clientes, internos ou externos. Note que isso vale tanto para as relações verticais quanto para as horizontais em um time.

Integridade é uma palavra ampla e a decompomos em:
- Ética
- Honestidade
- Consistência
- Responsabilidade

Ética e honestidade dispensam comentários. O senso comum já demonstra que não se consegue confiança quando não há ética e honestidade. Já consistência exige nossa reflexão. As pessoas reagem fortemente à falta de consistência. Mas existem várias formas de demonstrar consistência. Uma delas é falar aquilo que pensamos. Outra é fazer aquilo que falamos. Outra ainda é fazer o que falamos em diversas situações. Essa coerência atrai a confiança de quem nos cerca e traz credibilidade à relação. Já a falta de responsabilidade afeta diretamente a integridade e, consequentemente, a confiança. Temos visto times conviverem bem com a falta de responsabilidade entre seus participantes. Sob a nossa ótica, a falta de responsabilidade é algo tão grave quanto rupturas éticas e de honestidade e deveríamos tratá-la com os mesmos padrões de gestão de consequência para que os envolvidos percebam quão grave ela é.

Voltando aos três pilares da confiança – resultado, preocupação e integridade –, notamos que a falta de confiança da armadilha em questão está localizada em falhas no processo de obtenção de resultados, preocupações não demonstradas ou falta de integridade, não importando se esses fatores aparecem conjunta ou separadamente, pois basta um dos pilares estar quebrado para a estrutura não se sustentar.

É função do líder desenvolver a confiança em seu time, bem como resgatá-la quando em falta. O time com alta confiança é mais vulnerável, pois as pessoas dependem umas das outras, mas vão além em desempenho. O time com altos níveis de confiança instalada conhece as fraquezas mútuas e, com isso, é extremamente vulnerável. Contudo, substitui essa vulnerabilidade por um senso de compromisso mútuo que elimina as possíveis consequências negativas. O líder deve sair na frente, mostrando-se vulnerável e conquistando o espaço de confiança entre os liderados. As pessoas de uma equipe que demonstrem altos níveis de confiança se comportarão dessa maneira:

• Pedem ajuda;

• Aceitam sugestões de pessoas externas às suas áreas de atuação;

• Admitem fraquezas e erros;

• Fornecem o benefício da dúvida antes de chegarem a conclusões negativas sobre os participantes;

• Focam energia nos assuntos importantes e não em politicagem interna;

• Cumprem as expectativas umas das outras e avisam com antecedência quando percebem que não conseguirão cumpri-las;

- Apreciam mutuamente as experiências e competências compartilhadas no grupo e gostam de estar juntas;
- Demonstram preocupação com os outros e correm riscos por eles, oferecendo ajuda e *feedback*;
- Conhecem a vida pessoal umas das outras e sentem-se à vontade em discutir assuntos dessa área.

A confiança não é adquirida da noite para o dia e requer que o grupo despenda tempo junto e que, efetivamente, abra suas vulnerabilidades. Ao fazer esse caminho, o líder poderá enfrentar grandes dificuldades, como a perda de pessoas importantes que não estão dispostas ao processo, mas isso não deve ser um obstáculo para que ele atinja resultados superiores.

Armadilha número 2 – receio de conflitos

A armadilha anterior é provavelmente a grande responsável por essa segunda armadilha. É natural que em times onde falte confiança as pessoas tenham menor abertura entre si e que, por causa disso, os conflitos tendam a não emergir. O conflito traz tensão e dificuldade de relacionamento; incomoda e exige que deixemos nossas posições confortáveis. Ele exige mais energia, mais entrega e disposição para rever conceitos e ideias. Sem confiança, portanto, toda essa exposição se torna muito difícil ou superficial. O conflito é, na verdade, um tabu cuja utilidade, por mais que enfatizemos, nunca será algo naturalmente praticado pelas pessoas. Precisamos diferenciar o conflito construtivo do predatório. O conflito construtivo foca as ideias e os conceitos e visa à obtenção de soluções melhores com consequências mais bem pensadas, economizando tempo e energia. O conflito predatório é baseado nas pessoas, e as diferenças, em vez de serem de ideias, são pessoais.

O conflito é importante, pois faz com que as diferenças de percepção ou, até mesmo de comportamento, apareçam e não fiquem guardadas. Costumamos dizer que as coisas guardadas acabam estragando. Para serem tratadas e vencidas, as diferenças precisam aparecer. Caso contrário, pode ocorrer de elas irem parar nos corredores, provocando ainda mais falta de confiança entre os participantes do time.

Há duas grandes desculpas para se evitar o conflito. A primeira é a intenção de não "machucar" participantes do time. Ora, tudo é uma questão da forma de se falar. É claro que existem momentos, palavras e contextos adequados para falar sobre determinados aspectos. Por isso, não creio que essa seja uma boa desculpa, uma vez que o conflito acaba machucando muito mais quando é discutido nos corredores. A segunda grande desculpa é uma aparente perda de eficiência do grupo ao discutir muitas coisas. Conforme falamos, o conflito deveria abreviar o tempo para se chegar às soluções mais adequadas. O importante é não confundir conflito com discussão infindável. Aí entra o papel do líder em saber a hora de deixar as pessoas conflitarem e saber a hora de encerrar o assunto e tomar uma decisão. Conflito não é um debate sem fim.

Algumas vezes o líder, com as melhores das intenções, interrompe prematuramente discussões importantes com receio de que as pessoas envolvidas se machuquem no processo. Esse tipo de atitude não ajuda em nada; pelo contrário, só piora, pois a situação ficará mal ou não resolvida. O próprio grupo precisa amadurecer em suas relações pessoais para que os integrantes não fiquem ofendidos por qualquer observação contra a sua opinião. O grupo que conflita de modo saudável consegue desenvolver uma armadura protetora para evitar "machucados", e assim progride muito mais facilmente para a alta *performance*. Mesmo sendo difícil, o líder precisa encaminhar o grupo para essa maturidade e de vez em quando deixar alguém apanhar um pouco para ir criando a tal armadura mencionada.

Pessoas demonstram que não receiam o conflito quando:
- Extraem e exploram as ideias de todos os participantes, não deixando pessoas à parte;
- Resolvem problemas rapidamente e de modo objetivo conseguem convergir sem disputas pessoais apaixonadas;
- Minimizam a politicagem interna;
- Priorizam os pontos críticos e discutem até os pontos mais difíceis;
- Realizam reuniões interessantes e cheias de energia.

Armadilha número 3 – falta de comprometimento

Fica claro que um eventual receio de conflitar leva à falta de comprometimento. Quando as coisas não são discutidas e debatidas adequadamente, acabamos não nos comprometendo profundamente com elas. A discussão e o conflito trazem adesão e compra das ideias e decisões por parte do time.

Uma das outras causas para a falta de comprometimento é a eterna busca da unanimidade. Nelson Rodrigues certa vez disse: "Toda unanimidade é burra". Essa frase tem seu fundo de verdade. Quando se tem unanimidade, significa que não houve debate, o que impede a evolução das decisões tomadas. Não é preciso haver unanimidade para que as decisões sejam tomadas com alto grau de comprometimento. Muitas vezes discutimos, discutimos e não chegamos a uma opinião unânime. O importante é que o grupo esteja disposto a consentir com a decisão tomada. Isso é ter comprometimento com o time. Mesmo sendo voto vencido no grupo, vou sustentar a decisão como se ela fosse minha.

Ainda assim posso continuar não concordando com ela no plano do pensamento, mas preciso estar absolutamente comprometido com ela no plano das ações e da comunicação com as demais pessoas da empresa. Caso contrário, transmitem-se mensagens ambíguas e contraditórias que não ajudam em nada. Mesmo não tendo "ganhado" certa discussão, preciso me sentir ouvido e estar certo de que minha opinião foi levada em consideração na tomada de decisão final que, em última instância, recai na mão do líder. Portanto, boa parte do processo de obtenção desse comprometimento está nas mãos dele, o qual precisa fazer as pessoas sentirem-se ouvidas e garantir que todos consentem e compram as decisões tomadas.

Outro ponto que gera a falta de comprometimento é a tendência a se querer ter certeza de tudo antes de se decidir. Decidir é fazer uma escolha antecipando o futuro. Como o futuro é incerto, é consequência as decisões sempre serem incertas e com riscos inerentes. No fundo, as pessoas não compram as decisões tomadas por terem aversão ao risco envolvido. Se essas mesmas pessoas discutirem mais abertamente os riscos que estão ou não dispostas a assumir, a decisão convergirá mais facilmente e elas de fato comprarão as decisões tomadas. Em geral, procrastinar as decisões não modifica seu risco nem reduz as incertezas. O risco muitas vezes é inevitável. Por isso, precisamos sair da famosa paralisia da análise e partir para a discussão.

O efeito da falta de comprometimento sobre os demais funcionários da empresa é enorme. Grande falta de uniformidade de ações pode ser esperada quando um diretor fala que uma coisa foi decidida, mas que ele não concorda e que foi voto vencido. Ele falou que não comprou a ideia para seus subordinados. O que podemos esperar de ação por parte deles?

Pessoas que demonstram compromisso comportam-se da seguinte forma:
- Lutam por clareza e divulgam o direcionamento e as prioridades;
- Buscam alinhamento do time em torno dos mesmos objetivos;
- Desenvolvem habilidade de perceber rapidamente quando tomaram decisões erradas, mudam de imediato e aprendem com os erros;
- São rápidas e não hesitam nos processos decisórios, e se aproveitam de oportunidades que se apresentam devido a essa velocidade;
- Conhecem o trabalho dos pares e sabem como contribuir e argumentar com eles;
- As reuniões terminam com os participantes tendo certeza do comprometimento comum e com ações claras do que precisa ser realizado.

Armadilha número 4 – falta de coragem para responsabilização

As pessoas de um time costumam evitar se responsabilizarem mutuamente pelas baixas *performances*, a menos que estejam em plena confrontação e possam perder o respeito dos demais componentes da equipe. Esse comportamento tem muita ligação com a armadilha número 3 – a falta de compromisso. Isso ocorre porque, quando as pessoas não compram as decisões, a responsabilização fica frouxa e ninguém se sente responsável por nada. Assim, a interpretação sobre a responsabilização e a tomada de ações necessárias fica a cargo do líder.

O conceito dessa armadilha está ligado ao fato de que, em geral, fica apenas para o gestor a tarefa de cobrar a responsabilidade pelo bom andamento da equipe e pela obtenção de resultados. Os participantes do time ocupam a confortável posição de esperar que o líder exerça esse papel chato. Na verdade, os próprios pares deveriam também assumir esse papel, pois a equipe como um todo sofre quando alguém não está cumprindo o combinado. Isso não acontece por causa do desconforto pessoal que surge entre os pares quando existe uma cobrança lateral. São conversas muito mais difíceis e desconfortáveis, mais conflituosas e com possíveis impactos no relacionamento. Mas, como vimos anteriormente, o grupo precisa estar maduro para fazer e sofrer tais tipos de cobrança e não deixar esse encargo exclusivamente para o líder. Uma equipe de alto desempenho não precisa do líder para realizar esse papel. A cobrança entre pares (*peer pressure*) é até mais eficaz e amplia os padrões de desempenho, pois os entendimentos acontecem no mesmo nível, sem o peso da hierarquia. Pares devem estar sempre prontos a demonstrar suas expectativas e falar quando elas não foram atingidas.

O papel do líder, nesse caso, é deixar claro também para o grupo o que espera do relacionamento lateral e incentivar que as cobranças aconteçam entre clientes e fornecedores internos principalmente, mas que qualquer incomodado com a *performance* de outra área tem a obrigação de alertar e ajudar no sentido de elevar o resultado. Se o líder considerar sua prerrogativa, o processo de responsabilização pelo resultado será feito de forma errada e infantilizará a relação com sua equipe, o que o faz cair na armadilha número 4.

Grupos que não evitam a responsabilização demonstram as seguintes atitudes:

- Garantem que *performances* inferiores sofrerão pressão para melhorar;

- Não hesitam em se questionar para identificação de problemas;
- Criam respeito mútuo e admiração pela alta *performance*;
- Evitam burocracia na gestão de *performance* e ações corretivas e a tratam de maneira mais informal;
- Possuem baixa tolerância com baixas *performances*;
- Desafiam-se mutuamente quanto a planos e abordagens.

Armadilha número 5 – conformismo em relação ao resultado coletivo

A falta de responsabilização lateral leva os participantes da equipe a pensarem somente em sua área, voltando a atenção às próprias necessidades e formando os famosos feudos, silos ou castelos, como gostamos de chamar as áreas que olham apenas para o próprio umbigo.

Na realidade, é muito mais cômodo para qualquer um cuidar somente de sua *performance* e focar em suas tarefas específicas, esquecendo-se do mundo externo. Dessa forma, cria-se uma redoma de vidro ao redor da área a fim de protegê-la de todos os ataques externos.

As equipes precisam estar atentas para resultados globais e coletivos, e não apenas para suas metas individuais. Quando as empresas enfatizam somente os resultados individuais em suas políticas de bonificação, estão aumentando essa tendência.

Como resultado, as equipes acabam recebendo todo o esforço de gestão pensando no próprio benefício e nos polpudos bônus que um excelente desempenho individual poderá trazer. Contudo, desempenhos individuais soberbos podem acarretar resultados globais catastróficos, que transformam a vida do líder em um verdadeiro inferno.

Esse tipo de armadilha leva os integrantes da equipe a posições egocêntricas e a preocupações mesquinhas com carreiras e egos que não cabem nas salas que ocupam.

Os interesses coletivos precisam estar acima dos interesses individuais, e isso deve estar claro e pactuado com todos os elementos do time. É claro que deve haver espaço para crescimento pessoal e desenvolvimento da carreira, mas esses aspectos precisam estar subordinados aos interesses coletivos, e não concorrendo com eles.

O líder necessita ser muito firme em relação a esse conceito e não deixar sua equipe se queimar em uma fogueira de vaidades, permitindo que o resultado de uma equipe competente escape por entre os dedos.

Quando esse comportamento aparecer, ele precisa ser denunciado e tratado, esclarecendo-se as metas abrangentes do time e subordinando a elas a premiação em primeira instância.

Um time que enxerga resultado coletivo demonstra isso por meio das seguintes atitudes:

• Denuncia e minimiza atitudes individualistas;
• Aproveita o sucesso e sofre com as falhas;
• Consegue reter funcionários orientados a resultados coletivos;
• Possui indivíduos que subordinam interesses individuais a interesses coletivos;
• Os integrantes são lentos em buscar crédito por suas contribuições pessoais, mas rápidos ao apontar contribuições de outros;
• Fala-se mais do time do que dos indivíduos (mais "nós" e menos "eu").

Conhecendo melhor a sua equipe

Conhecer pessoas e diagnosticar perfis é uma tarefa do gestor que exige a habilidade de perceber as motivações e emoções dos outros. Para isso, deve-se partir da capacidade de reconhecer os próprios sentimentos e buscar empatia. "No lugar dele, como eu me sentiria nessa situação? Sentiria raiva ou motivação? Sentiria medo ou estaria seguro? Como o outro reage e qual seria a reação desejada em favor do grupo?" Com esse tipo de questionamento interno, o líder vai aprendendo a reconhecer o perfil de comportamento dos outros e conseguindo, como gestor, avaliar quais são as características individuais que podem ser positivas ou negativas para a equipe.

Para esse diagnóstico, existem ferramentas que podem auxiliar bastante o líder. As quatro matrizes de análise são as seguintes:
- Estágios de maturidade da equipe;
- Capacidade de trabalho e aprendizagem;
- Relacionamento social e ajuda mútua;
- Preparo para o desempenho atual e futuro.

Quando você utilizá-las, o resultado não será apenas o reconhecimento das características da equipe, mas também estarão sendo revelados alguns pontos positivos e negativos do seu estilo de gestão, uma vez que a equipe é considerada um reflexo da sua atuação como líder. Os *gaps* de sua equipe podem ser lidos como *gaps* do próprio gestor que permitiu a ocorrência desses problemas.

Toda metodologia tem seus pontos fortes e fracos. Por isso, sempre que possível, é importante não ficar restrito a uma única forma de análise. A metodologia proposta, porém, possui a vantagem de não exigir de seu usuário um conhecimento especializado sobre comportamento humano. Sua aplicação é razoavelmente simples. Colocando os mapas na parede, você cruza as matrizes e consegue enxergar o seu grupo como um todo. Uma fotografia muito boa e útil para um gestor que quer desenvolver sua equipe.

Alguns cuidados:

- Como todo modelo, é uma simplificação que pode não explicar tudo;
- Use o método como uma ferramenta, um instrumento; são os seus óculos;
- Não crie rótulos; eles engessam sua percepção sobre as pessoas, gerando preconceitos que, muitas vezes, distorcem a visão da realidade. As pessoas não são problemas. Elas estão com problemas hoje. Pode ser que no futuro elas venham a não ter problemas, principalmente com a ajuda do gestor.

Evolução da maturidade da equipe

Uma equipe de desempenho superior não se constrói da noite para o dia. É necessário trabalhar com o time durante algum tempo para que as pessoas evoluam coletivamente. Mesmo equipes compostas de ótimos indivíduos podem ter problemas e necessitarem de tempo para evoluir. Indivíduos são como as cores individuais em um quadro. Elas podem individualmente ser lindas ou feias, mas a composição do quadro final é o que vale. Compor esse quadro final pode levar algum tempo e exigir esforço de liderança.

Ao analisar os grupos, é possível identificar cinco estágios nítidos de amadurecimento. Essa ideia é uma adaptação de um esquema original proposto por Bradford & Cohen em *Excelência empresarial*.

Estágios de desenvolvimento da equipe

Há um estágio zero, não inserido na figura a seguir, chamado de *comando-controle*, que se resume à seguinte condição: eu mando, vocês obedecem. É o estágio mais infantil da gestão de pessoas. Logo a seguir, o primeiro estágio – participação –, em que o grupo inicia o trabalho em conjunto e nele as pessoas estão apenas se conhecendo melhor e estudando o terreno. Nesse estágio, costuma ocorrer um fenômeno interessante no comportamento das pessoas: quando você abre a participação ao grupo, rapidamente os integrantes se organizam em *subgrupos* – que é o segundo estágio – de acordo com suas opiniões, ideias e afinidades. Cada subgrupo cria uma proposta e a considera a melhor. Criam-se equipes dentro da própria equipe. Esse estágio é confortável para os participantes, pois eles se sentem mais fortes por não mais estarem sozinhos. Porém, eventualmente, as diferenças são comentadas apenas dentro do subgrupo. O conflito vem à tona. Chega-se, então, a um terceiro estágio: o do *confronto* entre os subgrupos.

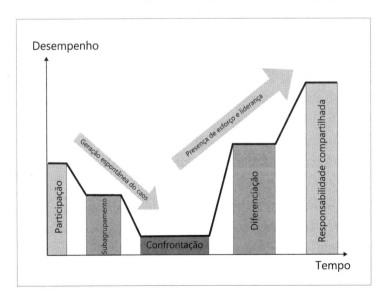

Do zero até o terceiro estágio, tudo acontece de maneira natural e você nem sequer precisa intervir. O conflito e o caos surgem de modo espontâneo nos grupos sem liderança. As relações são extremamente infantis e, se você não perceber isso, vai achar que aquelas pessoas não sabem trabalhar. Na realidade, é o gestor que não estava agindo para amadurecer a equipe.

É um período conturbado, de intensa mobilização interna, conversas de corredores, trocas de acusações e, em geral, grandes dificuldades para a atuação do gestor. Durante o período de confronto, em cada subgrupo surge um líder. É o momento de você formar um time com eles, que foram identificados espontaneamente como formadores de opinião internos da área. Ao criar essa *diferenciação* – o quarto estágio –, os subgrupos são rompidos e a equipe começa a perceber que existem objetivos maiores e mais abrangentes. Cada indivíduo é diferente e importante para o grupo. Você estará reagrupando as pessoas, agora, segundo critérios próprios. Depois de agrupar os líderes, você atinge o estágio do *compartilhamento*, quando as pessoas fazem suas próprias definições, têm iniciativa, dividem os riscos e se preocupam com o rumo da equipe.

Podemos entender melhor cada uma dessas etapas por meio de variáveis importantes de compreensão dos times, a saber:
- Confiança e compromisso;
- Autonomia e foco;
- Comunicação e troca de informação;
- Tomada de decisão;
- Visão abrangente;
- Clima e relacionamento;
- Autogerenciamento;
- Resultado da área.

Podemos notar nitidamente a relação dessas variáveis com as cinco disfunções da equipe comentadas anteriormente.

Os dois quadros a seguir mostram a evolução dessas variáveis ao longo dos estágios de maturidade.

Cabe ao gestor usar esses quadros para identificar em qual estágio se encontra sua equipe para cada uma das variáveis apresentadas. Podemos notar que o estágio de percepção mais claro é o de confrontação. Conseguimos perceber visivelmente se uma equipe não passou, está passando ou já passou pelo estágio de confrontação, uma vez que notamos que os conflitos nesse estágio afloram e são visíveis por qualquer um. Portanto, é comum vermos que as equipes se encontram com a maioria das variáveis em blocos anteriores ou posteriores a esse estágio.

Com essa imagem, poderemos entender melhor em que estágio de maturidade está a equipe e quais variáveis estão mais adiantadas ou atrasadas, o que nos possibilita focar naquelas mais atrasadas de maneira a propiciar o avanço do time.

Percorrido esse caminho, você estará com uma equipe de alta *performance*. Mas é aqui que novas variáveis entram em cena. Muitas vezes, os grupos voltam ao estágio zero, o caos retorna e é preciso recomeçar todo o processo: abertura para participação, formação de subgrupos, confronto, diferenciação e compartilhamento. Alterações na composição do grupo ou no nível de desafio e *performance* são algumas das situações mais comuns que podem levar o time a regredir em maturidade.

Liderar é, entre outras coisas, articular movimentos de amadurecimento do grupo. Mas cuidado! Se considerar as pessoas individualmente, poderá acabar perdendo a noção do todo e, principalmente, da sequência de movimentos para conduzir o grupo à alta *performance*. Quem lidera tem de saber ver o grupo todo para fazer os movimentos mais adequados no momento certo.

VARIÁVEIS	PARTICIPAÇÃO	SUBAGRUPAMENTO	CONFRONTAÇÃO	DIFERENCIAÇÃO	RESPONSABILIDADE COMPARTILHADA
Confiança e compromisso	Exposição e risco assumido baixos. Compromisso verbalizado mas não concretizado.	Desconfiança velada entre subgrupos. Compromisso com os objetivos dos grupos	Controle aumenta; chefe precisa interagir intensamente. Confiança alta dentro do subgrupo.	Começam a surgir sinais de real compromisso. Aumenta risco assumido de ruptura da confiança cega dentro do subgrupo.	Alta confiança entre as pessoas do grupo. Alto compromisso genuíno com os objetivos abrangentes da equipe.
Autonomia e foco	Alta dependência do chefe. Baixa autonomia aos participantes. Dificuldades de discernir o importante.	Subgrupos procuram espaço para seus interesses e são reticentes a todo o restante.	Discussões entre os subgrupos. Manobras para obter poder com a chefia.	Autonomia diferenciada pelos indivíduos conforme assunto. Concordância relativa sobre a importância dos assuntos.	Indivíduos têm ampla autonomia e nenhuma intervenção do chefe. Todos sabem o que deve ser feito.
Comunicação/ Troca de informação	Intensa e abrangente, porém com pouca profundidade.	Focada no subgrupo. Aumenta clareza das diferenças entre os subgrupos.	Discussões mais francas e diretas. Por vezes, fortes e defensivas. A comunicação é insuficiente.	Clara percepção de abertura para falar e ouvir, principalmente entre os subgrupos. Início de coragem para dar *feedback*.	Excelente, rápida, direta, objetiva. *Feedback* abertos e construtivos. Disponibilidade ampla para falar, ouvir e discordar.
Tomada de decisão	Influenciada pelos mais extrovertidos e falantes.	Cheia de impasses, o chefe interfere. Os subgrupos fecham os assuntos antes.	Torna-se um jogo de poder. Informação vira arma e é usada contra os oponentes. Muitas vezes, o chefe tem dificuldades no processo.	Participação ampla de todos no processo de discussão. Apoio geral.	Consensual coletiva quando necessário, individual quando um apenas domina o assunto.

VARIÁVEIS	PARTICIPAÇÃO	SUBAGRUPAMENTO	CONFRONTAÇÃO	DIFERENCIAÇÃO	RESPONSABILIDADE COMPARTILHADA
Visão abrangente	Baixa, confusa, sem profundidade.	Percebida, mas deixada em segundo plano por causa da agenda do subgrupo.	Usada apenas quando interessa ao subgrupo.	Discutida no grupo de forma aberta. Algumas vezes predomina o foco individual.	As metas abrangentes são priorizadas em detrimento das metas locais com clareza e discernimento.
Clima e relacionamento	Calmo, sem conflitos, sentimentos ocultos. Relações cuidadosas e polidas.	Clima normal da equipe. Ótimo nos subgrupos.	Hostil, algumas vezes áspero entre os participantes.	Diferenças entre os participantes começam a ser aceitas e respeitadas. Ajuda mútua começa a ser presenciada.	Alta solidariedade e sociabilidade entre os participantes. Há apoio expressivo e desacordos são prontamente resolvidos.
Autogerenciamento	Inexistente, mas o grupo ainda não sente falta dele.	Percepção da necessidade crescente, mas discutida apenas em pequenos grupos.	Usado como arma contra os oponentes para conseguir atenção do chefe.	Ciclotímico. Surge forte de vez em quando, mas desaparece.	Presente e discutido sempre que necessário. O grupo ocupa o lugar do chefe, liberando-o para desafios superiores.
Resultado da área	Desempenho bom. Muito dependente da atuação do líder.	Resultados das subáreas são bons, mas o resultado do todo é somente satisfatório.	O resultado perde um pouco a atenção, que está voltada para o conflito interno instalado, muito embora ele seja mencionado como forma de culpar os outros.	Notável melhora em relação ao desempenho da etapa anterior. Resultados muitos bons e com baixo desgaste interno.	Excelente, superior e incontestável. Reconhecido pelas demais áreas da empresa.

Capacidade de trabalho e aprendizagem

Ao observar a capacidade de trabalhar e de aprender das pessoas, é possível identificar quatro perfis de grupo, como indicado nessa primeira matriz.

Existem grupos que trabalham muito, mas aprendem pouco. São os que transformam um problema simples em uma complicada questão e simulam *performance*, parecendo empenhadíssimos e correndo contra o tempo, mas o produto final é medíocre. Como, no geral, gostam de fazer reivindicações, eu os batizei de *acomodados reivindicadores*. Quando pedem mais trabalho, é só para fazer mais esforço e continuar a simular a correria. Se você der mais trabalho e fizer mais pressão, logo perguntam o que vão levar, para que tanto esforço, por que isso, por que aquilo e aonde vamos parar? Isso acontece quando o gerente está focado no curto prazo e proporciona alto volume de tarefas. Trabalho realizado sob pressão gera baixa *performance* e muita correria.

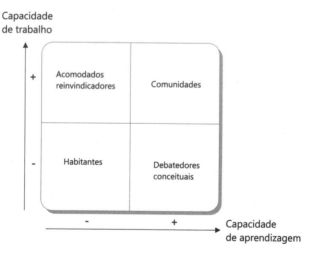

Há times que são o oposto: aprendem muito, mas trabalho que é bom, nada. São os *debatedores conceituais*. Por qualquer coisa começam um debate: porque-nós-vamos, porque-nós-precisamos, porque-segundo-o-autor... Certa vez, realizando um trabalho de apenas uma semana numa grande empresa de pesquisa, houve uma discussão no terceiro dia. Alguém perguntou o porquê do esforço continuado e, inocente naquele momento, respondi com outra questão: "Esforço continuado ou permanente?" Eles levaram mais de uma hora para decidir a diferença entre continuado e permanente e encerraram a discussão da seguinte maneira: uma ala achava que era continuado, outra que era permanente!

Chamo de *habitantes* os que integram o grupo que costuma trabalhar pouco e não se empenha em aprender. São pessoas que trabalham sem correr riscos porque o gerente, com dó, aumenta a zona de conforto de seus funcionários, assumindo todos os problemas. Eles saem às 17h, fazem torneio de xadrez na hora do almoço, campeonato de pingue-pongue, têm ótimo convívio fora da empresa. O gerente, porém, trabalha até tarde, sábado também, domingo dá um pulo na empresa e seu nome nunca está nas tabelas de convocação para os jogos porque ele nunca tem tempo.

É mais comum encontrar esse perfil de grupo em grandes organizações instaladas em cidades pequenas. A turma não sabe muito bem quando está na empresa e quando está em casa: todos ficam meio confusos. Certa vez, numa empresa assim, ao final da reunião perguntei: "E aí, como é que ficamos?" A resposta foi apenas: "Ah! Eu passo aqui depois..." A organização funcionava como uma espécie de clube.

O quarto grupo é aquele que todo gerente gostaria de ter sem precisar empenhar-se em agir como um GAH. Os profissionais são focados no trabalho e demonstram alta capacidade para aprender. É constituído de pessoas que pactuam visões e princípios iguais, formando uma unidade de propósito. Esse tipo de equipe, que chamo de *comunidade*, deve ser a meta de todo gestor.

Relacionamento social e ajuda mútua

Essa terceira matriz vai ajudá-lo a detectar o nível de relacionamento e de disposição para a cooperação mútua, caracterizando quatro tipos adaptados do estudo desenvolvido por Gareth Jones:

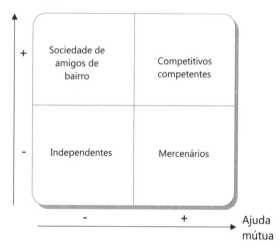

O grupo chamado de *sociedade de amigos de bairro* é aquele que não o ajuda em nada, mas se caracteriza por um ótimo relacionamento entre seus integrantes. São um pouco parecidos com os habitantes e também mais comuns nas empresas fora dos grandes centros. A turma se gosta: afinal, o gerente de planejamento é casado com a filha do chefe de produção, além de padrinho de casamento do porteiro, e batizou o filho mais novo do chefe de segurança. Aliás, não é bom esquecer que esse menino, agora rapaz, namora a irmã do encarregado de materiais... e assim vai. Esse grupo possui um equilíbrio próprio e consegue exercê-lo. Por exemplo, se a organização implantar remuneração variável, a turma implanta outro critério variável interno, que mantém equilibrada a sociedade lá fora, praticamente uma única família. Chamo esse grupo de sociedade de amigos de bairro porque se constitui por uma rede muito articulada de relações e interesses.

No grupo *mercenário*, as relações são pouco intensas, o trabalho é individualmente intenso e – atenção – eles só se ajudam mediante *troca*. Só fazem coisas que agreguem bônus ou favores. Não interprete aqui o termo mercenário apenas pelo lado negativo e procure entender a situação como um todo. Existem três formas de você obter o comprometimento das pessoas: a emoção – a mais forte –, a razão e a remuneração. Quando um gerente tira a emoção de um grupo e não instala a razão, resta como base de relacionamento apenas a recompensa, especialmente a monetária.

Por exemplo: uma pessoa trabalha no meu time de forma entusiasta, doadora, e eu, desconsiderando isso, trato-a como um recurso, como se fizesse parte dos móveis e utensílios da empresa. Como ninguém gosta de se sentir um retroprojetor, a pessoa perde a emoção e começa a raciocinar. Sua razão avalia que meu nível de doação não é o mesmo que o dela. O próximo passo, então, é ela se perguntar: "Por que estou me doando tanto? Por que estou trabalhando aos sábados? Por que estou ficando à noite? O que eu ganho com isso?"

Quando um grupo chega a esse ponto, passa a ser mercenário, vende seu tempo para a empresa. Como estudioso dessa relação entre gerentes e times, devo dizer que quem provoca isso é o gerente. No momento da admissão, a pessoa chega com emoção. Imagine alguém desempregado, passando necessidade, que consegue um novo emprego. A pessoa aceita e está feliz, emocionada e certamente disposta a fazer um bom trabalho. Ganhou o emprego em que termos? Com emoção! Mal gerenciado, porém, em dois ou três meses o funcionário sente-se sem reciprocidade: "Estou ganhando aquele salário para fazer isso tudo?!"

Os sistemas tradicionais de remuneração foram criados pelo critério do igual: ou seja, quem trabalha igual ganha igual. Há dez anos, nas equipes de *performance* nivelada, quem apresentava desempenho diferenciado incomodava e podia acabar demitido. Isso já mudou. Atualmente existem duas moedas de troca nas organizações: ou você proporciona oportunidade de aprendizado ou adota um sistema de remuneração altamente recompensador. Está claro, portanto, que é a baixa capacidade de liderança pela razão que induz ao raciocínio mercenário.

Algumas equipes não são orientadas pelo relacionamento nem pela ajuda mútua. Eu as chamo de *independentes*. Não se comportam como grupo. Cada um de seus integrantes ou cada pequena "panela" tem uma diretriz de comportamento diferente. Essas equipes são frias; a emoção, normalmente, está colocada em outras dimensões da vida, não no trabalho, e a base de troca não é muito forte. Às vezes, um ou outro integrante apresenta desempenho diferenciado, mas sem se importar se os demais, inclusive o gerente, estão gostando ou não.

Quando um grupo apresenta alto nível de relacionamento e bom patamar de ajuda baseada na troca, desde que não seja financeira, você está diante de um *grupo competitivo e competente*. Olhando essa equipe também pela primeira matriz, você verá que, certamente, está situada entre as que trabalham muito e aprendem muito.

Preparo para o desempenho atual e futuro

Para reconhecer um grupo também é necessário verificar como seus integrantes estão preparados para lidar com as questões apresentadas pelo presente e com as já vislumbradas para o futuro. Na matriz, você pode identificar os quatro tipos básicos propostos para essa perspectiva:

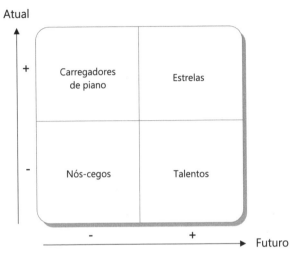

Existem grupos muito bem preparados para o desempenho atual, pois conhecem tudo o que compõe o cenário presente. São os *carregadores de piano*. Outros estão prontos para tudo o que virá, mas ainda vacilam no que está acontecendo agora. É a turma do *talento*. A equipe do tipo *estrela* está altamente preparada tanto para aquilo que existe hoje como para o que virá à frente. Finalmente, há o grupo que não está preparado para o que vem à frente e, para dar conta do presente, ainda precisa de treinamento intensivo. Esses são os *nós-cegos*. Nesse perfil de equipe, você pergunta para um dos funcionários: "O que vamos fazer sobre isso?" E ele responde: "É só o senhor dizer o que fazer. Estou aqui e estou disposto". Ao insistir em pedir uma sugestão, provavelmente você ouvirá algo como: "Minha sugestão é justamente ouvir o que o senhor tem a dizer". Em geral, esses grupos são formados por funcionários obedientes, e se você for um gestor do tipo herói, que resolve sozinho todas as paradas, eles vão adorar. E você vai adorar trabalhar com eles.

Matriz múltipla

Esta última matriz identificará como você vem obtendo o desempenho de sua equipe. As bases que sustentam a *performance* superior, segundo Paul Evans, do Insead, uma das mais importantes *business schools* do mundo, são as seguintes:
- Humor
- Amor
- Significado

Se preferir uma abordagem mais emocional, a matriz múltipla vai mapear para você os ingredientes de humor, amor e significado do trabalho no dia a dia das pessoas de sua equipe.

HUMOR	AMOR	SIGNIFICADO	DESEMPENHO
alegre	afável	obra	responsável
triste	rude	tarefa	imposto

Antes de mais nada, pare um pouco para observar a turma trabalhando e procure sentir se o clima é *triste* ou *alegre*. Não estou falando de bom humor nem de mau humor, porque essas são características individuais e até momentâneas. Você tem de verificar o nível de emoção do grupo. Sempre que existe emoção, o clima é alegre. A segunda questão refere-se ao relacionamento entre as pessoas: *afável* ou *rude*. Pode até não ser afável, mas também não precisa ser rude. Nesse ponto, você está olhando o amor em seu sentido mais nobre. Ou seja, gostar do que faz, onde faz e com quem faz. A terceira base diz respeito ao significado, ou seja, se sua equipe está realizando tarefas como um fim em si mesmo ou está envolvida com uma obra que para cada um signifique um valor adicional ao currículo.

Se o clima é triste, o relacionamento duro, a equipe realiza a tarefa porque não tem outro jeito e, mesmo assim, com alto desempenho, é sinal de que o gestor trabalha impondo níveis de *performance*. Se ele "tirar o pé", o que acontece? Certamente o pessoal fica mais alegre, mas não porque melhorou o clima interno, e sim porque todos terão mais tempo para cultivar o relacionamento entre si. Não vai ser aquele relacionamento afável, que permeia o dia a dia de um grupo para o qual o trabalho tem um significado e faz sentido em suas vidas. Eles podem até deixar de estar com o foco nas tarefas, mas não partirão para a construção da obra. O máximo que você pode conseguir de um time assim, ao relaxar a pressão para volume de tarefas, é melhorar um pouco o relacionamento e o clima, mas você não fará a mudança no foco do trabalho.

Em compensação, se seu time é alegre, afável, se a turma se gosta – o que hoje é uma condição básica para trabalhar em grupo –, é sinal de que você está conseguindo compartilhar uma causa, uma unidade de propósito. A partir daí você contará com uma equipe de alto nível de desempenho. E, se não fizer pressão, o que acontece? Nada! Eles continuam a trabalhar no mesmo ritmo e com o mesmo prazer.

Existem situações, entretanto, em que um grupo fica quase irrecuperável. Uma delas é quando as pessoas percebem que, mesmo mantendo o clima ruim e a *performance* pífia, o nível de segurança continua alto. Como gestor, especialmente no modelo de GAH, você não terá muita chance. São equipes formadas por pessoas imaturas que não sabem o que fazer, porque há um bom tempo não estudam, não se relacionam e não se empenham mais. Caso seja essa sua conclusão, os primeiros movimentos como gestor terão de ser muito bem avaliados. É muito provável que para iniciar o processo de transformação você precise identificar rapidamente quem é o primeiro a ser substituído. Essa é a forma de sinalizar a redução do nível de segurança e investir na recuperação de, pelo menos, uma parte da equipe.

Ainda são necessárias algumas ponderações finais sobre a forma de aplicação desse diagnóstico do perfil de comportamento da equipe. Você pode fazer essas análises em conjunto com o grupo ou sozinho. Recomendo que primeiro você as faça sozinho, porque suas conclusões pessoais podem ser diferentes daquelas definidas pela equipe.

Quando faz a análise junto com a equipe, na realidade já está iniciando a mobilização de todos para a mudança, a qual abordaremos no capítulo 8. Isso é sutil: ou seja, para desenhar a mobilização, há coisas que você precisa fazer antes a fim de perceber como está a equipe e definir seus próximos movimentos como gestor. Se fizer o diagnóstico em conjunto com o grupo, o resultado poderá mobilizá-lo para direções sobre as quais não consiga ou não queira ter ação depois. Por isso eu sempre insisto: antes pense, depois faça. Mobilizar a equipe não é algo intuitivo, é algo técnico, que lida com o comportamento humano e, portanto, está sujeito a muitas variáveis.

Ao colocar um grupo em marcha, perceberá que alguns começam a andar e outros ficam para trás. Quando isso acontece, minha recomendação é que você imprima mais velocidade ainda ao processo. Esse é o único critério seletivo justo. Comece a trabalhar com os mais rápidos e acerte a vida dos mais lentos. Não se esqueça de que há o verso da moeda: se não fizer a turma andar, você está fora. Isto é, ou você faz ou faz. Isso também será aprofundado no capítulo sobre mobilização.

Nesse tipo de processo, felizmente, você também terá gratas surpresas, e por isso ele é justo. Quando aumentar a velocidade, por exemplo, pode ser que o José, aquele que você diagnosticou no grupo de independentes, focado em tarefas e com recaídas de nó-cego, diga assim: "Gostei da velocidade!" Você se surpreende, pensa que errou no diagnóstico do José, que estava naquele ritmo de véspera de aposentadoria, e olha só a velocidade dele! Nesse dia, você vai voltar para casa, depois do trabalho, muito feliz! Não estranhe: é que você, como gestor além da hierarquia, recuperou a emoção da equipe.

QUESTÕES-CHAVE

1. Como gestor, você cultiva o hábito de conhecer e entender suas emoções em relação ao trabalho?

2. Qual é sua velocidade para diagnosticar o perfil de equipes?

3. Que ferramentas conhece e já utilizou para o diagnóstico de perfil de comportamento no trabalho?

4. Hoje você lidera uma equipe, mas já foi subordinado ou ainda responde a um executivo acima de você. Qual é o seu perfil de comportamento como subordinado?

5. Ao lidar com a equipe, você pensa e planeja antes de agir?

6
Fazendo a equipe perceber o risco para compartilhar

A segunda base de sustentação do GAH é o desenvolvimento contínuo de sua equipe. Buscar resultados arrojados com uma equipe orientada para a tarefa é pedir para fracassar. A única maneira eficaz de trabalhar com a equipe é comprometê-la com os riscos. O comportamento de um gestor além da hierarquia não é nada cômodo para os profissionais subordinados a ele. E não poderá haver mais conforto nem para você mesmo. Antes de mais nada, será preciso conseguir abrir espaço na agenda para seu próprio desenvolvimento e para que haja tempo de pensar e planejar o processo de busca de *performance* superior.

Para desenvolver a equipe, deve-se seguir uma premissa básica: é preciso tempo para esse trabalho. Por isso, antes de trabalhar a equipe você deve adotar algumas providências práticas para melhorar sua agenda. Em primeiro lugar, elimine trabalho. A gerência intermediária não sobrevive fisicamente se não eliminar tarefas. Não há nenhum problema em sair à meia-noite do escritório, desde que nas últimas seis horas, em vez de trabalhar, você tenha, justamente, dedicado seu tempo a eliminar trabalho.

Cuidado com o volume de tarefas, mantenha o foco. Para isso, aqui estão algumas dicas:

- Pratique a técnica do abandono, ou seja, quando pode assumir o risco de não realizar um trabalho, não o faça. Abandone essa tarefa, não a desenvolva mais.
- Atenção ao e-mail! Jamais contribua com a diluição de responsabilidade viabilizada pelo instrumento eletrônico.
- Revise todo o seu processo com cuidado, enxugue-o, foque em resultados.
- Suma com as tarefas para poder se dedicar ao trabalho nobre. Dê adeus ao trabalho pobre!

Quando considerar que está pronto para enfrentar a mudança, encare a equipe. Não se desespere. É comum um gestor acreditar que sua equipe está com um desempenho tão baixo que nem é possível desenvolvê-la. Fuja dessa postura de autocomiseração lembrando que, por pior que seja um grupo, há sempre algumas pessoas que se destacam positivamente. Para montar uma equipe de alta *performance*, comece pelas pessoas e apresente a elas os primeiros desafios. Escolha algumas com desempenho mais diferenciado e inicie o processo por elas.

Para ajudar esses profissionais a assumir riscos e contribuir de fato para os resultados, indico aqui um método chamado de *análise base zero*. Não se trata de nenhum sistema complicado ou concebido em uma grande universidade. Basta você pegar uma folha de sulfite e dividi-la em quatro colunas, assim:

	1	2	3	4
Descrição das alternativas	Não fazer nada	Alternativa intermediária	Alternativa intermediária	Fazer tudo
Descrição dos riscos	Risco 1	Risco 2	Risco 3	Risco 4

Indicação: Adequadíssimo para as situações em que os funcionários querem repassar trabalho e decisão para o chefe, escapando dos riscos e das oportunidades de crescimento profissional. Ou seja, quando eles querem conquistar e manter a zona de conforto. Lembre-se dos macaquinhos do capítulo 3?

Modo de usar: Por exemplo, são 17h50, e João, um dos escolhidos, entra em sua sala trazendo um sagui e dizendo que é melhor você dar uma boa olhada agora porque o problema tem de estar resolvido até amanhã cedo... Antes de mais nada, avalie o assunto. Se for um gorila mesmo, então arranque a espada e mate o bicho. Não é hora para desenvolver a equipe. Caso contrário, se for só um sagui, aja desta forma:

– João, já são 17h50, estou meio sem tempo. Faça um favor, vamos utilizar o *base zero*. Pense da seguinte forma: imagine uma solução alternativa e avalie o risco. Pense também numa alternativa de não fazermos nada e indique o risco. Aproveitando que você estará pensando em não fazer nada e em fazer tudo, especifique duas alternativas intermediárias e o respectivo risco.

Por que pedir justamente o grau de risco? Porque a base da decisão gerencial é o risco. Não é vantagem x desvantagem, não é custo x benefício, não é nada disso: é risco. Eu poderia ir até um pouco além disso: é risco pessoal. A importância de um assunto depende diretamente do grau de risco que a decisão envolve. Só é possível fazer um time crescer quando as pessoas percebem os graus de risco que você está disposto a correr ao decidir em diferentes situações. As decisões não são técnicas, são decisões de risco.

A essa altura, João deve estar meio perdido e desconfortável, mas você continua:

– Já são 6h da tarde e não vai dar tempo de ver nada hoje. Vejo amanhã cedo, quando chegar. Traga isso prontinho em folha de *flip chart* porque, se não der tempo de a gente ver logo cedo, há uma reunião de gerentes às 8h30 e você irá comigo para mostrar isso. Então eu já decidirei com eles a melhor alternativa.

João vai levar um choque! Se tiver liberdade com você, ele reagirá assim:

– Diga o que tem de fazer, que a gente faz.

Ele quer que você decida o componente de risco, para que ele fique sem nenhum. É isso que está por trás da história dos macaquinhos. Mas fazer a turma pensar em risco implica fazer trabalhar mais. Na verdade, João não percebe, mas você está oferecendo duas oportunidades para ele: aprender a pensar como você pensa e expor-se perante o quadro gerencial. Mas ele não percebe isso e protesta:

– O senhor ficou omisso, isso aqui é coisa sua. É só dizer como é que faz, que eu faço.

Se ele tiver um pouco mais de liberdade, perguntará se você vai pagar hora-extra. E, se houver mais liberdade ainda, dirá que então vai tratar do problema amanhã para equacioná-lo até meio-dia. Só que ele havia dito que precisava da solução para amanhã cedo, lembra? Com sua atitude, João reviu o sentido da urgência segundo os interesses dele. E no outro dia cedo será que trará ou não o problema devidamente equacionado? Quando o trouxer, você vai discutir com ele não as alternativas, mas os riscos, numa conversa mais ou menos assim:

– O quadro ficou bom. Qual você recomenda, João?

– Doutor Arnaldo, se eu fosse o senhor, pensaria nesta alternativa aqui.

– Olha, eu também sou a favor dessa linha, mas aqui é o seguinte: isso requer investimento, como você já colocou aí, certo? Você sabe que a diretoria financeira bloqueou todos os investimentos e sabe que o último que a gente fez não deu certo. Já ficamos mal naquela situação. Você acha que eu posso ir até lá e discutir mais investimento?
– É, por aí não vai dar. Então eu acho que a gente deveria ir por aqui...
– Bem, essa é uma solução extremamente paliativa, vamos acabar parando outra vez na sexta-feira.
– O senhor acha que é melhor a alternativa 3?

Ao conversar com ele dessa maneira, você estará ensinando como raciocina e como decide. Veja, não estou mostrando esse procedimento como uma forma de você avaliar seus problemas, os riscos e as alternativas. Isso tudo você já sabe. A proposta é usá-lo para puxar a equipe. Depois que você discutir com João, ficará claro para ele o porquê da decisão tomada, seja ela qual for. Adotando essa prática, ao longo do tempo as pessoas entendem como você decide e começam a decidir por si mesmas. De um ponto você pode estar seguro: se não fizer essas reflexões como gerente, muito provavelmente tentará obter alta *performance* com modelo de gestão de baixa *performance*.

Ao começar a agir dessa maneira, não pare mais. Por exemplo, segunda-feira, quando voltar de uma viagem a trabalho, acontecerá de novo. Logo cedinho, algum funcionário vai culpá-lo por ter estado fora: "Nesta semana o senhor esteve fora, nós tivemos que..." Na segunda fase, farão um agrado para equilibrar: "Estava bom o hotel? Foi bom o curso? Teve alguma coisa prática?" Aí vem a terceira etapa: "O senhor esteve fora, olhe o que tem aqui!" Então você se dá conta de que a equipe ficou o tempo todo alimentando os bichinhos para não morrer de fome enquanto esperava sua volta.

Nessas situações, pegue imediatamente uma planilha daquelas – mande imprimir logo umas cinquenta – e comece: "Olhe, dê uma pensada na alternativa 1, que é não fazer nada. Depois pense em como seria o risco...", e por aí vai. A turma some da sua sala (até os escolhidos); some mesmo, porque você quebra o paradigma da zona de conforto e torna o ambiente desconfortável. Na terça-feira, já não aparece ninguém, e você até experimenta um momento de solidão. Quarta é um dia de angústia. Na quinta à tarde, você tem vinte coisas para fazer, seu diretor já o chamou duas vezes, há uma reunião no meio e você está ao telefone com um cliente importante. Nesse momento, João aproveita e traz um bicho: "Doutor Arnaldo..." Se você vacilar e disser a frase fatal – "Deixe aqui que eu vou ver depois!" –, em dez minutos todos os subordinados colocarão os problemas em sua mesa.

Qualquer ferramenta que quebre o padrão antigo de relacionamento entre gestor e subordinados dura, em média, quatro dias. Sabe por quê? Os gerentes têm dó de desenvolver pessoas, porque desenvolver pessoas dói. Você está fazendo a turma pensar, mostrar ideias próprias e aprender a trabalhar dentro de seu limite de risco. No entanto, se algum deles refuga, você pensa que o camarada é um coitado: ficou ontem até 19h30 e vem trabalhar há dois sábados. Só que você estava há oito sábados fazendo isso e ninguém se incomodou. Muito pouca gente quer crescer por si própria, a maioria deseja "ser crescida".

Para obter alta *performance* da equipe, você não pode deixar que ela gerencie seu tempo. Com o objetivo de evitar isso, há uma segunda ferramenta que se pode utilizar e está relacionada a seu processo decisório. Assim você perceberá se está decidindo tudo sozinho ou conseguindo provocar ação e decisão do grupo. Também é muito simples; use outra planilha, não há segredo algum:

Ações provocadas	1ª dia	2ª dia	3ª dia	...	30ª dia	Total

Anote na primeira coluna o tipo de ação que você provocou, de acordo com a natureza da decisão, e depois, a cada dia, quantas vezes isso volta a ocorrer. Estabeleça um número razoável de dias, por exemplo, entre quinze e trinta. Ao final do período, basta somar para saber o número de ações provocadas de forma repetida. Chame então as pessoas escolhidas e comunique que dali em diante terão de decidir sobre aqueles pontos que têm se repetido tantas vezes.

Essas duas planilhas vão ajudá-lo bastante a começar a trabalhar um conceito de gerência diferente, isto é, agora a rotina acontece e a equipe resolve os problemas decorrentes dela. Não dá mais para duvidar e, por isso, assumir todas as decisões pela equipe. Portanto, até prova em contrário, você deve confiar em seus funcionários.

Com a utilização do mecanismo base zero e a revisão do processo decisório, você notará que sua equipe vai se envolver muito mais na gestão do departamento, aprendendo mais com isso. Contudo, você também perceberá que o exercício dos atos heroicos ficará anulado ou se transformará em exceção. Analise o caso a seguir e procure observar a que ponto chegou o lema "pai tem de participar". Sinta a diluição de responsabilidades e não deixe esse erro acontecer em sua gestão.

Na casa de uns amigos aconteceu recentemente uma situação interessante que explica bem esse tipo de processo. Ele é advogado; ela, médica. Em casa, enquanto meu amigo lia o jornal depois do jantar, o filho deles disse: "Pai, na próxima semana vai ter uma feira de ciências na escola e eu quero fazer um moinho de vento que funcione". O pai achou legal e incentivou: "Parabéns! É isso mesmo. A gente deseja, planeja, assume e faz". E continuou a ler o jornal. O garoto ficou olhando um pouco espantado, e a mãe, que estava arrumando a valise para o dia seguinte, quebrou o silêncio: "Ajude o menino um pouco!" O pai fechou o jornal e perguntou ao filho que material estava pensando em usar. Ele falou em madeira, e meu amigo ponderou: "Mas você não acha que a madeira é muito grossa, que o moinho pode ficar muito pesado?" O garoto embatucou um pouco, e o pai continuou: "Olha, você não acha que poderia usar um material mais leve, mas encorpado?" E ele: "Puxa, pai!" Aí a mãe não aguentou e protestou: "Diga logo para ele que material usar. Assim não dá!"

Nessa hora meu amigo pediu para o filho sair um pouquinho, porque queria conversar com a mulher. Fechou a porta e disse: "Vamos fazer o seguinte: eu preparo sua valise de médica, você faz o trabalho do menino e ele lê o jornal. Assim fica tudo certo: quando você estiver atendendo seu paciente amanhã, não vai encontrar o esfigmomanômetro (aparelho de medir pressão), mas isso será explicável, porque fui eu que arrumei a valise. O menino leva o moinho à escola, e vai chegar lá todo desmontado. Os colegas vão caçoar, mas ele pode explicar que foi a mãe médica que fez. E, quando meus clientes perguntarem se eu li no jornal a declaração do ministro, direi que não, porque lá em casa quem lê o jornal é meu filho".

Percebe como nada se encaixa? Não adianta o gerente continuar assumindo trabalhos que não são seus numa realidade nova. Exija muito mais de sua equipe, porque a empresa está exigindo muito mais de você.

Voltando a seu processo de transformação da equipe. Depois de escolher as pessoas do grupo para iniciar a mudança, os demais integrantes perceberão a quebra do paradigma de comportamento e é provável que achem que os escolhidos são puxa-sacos. Mas, a essa altura, essas pessoas já estarão adaptadas a seu novo estilo de gestão e terão formado o conceito de risco. O gestor deve então escolher um terceiro elemento e envolvê-lo da mesma forma. Esse funcionário rapidamente perceberá a diferença no dia a dia de trabalho: agora existe desafio de inteligência. Logo de início, pode ser que ele não consiga acompanhar o novo ritmo dos outros, mas descobrirá com isso o valor da competência. Gradativamente envolva mais pessoas e, quando tiver umas cinco ou seis atuando no processo decisório, o restante da equipe virá sozinho. Perceba: para mudar os valores, você começou a formar uma equipe dentro da própria equipe.

Para que o processo de crescimento seja contínuo, há uma série de fatores aos quais você deve se manter atento. Por exemplo, não deixe ninguém fazer a mesma coisa por muitos meses seguidos, porque isso congela o desenvolvimento. O ideal é que cada profissional tenha dois trabalhos: um que peça "músculo" e outro que exija "cabeça". Quem faz um único trabalho por longo tempo fica acomodado e para de pensar. Se não pensa, não é capaz de decidir e, se não decide, não traz resultado.

Outra situação que merece muita atenção são as participações em seminários e *workshops* ou em qualquer tipo de evento fora da empresa. Muitos profissionais acabam acreditando que essa "saída" é um prêmio ou uma oportunidade para não trabalhar. Na realidade não é nada disso, mas os gestores parecem se esquecer de atribuir responsabilidades a seus subordinados nessas ocasiões. Da próxima vez que enviar um subordinado a uma feira de novidades tecnológicas, por exemplo, adote a seguinte postura diante da equipe:

– Quem quer ir à feira de informática?

– Eu quero!

– Eu também!

– Eu também!

– Então eu vou definir com vocês o que é ir à feira. Quem for deverá ver tudo o que há lá e comparar com o que temos na empresa.

A pessoa deverá dizer se havia algo na exposição que a empresa não possui, por que não temos e o que perdemos por ainda não ter. Então, quem quer ir à feira?

– ... ?...! (silêncio...)

Nunca perca uma oportunidade para desenvolver seu time, por menor ou insignificante que ela possa parecer. Muitos gerentes fazem circular livros e artigos, colando uma folha de sulfite na frente com o nome de todos os subordinados. Depois de ler o material, cada um deve rubricar e datar para, supostamente, o gestor controlar quem leu e quanto tempo demorou para ler. Você já sabe o que acontece: a utilidade disso é nula. Mas, se você encarregar alguém de ler e preparar uma apresentação para toda a equipe a respeito de um bom artigo ou livro, levando em conta a aplicabilidade do que leu e as críticas pessoais, com certeza o resultado vai aparecer.

Trabalhar desafiando a inteligência das pessoas e elevando seu nível de competência elimina o valor do critério "tempo de casa", pois permanecer muitos anos na organização sem crescimento não significa mais ser promovido. Já houve um tempo em que "braço" e tempo de casa transformavam a promoção em direito adquirido. No estilo de GAH, um funcionário promove e é promovido como reconhecimento por seu crescimento profissional.

Quando consegue compartilhar os riscos com sua equipe, o gestor passa a contar com importantes benefícios:

• Melhora da qualidade do trabalho;
• Desenvolvimento das aptidões gerenciais;
• Mais comprometimento, motivação e desempenho dos subordinados;
• Mais responsabilidade da equipe em aspectos operacionais e gerenciais;
• Ampliação de aptidões e conhecimentos à disposição do departamento;
• Descentralização do nível de controle do departamento;
• Inviabilização do comportamento heroico;
• Velocidade de resposta da área;
• Resultado melhor.

Um processo dessa natureza, no entanto, não pode ser iniciado com discurso de presidente. Deve começar em uma pequena parte da organização e se multiplicar. É preciso criar massa crítica. Antigamente, acreditava-se ser possível fazer isso por níveis, mas já se verificou que não promove adesão e comprometimento, pois, em vez de disseminar a filosofia de trabalho em conjunto, elitiza grupos. Toda mudança tem de ser feita sob o conceito de massa crítica por pirâmides, e não por níveis hierárquicos.

QUESTÕES-CHAVE

1. Você está disposto a abrir mão de sua zona de conforto e investir no crescimento contínuo – seu e da equipe?

2. Existe espaço em sua agenda para pensar e planejar o processo de mudança da equipe? Quantas horas por dia dedica à eliminação de tarefas?

3. Você ensina seus funcionários como pensar para assumir riscos e tomar decisões?

4. Você provoca a ação de seus subordinados e atribui responsabilidades? Que ferramentas usa para isso?

5. Se fosse começar hoje o processo de mudança em sua área, já teria definidas as pessoas para começar a envolver?

5. Em sua área, o trabalho desafia a inteligência ou o principal desafio ainda é o volume de tarefas?

7
Definindo o seu legado para a equipe

Neste capítulo, analisaremos a terceira base de atuação do gestor além da hierarquia: formar e determinar, em consenso com a equipe, a visão do processo. A palavra *visão* tem sido desgastada ao longo dos anos por estar associada a sonho, delírio ou utopia. Longe de todos os simbolismos que a palavra possua, na organização visão comum significa o salto de competitividade, ou seja, aquela mudança de patamar que levará a área do gestor ao nível de destaque compatível com as necessidades da organização. Portanto, é algo tangível e necessário que pode ser claramente justificado e sustentado.

Estudaremos também os caminhos para a definição desse salto com base no entendimento do ambiente e na transformação dessa visão em um plano que sirva de orientação clara para a equipe e para a organização, bem como a gestão desse plano, ou seja, a forma de acompanhá-lo e garantir que os objetivos sejam atingidos.

Para desenvolver os conceitos associados ao salto desejado, precisamos trafegar por alguns conceitos básicos que precisam estar claramente definidos antes de prosseguirmos. São eles: processo, insumo, produto, eficiência, eficácia e competitividade.

Entenda seu processo

O primeiro passo é entender o que é *processo*. Processo, de forma simples e básica, é algo que transforma uma coisa em outra. Na organização, sempre se espera que a segunda seja algo com maior valor que a primeira, isto é, que os processos deveriam ser criados para agregar valor à organização. Aquilo que entra no processo é chamado de *insumo*. O que é gerado pelo processo é chamado de *produto*, ou seja, o produto está diretamente ligado à finalidade do processo. Qual é a finalidade do processo de estampagem de peças de automóveis, por exemplo? É prover as tais peças estampadas e, dessa forma, as peças são os produtos do processo.

Em alguns casos, podemos ter mais dificuldade em definir qual é o produto do que em definir o processo. Qual é o produto da área jurídica de uma locadora de veículos? Recuperar as multas, ou seja, receber o pagamento decorrente das transgressões cometidas pelos clientes. Quando a multa chega, o cliente pode até já ter devolvido o carro há muitos dias ou semanas. Cabe à área jurídica ir atrás do cliente para fazer as devidas cobranças. O produto, nesse caso, é a multa recuperada. É preciso diferenciar o nome do processo (processo de recuperação de multas) do nome do produto (multas recuperadas).

O produto, portanto, deve ser algo tangível, mesmo que se trate de um serviço, para que possamos entender o resultado final da área. Um bom exemplo é o de um gerente de sistemas que definiu como um de seus produtos a documentação dos sistemas. A documentação não é um produto, mas deve fazer parte dele, assegurando-lhe qualidade. Ao entregar um sistema sem documentação, os clientes dessa área deveriam reclamar. Ao cometer um erro na interpretação do que é um produto, a área pode perder muito, pois não estará entendendo o cliente. Resumindo: se estamos interessados em alavancar o resultado de determinada área, precisamos entender precisamente seus processos e produtos.

Estabeleça seus medidores de desempenho

A segunda pergunta a ser feita é: "Como posso medir o desempenho de meus processos e produtos?" Vejamos as definições de alguns conceitos que podem parecer de domínio público, mas causam muita confusão pelo mau uso das palavras no dia a dia organizacional.

Analisemos o conceito de *eficiência*. Entendemos a eficiência de um processo como a maneira de utilizar seus recursos. Quanto melhor for o aproveitamento dos recursos utilizados no processo, maior será a eficiência. Isso quer dizer: fazer algo da melhor forma possível. Por exemplo, um processo que estampa cem peças por minuto é mais eficiente em produtividade do que outro que estampa setenta.

Outro conceito importante é o de *eficácia*. Eficácia é o desempenho relacionado com o resultado do processo. Significa atingir o objetivo, atender o cliente, resolver o problema, enfim, fazer o que precisa ser feito. Tomemos novamente o exemplo do processo de estampagem. Esse processo pode fazer cem peças por minuto, mas de um tipo que o cliente não precisa. Teria, então, alta eficiência, mas baixa eficácia. Costumo dizer que eficiência é "fazer certo a coisa" e eficácia é "fazer a coisa certa".

Os indicadores são os elementos que nos mostram se estamos progredindo (ou regredindo) em relação à visão. São como o painel de instrumentos do avião para o piloto. Eles nos ajudam a monitorar se o processo está progredindo, apresentando a situação, facilitando a comunicação e servindo de alarme ou incentivador.

Os indicadores de eficiência são internos ao processo e nos ajudam a gerenciar recursos como custos, tempo, desperdícios na realização dos processos, entre outros. Os de eficácia são aqueles que medem o que acontece na interface com o cliente interno ou externo. Dizem respeito a prazo de atendimento, qualidade do produto ou serviço, quantidade e preço. Pode-se considerar indicador de eficácia, por exemplo, o número de reclamações sobre a qualidade do atendimento ao cliente.

Dessa forma, cada gestor precisa desenvolver um sistema próprio de indicadores que possibilitem o gerenciamento tanto de seus custos quanto do atendimento ao cliente. **Dica 1:** não complique. Os indicadores devem ser fáceis de medir e acompanhar. Se for preciso fazer análise estatística avançada, plotagem de gráficos sofisticados etc., algo está errado. **Dica 2:** não se preocupe com o passado. Fazer levantamento do histórico é uma atividade que demanda tempo e recursos e não leva a grandes conclusões. O que passou, passou. Encontrando um bom indicador, comece a medir imediatamente. **Dica 3:** não demore muito para selecionar o indicador. Caso ele se mostre difícil de gerenciar, acompanhar, ou seja pouco útil, escolha outro e pronto. Aprenda fazendo. **Dica 4:** meça ganhos, e não perdas. Por exemplo: não meça tempo fora do ar, meça tempo disponível. Dessa forma, na hora do planejamento do salto de resultado, o indicador será uma ferramenta efetiva. Isso estrutura positivamente as ações e foca as pessoas no aprimoramento do que é bom em vez de diminuir o que é ruim. Em algumas situações, esse método pode não ser viável, como em casos de reclamações de clientes, mas sempre vale a pena tentar.

Contextualize a empresa

Outro conceito que precisa estar presente e bastante fundamentado é a *competitividade*. Como as empresas competem entre si pelos mesmos clientes e consumidores, precisam criar e sustentar diferenciais para conquistar seu lugar ao sol. Não há piedade no mercado competitivo. Lembre-se de que a vitória de uma empresa pode significar a derrota de outra. A empresa competitiva é aquela que consegue impor vantagens sobre as demais, as famosas vantagens competitivas. Entretanto, gerar diferenciais competitivos não significa simplesmente abaixar preço; existem outros atributos que as empresas podem desenvolver. Por exemplo: qualidade superior, flexibilidade no atendimento de necessidades especiais, velocidade, novos produtos e serviços.

Essas diferenciações, segundo Michael Porter, acabam convergindo e se compondo em três estratégias empresariais principais:

1) Preço mínimo: concorrência por excelência operacional. A empresa é altamente eficiente e consegue isso por meio de processos-padrão, que eventualmente geram inconvenientes para os clientes. Os que procuram esse tipo de empresa estão em busca do menor preço. Um exemplo dessa estratégia são as lojas de varejo de baixos custos.

2) Solução: concorrência usa a intimidade com o cliente. É simbiótica. Entende o que o cliente precisa e entrega exatamente aquilo que ele esperava. Serviços de entrega de supermercados pela internet são exemplos dessa vantagem. Os clientes pagam a mais por isso, mas obtêm o máximo de conforto com a solução apresentada pela empresa.

3) Inovação: concorrência com produtos diferentes. Usa a criatividade para conquistar seus clientes. Produz aquilo que ninguém fabrica e vende aquilo que ninguém tem. Com isso, encanta os clientes, que estão pouco preocupados com o preço e com o atendimento.

Lembrete importante: os clientes gastam de maneira diferente. Gerar diferenciais competitivos é explorar exatamente essa característica.

Se você é um gestor além da hierarquia, deve se antecipar às situações. É preciso ler e entender o futuro da empresa para alinhar o desenvolvimento de sua área. Mas tem de ser algo atingível, algo sustentável, algo que faça sentido para os seguidores. Entenda como sua área pode contribuir para a competitividade da empresa. Nesse ponto, com certeza, surgirá aquela pergunta "que não quer calar": Como minha área pode alavancar a estratégia da empresa para conquistar clientes?

Contextualize seu processo

Entendidos os processos, os insumos, os produtos, os medidores de eficiência, de eficácia e o foco competitivo de sua empresa, agora é preciso contextualizar o processo no fluxo global da organização. Isso nos ajudará a responder à questão anterior, ou seja, procurar a melhor forma de alavancar a empresa a partir de sua área.

Toda empresa tem três tipos de processo que precisam fazer parte da estratégia:

1) Na cadeia de valor e crítico (agrega valor no curto prazo). *Exemplos:* comprar, produzir, entregar.

2) Na cadeia de valor e fundamental (dá vantagem competitiva em médio prazo). *Exemplo:* engenharia de produto.

3) Fora da cadeia de agregação de valor na relação produto/cliente. *Exemplo:* registro de pessoal.

Se seu processo for considerado na cadeia de valor e crítico, você deve buscar as melhores práticas de mercado e usá-

-las como base para melhorar seu processo. O *benchmark* é uma forma de jogar a âncora. É uma referência externa para não acharmos que somos os únicos e os melhores, pois tenha certeza de uma coisa: sempre haverá melhores. Essa busca de práticas mais aprimoradas também pode ser feita em empresas que não estão no mesmo ramo que a sua, mas possuem características de processo semelhantes. Se uma empresa faz entregas pela internet, por que não usar a entrega de pizzas como um balizador de melhor prática? Os entregadores fazem os produtos quentes chegarem aos consumidores em cerca de vinte minutos após o pedido.

É fundamental buscar o estado da arte. É preciso realmente ir a fundo e tornar isso a coisa mais importante do mundo para você e sua equipe. Conheço um gestor que foi buscar as técnicas de desenvolvimento de projetos da Nasa para reduzir o ciclo de desenvolvimento de um projeto para um novo carro. O resultado foi espetacular, pois reduziu em 30% o tempo desse ciclo.

Se, porém, seu processo não agregar valor à cadeia de geração de valores, busque uma empresa que execute o mesmo trabalho, obtenha seu nível de *performance* e supere-o rápido. Se não o fizer, sua empresa pode facilmente decidir comprar fora o que você faz.

Agora que já temos o foco de nosso processo, os indicadores de eficiência e eficácia, o contexto de competitividade da empresa, o local onde o processo se situa na cadeia de valor e o balizador externo para as melhores práticas, falta apenas um passo para determinar o salto de desempenho.

CONTEXTO DO PROCESSO

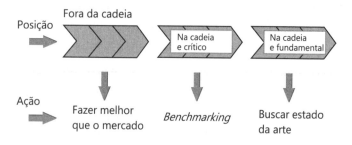

Estabeleça a *performance* desejada

Se o gestor souber qual é sua situação atual, poderá fazer uma projeção dos resultados que deseja atingir e em qual período. Essa é a combinação do nível de eficiência com o nível de eficácia, também chamada de efetividade. A distância entre os dois patamares – resultado atual e resultado futuro – representa o conjunto de medidas a tomar para que os indicadores cresçam. Esse conjunto de medidas é o plano de aumento de resultados (PAR). Repare nessa sigla: ela nos faz lembrar que o aumento de resultado que obtemos também é para os nossos pares. As mudanças que um gerente realiza na área servem para aumentar o desempenho dos clientes, fazendo com que se torne um agente facilitador. Essa alteração de valores é uma mudança de consciência da finalidade do trabalho.

Sabemos que com recursos infinitos poderíamos atender o cliente muito melhor do que hoje. E esse não é o objetivo. Por exemplo: quanto tempo você leva para trocar um pneu do carro? E se furarem os quatro pneus de uma só vez? E se estiver chovendo? E na Fórmula 1, quanto tempo o pessoal dos boxes leva para trocar os quatro pneus do carro, mesmo com chuva?

Assim, cenários diferentes exigem *performances* diferentes. Você está disposto a levar uma equipe de mecânicos treinados e quatro pneus estepes o tempo todo aonde quer que vá? É necessário? O que quero dizer é que o salto pretendido precisa estar equilibrado em relação ao contexto no qual está inserido. Deve ser competitivo em todos os sentidos.

A filosofia de trabalho voltada para resultados requer uma análise estratégica da área feita pelo próprio gestor, que deverá definir o arrojo do salto de patamar de resultado. Esse arrojo depende da sensibilidade para avaliar o que o ambiente sugere, o qual poderá indicar quatro estratégias básicas: *sobreviver, manter, crescer* ou *desenvolver*.

A definição de resultado das áreas não depende exclusivamente de definições da empresa. O fato de a empresa não ter planejamento estratégico não impede que cada área faça o seu. O responsável pelo resultado, pelo aumento de resultado e pelo plano de aumento de resultado de determinada área é sempre o gestor.

Tendo isso em mente, escreva em uma folha de papel as condições de eficácia e eficiência que deseja assegurar e garantir. Agora, a análise qualitativa deve ser transformada em quantitativa, definindo-se os indicadores. Uma previsão razoável para a definição do resultado é de doze a quinze meses.

Elabore e implemente o Plano de Aumento de Resultados (PAR)

As funções de administrar são: planejar, dirigir e controlar. Contudo, a maioria dos gerentes não planeja, só dirige e controla. Dos que planejam, o fazem em curto prazo. Quem planeja em curto prazo e vai só controlando as tarefas anda devagar e dá cabeçadas. Quem olha o longo prazo pode tropeçar, mas anda mais rápido e não bate a cabeça. Portanto, é preciso planejar, e a melhor ferramenta para isso é o PAR – o plano de aumento de resultados.

A elaboração de um plano é algo bastante particular. Existem muitas formas de elaborá-lo e diferentes maneiras de representá-lo. O mais importante é que sejam definidas ações claras que levem o desempenho atual para o que se deseja, os responsáveis por essas ações, as datas de término e os resultados esperados. Com isso, você terá condições de saber se sua proposta está ou não caminhando de acordo com o esperado.

PLANO DE AUMENTO DE RESULTADOS			
AÇÃO	RESPONSÁVEL	DATA DE TÉRMINO	RESULTADO ESPERADO

O plano de ação deve ser gerenciado por meio de rituais, e esse trabalho é feito com a equipe da equipe – aquelas pessoas escolhidas por serem as mais desenvolvidas do grupo. O ritual de acompanhamento dependerá do grau de adesão da equipe. Quanto mais forte for a equipe, menos controle será necessário. A sugestão é que sempre se mude o ritual, para que ele não vire rotina. O plano deve ser elaborado para seis meses, acompanhado nos dois primeiros e refeito no terceiro mês, tendo em vista o que foi conseguido. Se a qualquer momento a direção da empresa indicar novo foco, basta reunir a equipe e refazer o plano de acordo com a nova tendência.

Um plano é uma forma de aglutinar esforços em torno de um ideal. Ele não é feito para dar certo, mas para servir de orientação, de facilitador na busca de caminhos. Parte do descrédito que em geral os planos têm deve-se à ideia errada de que são feitos para períodos muito longos, ficando a realidade cada vez mais longe do inicialmente planejado, pois há sempre variáveis externas que exigem sua revisão. Muitas vezes acontece alteração tão drástica no ambiente que se tornam necessárias mudanças na estratégia.

Os planos devem ser alterados sempre que se sentir mudança de foco ou de ambiente. Durante a execução do plano, as ações geram informações sobre a situação real que devem ser cotejadas com o planejado. As informações podem ser quanto aos indicadores ou quanto a problemas a resolver. No caso de não se atingir o nível planejado de um indicador ou da ocorrência de problemas, a equipe deve ser reunida para verificar as causas e possíveis soluções. O acompanhamento é mais uma chance que o gerente tem de desenvolver o grupo.

Na p. 189, mostramos de forma esquemática o método a ser seguido para o estabelecimento do foco. Concluindo:

• A meta da empresa não é suficiente para obter *performance* superior;
• A visão da empresa está muito distante da sua equipe;
• Você, gestor, tem de manter sua visão do processo que gerencia integrada ao cenário da empresa, mas à frente do que ela lhe pede.

Importante: algumas afirmações que já analisamos podem agora ser retomadas, tendo em vista o perfil do gestor além da hierarquia que use esse método de maneira constante como ritual, como mecanismo e como instrumento de gestão.

1) Os gerentes não sabem cobrar resultados: essa afirmação perde sentido, pois o gerente desenvolvimentista tem clareza de resultado e mecanismos para atingi-lo.

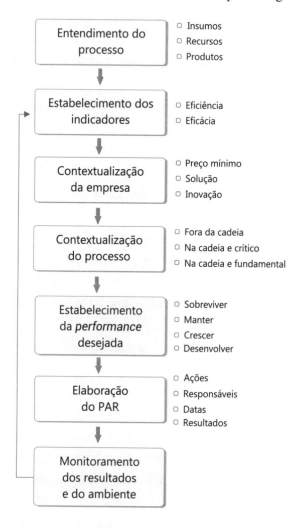

2) Os gerentes não formam subordinados: o gestor além da hierarquia conhece sua equipe, sente suas dificuldades e sabe os aspectos que precisam ser desenvolvidos.

3) Os gerentes não motivam os subordinados: o desafio da capacidade é o único fator real de motivação e faz parte do perfil do agente de desenvolvimento, uma vez que cabe à equipe trazer soluções.

4) Os gerentes não se integram: o GAH trabalha orientado para os clientes e ajuda seus fornecedores a fim de melhorar o resultado, o que propicia a verdadeira integração.

5) Os gerentes não defendem a empresa: o GAH vê a empresa como seu cliente – na maioria das vezes é o único – e trabalha melhorando o nível de atendimento a esse cliente, defendendo-o.

Minha proposta é que os gerentes abandonem o velho estilo heroico, ultrapassado, incompatível com o novo cenário, e trabalhem compartilhando riscos, desenvolvendo aptidões e orientados para o resultado. Não é necessária a autorização de ninguém para mudar o estilo gerencial e tornar-se um gestor além da hierarquia.

QUESTÕES-CHAVE

1. Você saberia identificar claramente os produtos de cada processo que gerencia?

2. Que indicadores de performance você usa em sua gestão? Como classificá-los em indicadores de eficiência e eficácia?

3. Alguma vez comparou seu resultado com as práticas de outras empresas?

4. Qual é o salto de competitividade desenhado para sua área? Como você pretende medi-lo?

5. Você possui algum plano de aumento de resultado já desenvolvido? Qual é seu horizonte? Sua equipe compartilha desse plano?

Parte 3

Buscando a alta *performance*

8
Aumentando o nível de compromisso

É hora de fazer as coisas andarem, de remar contra a maré e enfrentar a tempestade. Enfim, a visão está pronta, o foco determinado e, agora, é preciso conseguir que as pessoas tenham um desempenho diferenciado. Nesse momento, o verdadeiro líder desperta e aparece, pois ele tem de estar à frente, incentivando a *performance* de todos. Deve saber lidar com as pessoas que se adaptam mais depressa a uma nova realidade e também com aquelas um pouco mais lentas, o que não significa, necessariamente, despreparo.

Neste capítulo, vamos abordar a dinâmica desse processo e a forma de conduzi-lo. Vale lembrar que o antigo estilo de gerência acabava por premiar as *performances* medianas ou inferiores da equipe com atitudes paternalistas. Essa não é a postura do gestor que pretende ser um GAH. Este reconhece a complacência como uma virtude, mas tem consciência de que seu excesso é um erro fatal na busca de alta *performance*.

Entendendo a curva de adesão esperada

Quando você põe em ação um projeto de *performance* superior para a equipe, já existe uma curva de adesão esperada. O livro *Gerenciando na velocidade da mudança*, de Daryl R. Conner, é o que melhor aborda essa questão. Não espere que todos embarquem de imediato em sua nau contra a maré. O gráfico a seguir mostra essa curva inicial de adesão:

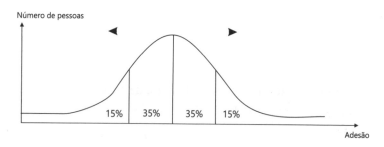

O momento retratado por esse gráfico é o seguinte: você já tem tudo planejado, já sabe aonde ir, com quem quer seguir, quando e como irá em direção a seus objetivos. Essa curva indica que cerca de 15% das pessoas de sua equipe vão aderir de maneira espontânea quando você começar o processo de comunicação da mudança com a nova visão e o novo foco. São, justamente, aquelas pessoas que estão aguardando as oportunidades de mudança e de um relacionamento mais dinâmico para poder mostrar o que sabem ou aumentar seu espaço na organização.

Em compensação, a curva também nos mostra que outros 15% formam aquele conjunto de profissionais que percebem a nova dinâmica como muito desagradável. Eles não pactuam com essa nova forma de ver as coisas e resistem. A mudança pode trazer impacto em suas vidas pessoais ou até comprometer alguns dos espaços já conquistados na antiga dinâmica organizacional. Vale aqui um parêntese para explicar quais são as quatro razões mais comuns para essa resistência:

1) Ameaça à atual posição: em geral, a mudança altera as estruturas e gera o temor pela perda da posição já conhecida, onde a atuação estava segura e confortável.

2) Perda de poder: as pessoas temem que a mudança prejudique os acessos conquistados a informações, decisões e outros aspectos que podem proporcionar vantagens para a carreira e a ascensão.

3) Interesses pessoais maiores que os da equipe: a mudança pode significar trabalho a mais, lazer a menos, desconforto e risco a mais. Tudo isso pode ir contra os interesses de cada um e provocar reações adversas.

4) Expectativas frustradas: alguns podem achar que a mudança seja a tábua de salvação para a carreira. É a chance de sair do limbo, a oportunidade de ascensão esperada há tantos anos. Quando isso não acontece, as reações podem ser extremamente negativas.

Tirando os 15% mais resistentes, os demais 70% formam dois grupos distintos de 35% cada um. Os 35% positivos dessa curva dependem de bons exemplos. Ou seja, os primeiros 15% aderentes sairão na frente e estes, sentindo que o primeiro grupo cresceu e evoluiu, tendem a segui-los. Esse é o fenômeno que chamo de efeito maratona. Isso quer dizer que em uma maratona os muitos participantes distantes da linha de largada não ouvem o tiro de saída. Para eles, o sinal de partida é ver os participantes da frente começarem a correr.

O grande problema do processo de busca por alta *performance* está nos 35% negativos. São as pessoas que ficam em cima do muro. Essa nova dinâmica traz subjacente, além da manutenção da rotina, a participação em grupos de projetos de inovação e mais estudo para dar suporte a tudo isso. Ou seja, parte da mudança requer trabalho adicional: é preciso manter a rotina e, simultaneamente, resolver os problemas decorrentes dela como mecanismo de aprendizado. Entre a adesão espontânea de 15% e os 35% que virão na maratona, você já conta com 50% da equipe trabalhando muito mais.

Os 35% negativos, no entanto, ficam constantemente avaliando se aderir à nova dinâmica é algo que lhes convém. Eles são muito afetados pelos 15% negativos do início da curva. Essas são as pessoas que passam o tempo todo minando o surgimento da vontade e do prazer no grupo dos 35% indecisos. Para cada reforço positivo dos 50% aderentes, os 15% negativos pesam para o outro lado. Para eles, a opinião dos 15% negativos é muito forte e anula as iniciativas de reforço positivo de 50% do grupo positivo.

Essa curva representa o comportamento esperado na equipe. Individualmente, porém, cada qual tem suas razões para aderir ou resistir. Os que aderem incondicional e espontaneamente têm os motivos mais diversos. Da mesma forma, os que não aceitam também possuem suas razões genuínas. Houve o caso de um funcionário que durante o dia trabalhava em uma empresa e todas as noites tocava em uma banda de jazz. Quando foi solicitado a participar efetivamente de um processo de mudança, fez nova escolha. Não era incompetente, mas a alta *performance* profissional exigiria um grande esforço dele e, consequentemente, afetaria seu horário de trabalho. Isso atrapalharia sua atividade como músico, então ele decidiu cair fora. Deixou claro que seu maior interesse na vida não era o trabalho na empresa, mas sim sua banda de jazz.

Por isso, enquanto a equipe não conhece a nova visão, ainda não tem ideia de como as coisas deverão realmente começar a acontecer; você só sabe em tese qual será a reação de cada um dos participantes no processo. Eu insisto que isso é só em tese, porque é muito importante não fazer prejulgamentos nem fechar os vereditos antecipadamente.

É importante não prejulgar ninguém: achar que um tem jeito de que não vai andar nunca, enquanto o outro vai sair rasgando, é um engano profundo. Grandes erros são cometidos nessa hora. Muitas surpresas positivas e negativas acontecem e precisamos estar preparados para lidar com elas, porque o prejulgamento só dificulta a acomodação da equipe e você pode desperdiçar talentos. Há muita diferença entre um atleta que corre 100 metros e um fundista, mas os dois podem ser valiosos numa mesma equipe. Como líder você dá o tiro de partida, define a velocidade, põe o pessoal para correr e paga para ver. O gestor deve acreditar que todas as pessoas vão buscar alta *performance* de maneira genuína. Mas ele tem de saber lidar com aqueles que, ao longo do caminho, não alcançaram a nova velocidade.

Ao buscar a alta *performance* da equipe, as práticas do líder devem fazer com que essa curva assuma uma nítida tendência para a direita, aumentando significativamente a aceitação e, ao mesmo tempo, reduzindo a resistência e a indecisão. O gráfico de adesão deve mostrar a seguinte curva:

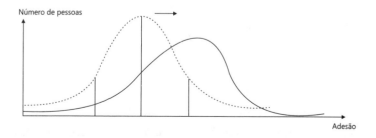

A atuação do gestor para aumentar a adesão deve ser rápida – caso contrário, os 15% negativos exercerão seu poder de influência e arrastarão os indecisos justamente para a direção oposta. Durante a busca por alta *performance*, o deslocamento da curva para a direita é lido pelos integrantes da equipe nas mínimas atitudes do gerente.

Por exemplo: um dos funcionários não está conseguindo ou parece não estar se interessando verdadeiramente pelos novos desafios, e o gestor convida-o para um almoço. O objetivo é mostrar o que está acontecendo e incentivá-lo a rever sua posição, enfim, tentar conquistá-lo por meio de mais explicitação de como as coisas precisam ser – e serão. Depois desse almoço, o gerente chama essa mesma pessoa negativa para uma reunião na qual ela poderá perceber ainda melhor a nova dinâmica. Dessa forma, o gestor demonstrará uma grande atenção para com uma pessoa de baixa *performance*.

É muito provável, entretanto, que todo o pessoal que está buscando alta *performance* esteja querendo falar com esse gestor há dias, mas ele diz que não tem tempo, que está sem agenda. Vendo o tratamento dispensado ao colega negativo, a tendência do pessoal positivo é reduzir a *performance* para buscar a atenção do gerente. A busca por alta *performance* respeita a teoria da fila em liderança: o líder puxa todos para frente. Nesse caso, o gestor vai para o fim da fila com um objetivo muito claro e de curtíssimo prazo: ou acelera ou sai da fila. É fundamental estimular e incentivar, mas sem ser paternalista para não desviar a atenção e reduzir a velocidade do grupo que já está em alta *performance*.

Todas essas táticas de mobilização de equipes estão descritas e exemplificadas no livro *O desafio da liderança*, de Kouzes & Posner, em que fica bem claro o perfil necessário para levar um time à alta *performance*. Existe, porém, um conjunto de customizações essenciais para o sucesso do processo. Ou seja, mais uma vez a técnica só não basta: é preciso adequá-la às suas variáveis na gestão de pessoas. Para isso, dentro de cada item desenvolvemos um conjunto de análises para propiciar essa adequação.

Identificando o espaço da liderança para mobilização

Primeiramente, o gráfico a seguir mostra e delimita a forma de utilização dessas práticas de liderança:

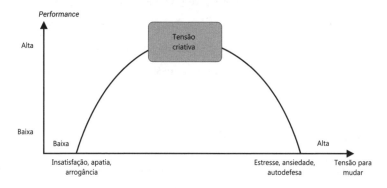

Agora vamos imaginar o seguinte cenário: nesse instante, sua equipe está com baixa *performance* e a tensão para mudar também é baixa. Esse então é um grupo com alta insatisfação, apatia e arrogância. É óbvio, portanto, que as práticas descritas a seguir devem ser aplicadas de maneira muito menos participativa e muito mais impositiva.

Pode ser, no entanto, que o grupo esteja com baixa *performance* mas com altíssima tensão para mudar, o que se reflete em estresse, ansiedade e alto nível defensivo. As intensidades de ação, nesses dois casos, têm de ser muito diferentes. Recomendo, por isso, que um gestor sempre busque manter a equipe em padrões aceitáveis de *performance* e com certa atenção para a mudança, isto é, em estado de tensão criativa. Cumpre nesse instante lembrá-lo de todo o diagnóstico de *performance* que você, como gestor, já realizou conforme os conceitos do capítulo 5. Esse é o momento em que você determinará a forma e a intensidade do exercício de liderança, fazendo uso dos pontos fortes e fracos que identificou em sua equipe.

Dessa forma fica mais fácil buscar uma *performance* superior, pois você poderá optar por uma ação mais participativa, em vez da mais impositiva. Em outras palavras, o gerente deve procurar sempre trabalhar na região central, que é a zona da tensão criativa. Em qualquer outro ponto desse gráfico, seu grupo poderá levar a curva de adesão (estudada há pouco) para o lado errado, inviabilizando o sucesso da busca acelerada por alta *performance*.

Táticas de mobilização

Kouzes & Posner (1994) destacam quatro conceitos importantes para a mobilização de sua equipe:

1) Inspirar a visão até a equipe compartilhar;
2) Servir de modelo de *performance*;
3) Capacitar as pessoas em ciclos curtos de *performance*;
4) Encorajar a equipe.

Os autores são muito fortes nessas quatro táticas, mas deixaram de detalhar como provocar inspiração nas pessoas de baixa *performance*, o que está mais bem descrito em *Excelência empresarial*, de Bradford & Cohen. Para esses casos eles sugerem uma quinta tática: *confrontar performance insuficiente*.

1) Inspirando a visão até compartilhar

Um dos trabalhos mais árduos do gestor é provocar a inspiração necessária em seus liderados. Ele tem de persistir nesse esforço, no mínimo, até perceber que a visão está sendo compartilhada por todos da equipe. O verdadeiro líder aproveita todas as ocasiões para esse processo de catequese dos seguidores: no almoço, no café, nas reuniões, nos meios de comunicação da empresa, nos seminários, usando a seu favor o sistema formal e o informal de comunicação. Sim, o "corredor *press*" também pode ajudar a divulgar a nova visão e dar suporte à mudança. Eu costumo dizer que é preciso transpirar para inspirar a equipe. Às vezes, é necessário falar dez vezes a mesma coisa para as mesmas pessoas. O líder precisa ir ao *front*. Não se ganha essa batalha no gabinete.

Não podemos nos esquecer de que cada pessoa tem um conjunto de crenças, práticas, necessidades e também de conveniências próprias. Já possui uma forma pronta de pensar e, à medida que você conversa com ela sobre o que é necessário para a alta *performance*, isso vai sendo registrado ali. Durante todo o tempo a pessoa faz um julgamento de valor de sua fala como líder.

Por isso, você conversa com alguém pela manhã e pergunta se a pessoa realmente entendeu o que foi dito. Até por educação ela vai dizer que sim. Depois, à tarde, você está falando sobre o mesmo assunto com outra pessoa. No final da conversa, ela também diz que entendeu (de acordo com o modo de pensar dela, é claro), mas aquele outro, com o qual você falou pela manhã, já havia lhe dito no almoço que não era bem assim... Não vai adiantar você dizer para o segundo que foi o primeiro que não entendeu nada. Muna-se de toda a paciência, porque será preciso reforçar com o segundo o que é real e ainda voltar, com calma, ao primeiro para repassar toda a conversa. Tanto faz que sua equipe tenha cinco ou quinhentas pessoas: esse é o trabalho de inspirar.

Além disso, você não deve subestimar o sistema informal de comunicação dentro da equipe, porque ele costuma ser muito mais forte do que o formal. Inspirar significa também assumir o sistema de comunicação informal de sua área. Ou você consegue colocar a busca por alta *performance* nas conversas informais de sua área ou a equipe vai falar somente sobre o lado negativo e aproveitar o aspecto irônico do que você está fazendo. Dentro de um grupo o sistema de comunicação informal é sempre perfeito, funciona mesmo. O gestor é que nem sempre é perfeito ao tentar inserir as questões da alta *performance* no "corredor *press*".

Existem muitas ferramentas de comunicação para usar. Lembro de um gestor que utilizou com sua equipe uma revista como principal veículo de transmissão da ideia de mudança. Era muito bem produzida, com os textos bem pensados e bem ilustrada. Ele levava a revista para todos os cantos e, sempre que havia uma chance, abria as páginas e reforçava os conceitos e a urgência das medidas que estavam sendo tomadas. Produziu a segunda e a terceira edição e continuou em campo, atuando no corpo a corpo. Um dia ele foi acompanhar uma troca de turno às 6h da manhã, quando havia uma passagem de informações importantes entre os funcionários da produção. Uma máquina estava quebrada, ele foi participar da discussão e perguntou o que as pessoas envolvidas pensavam fazer. Um dos operadores, de repente, tirou de dentro do macacão uma das revistas, que falava exatamente sobre manutenção de máquinas, e seguiu à risca o que estava escrito como linha de ação para o caso. Nessa hora o gestor teve a certeza de que a mensagem estava atingindo seu alvo.

2) Servindo de modelo

A essência da liderança é a conquista de seguidores voluntários e não impostos. Assim, servir de modelo significa oferecer, de maneira muito clara, um conjunto de características que as pessoas possam ver e desejar seguir. Você tem seu estilo e seu comportamento e deve enfatizar tudo o que for positivo. Nessa tática existem, entretanto, três características essenciais a ressaltar:

• **Ninguém segue morto; quem segue morto é enterro**
O líder precisa ter muita, muita energia. Não pode parecer cansado. Por isso, quando se sentir exausto, descanse antes de aparecer diante da equipe. Não se exponha. Você precisa emanar energia e fazer seu entusiasmo ser contagiante. Se mostrar um desempenho com altos e baixos, com certeza a leitura de seu grupo será feita somente pelos baixos. Costuma-se dizer, e é verdade: quando o chefe senta, a equipe deita. Então, é preciso ter e mostrar muita disposição para servir de exemplo. Não se esqueça: sinergia é um processo que se obtém por meio de alguém que, com muito entusiasmo, faz os outros aumentarem as próprias energias.

• **Ninguém segue alguém que gosta de trabalhar 24 horas por dia**
Se disser às pessoas de sua equipe que tem saído da empresa todos os dias à meia-noite, elas pensarão: "Bom, quem manda ser burro e ficar trabalhando até essa hora?" Para ser exemplo, você precisa viver outros ambientes e frequentar outras organizações para ter boas histórias para contar ao grupo. A modelagem por meio de histórias está muito bem apresentada no livro *O motor da liderança*, de Noel Tichy. Suas histórias são, justamente, os exemplos

que servem para mostrar a diferença entre o certo e o errado e apresentar outras realidades (melhores e piores) à equipe. Isso é vivência. Pare para pensar: o que seria do meu livro sem minhas histórias, os casos e os exemplos? As histórias também surgem do convívio social, da família, dos esportes, da cultura e das viagens. Você precisa estar ligado no mundo, observar tudo e estudar sempre. Esse tipo de modelagem gera satisfação nos liderados, que estão aprendendo com o líder. Não se esqueça, porém, de um detalhe fundamental: pratique o que suas histórias pregam.

• **Pratique o comportamento diferente e desejado**
Não adianta o líder pedir para o grupo ter um comportamento diferente. É ele que, antes de todos, tem de praticar os novos valores e dar o exemplo. Se quer que sua equipe estude mais, não adianta falar, pedir nem mandar. É melhor você comprar um livro e começar a estudar, deixando que percebam sua dedicação ao assunto. Quando precisa que os integrantes de seu grupo trabalhem orientados para o cliente, não adianta conversar com eles. Em vez disso, comece a passar nos clientes, levante suas necessidades e opiniões e traga-as para a turma. Rapidamente o grupo perceberá sua mudança e também mudará. Tenha certeza: ninguém segue quem não cumpre o que diz; isso faz parte essencial de sua credibilidade.

3) Capacitando as pessoas em ciclos curtos de *performance*

A capacitação de pessoas é outra tarefa muito importante de um gestor. A maioria das empresas tem seus mecanismos de capacitação, mas não é disso que estamos falando.

Trata-se aqui de o gestor ter a habilidade de capacitar os funcionários a curto prazo como um ato de liderança na busca da alta *performance*. O gráfico a seguir apresenta o ciclo de capacitação para ser exercitado em sua totalidade.

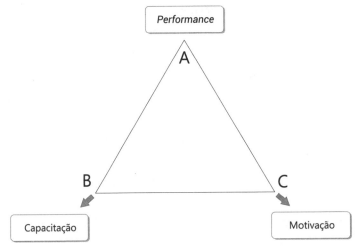

Vamos entender o ciclo: raramente as pessoas oferecem um nível de *performance* além do requerido pelo gestor. Esse é o vértice A. O vértice B refere-se à quantidade de capacitação colocada à disposição do líder, que também, dificilmente, é acima da exigida pela *performance*. O vértice C é o da motivação.

De forma geral, as pessoas se motivam apenas o suficiente para manter a capacitação no nível requerido pela *performance*, que é a exata medida daquela exigida pelo líder.

Esse é o ciclo. Quanto menor a *performance* requerida, menor é a capacitação colocada à disposição e menor a motivação para o aprendizado. É responsabilidade do líder inverter esse raciocínio. Comece então pelo vértice A, aumentando substancialmente a necessidade de *performance* do time. Não esqueça, porém, que isso significa fazer as pessoas sentirem-se desafiadas em sua competência e inteligência, e não pelo aumento do volume de tarefas. Se for o caso, retorne ao capítulo 6 e confira as formas de o gestor aumentar a percepção de risco da equipe, elevando o nível de capacitação no processo decisório.

Ao perguntar para uma pessoa se ela consegue melhorar o que faz, obviamente a resposta será positiva, porque usará a prática sob seu domínio com um pouco de criatividade. Mas se eu perguntar para a mesma pessoa como faria para produzir três vezes mais com a metade do esforço, a prática já dominada não servirá para muita coisa. Ela terá de buscar novas competências para atender a esse nível de demanda. Isso é o que significa desafiar a *performance* de um grupo, desafiar seus limites de competência.

Outra forma é convocar as pessoas que já têm uma rotina predeterminada para participar de projetos de inovação. Como o prazo de implementação é sempre curto e elas ainda não dominam a solução, serão desafiadas em sua competência. Esse tipo de profissional manterá sua rotina, mas estará também evoluindo. Pessoas que têm brios e são desafiadas em sua competência sentem-se motivadas para buscar mais capacitação e colocá-la à disposição do grupo.

Nesse momento cabe ao líder prover a capacitação de curto prazo, que irá ampliar suas competências e aumentar sua motivação. Isto é, a capacitação necessária apenas para resolver aquele desafio. Ao enfrentar essa situação, ofereça à pessoa, por exemplo, o capítulo de um livro que trate exatamente daquele projeto que lhe foi proposto. Não dê o livro inteiro, porque ela dirá que vai demorar dois meses para ler e entender tudo. Ofereça um único capítulo ou peça para ela trabalhar uns dias com um profissional mais experiente no assunto. Mas exija resultados. Quando for procurado por alguém de sua equipe em busca de capacitação, forneça sempre a opção de fazê-la em curto prazo.

Deixe as ações de médio e longo prazos para os programas de treinamento da empresa. O líder capacita para o dia a dia do trabalho.

4) Encorajando a equipe
Encorajar as pessoas é também uma das práticas da liderança e talvez seja essa a mais nobre delas. Para elevar os níveis de coragem, são necessárias basicamente três atitudes gerenciais:

• **Deixar que a equipe perceba o grau de risco do que faz**
Perceber o grau de risco do que faz dá à pessoa a real dimensão de sua responsabilidade. Isso aumenta o desafio e a tensão criativa, mas também viabiliza o aprendizado e o crescimento profissional. Recentemente o gerente de uma fábrica de autopeças viveu uma situação difícil, mas encontrou uma boa solução para promover a evolução de sua área. Um lote de peças foi enviado à montadora com falhas, e ele foi chamado pelo cliente. Verificou pessoalmente o problema, mas não conseguiu explicar absolutamente nada. Esse gestor passou por maus momentos na mão do cliente e quando voltou à empresa chamou sua equipe para relatar o ocorrido. Perguntou os porquês, mas ouviu somente uma série de evasivas: como era uma "bola dividida", ninguém se sentiu responsável pelo problema.
Como nada se fez, passados alguns meses o defeito voltou a ocorrer. Esse gerente então encontrou a maneira de encorajar sua equipe. Levou todos os possíveis responsáveis pela falha para a reunião na montadora e ouviram o problema juntos. Porém, como agora o risco havia sido compartilhado, eles rapidamente encontraram o caminho para solucionar o problema. Para sempre. Esse é o tipo de ação

recomendada a um gestor. Às vezes, é preciso um empurrãozinho para encorajar as pessoas. Mantê-las sob proteção excessiva não ajuda em nada: só encolhe as iniciativas.

• **Prestigiar a pessoa pelo desempenho positivo**
Prestigiar cada pessoa também produz respostas extremamente positivas. Não se trata de chegar ao lado do funcionário, dar um tapinha nas costas e dizer: "Bom trabalho!" ou "Parabéns!" É claro, isso ajuda e faz com que as pessoas se sintam reconhecidas. Mas prestigiar de verdade uma pessoa é falar sobre seu desempenho positivo para os de fora da área. Especialmente superiores. O "corredor *press*" vai se incumbir da divulgação, e obviamente a pessoa ficará sabendo. Esse é o melhor reconhecimento que ela pode ter, pois aumentará sua credibilidade numa proporção muito maior do que o reconhecimento apenas do gestor direto. Prestigiar uma pessoa significa dar motivos para que ela comemore sozinha suas conquistas e vitórias. A ideia é essa: dê apoio a quem o ajuda, porque os dois colherão bons frutos. Quando luta por quem merece, você acaba sendo reconhecido para sempre.

• **Aumentar o nível de sociabilidade da equipe**
A terceira base do encorajamento é o aumento da sociabilidade do grupo, o que só se faz com festas. Isso mesmo, comemorações. É preciso ampliar o nível de sociabilidade da equipe para que as pessoas se conheçam mais profundamente além das formalidades do ambiente de trabalho. Assim, elas percebem que cada uma é um ser humano normal com qualidades, virtudes, defeitos e problemas. Um convívio mais estreito pode fazer milagres no relacio-

namento de uma equipe e eliminar barreiras interpessoais. Sempre que você aumenta a sociabilidade, a ajuda mútua cresce, pois cada participante da equipe se despoja de sua couraça profissional e se dedica com coragem à resolução de problemas e ao desenvolvimento de projetos de inovação. Portanto, saiba utilizá-la na busca de *performance* superior.

5) Confrontando *performance* insuficiente

Inspirar, capacitar, modelar e encorajar pessoas são táticas altamente positivas e produtivas de liderança. No entanto, quando estiver implementando o processo de mudança com o foco definido e a nova visão da área, vai perceber e conseguir delimitar um grupo mais resistente. Agora você não corre mais o risco dos prejulgamentos. O plano está em andamento, você mede no dia a dia o grau de adesão dos funcionários e, além disso, dá retorno constante a todos eles.

Mas como também é responsabilidade do gestor incentivar os mais lentos, todas as táticas descritas até aqui devem ser aplicadas, pacientemente, aos últimos da fila. Depois disso, caso os efeitos esperados ainda não aconteçam, está na hora de usar com aquela média dos 15% mais resistentes a confrontação. Vale apenas um alerta: a confrontação deve ser precedida de vários retornos individuais sobre *performance* abaixo do necessário.

A confrontação deve ser utilizada como último recurso. Depois dela, se não houver alinhamento de postura e *performance*, você terá de tomar decisões mais drásticas em relação aos resistentes. Em momento oportuno, chame a pessoa para uma conversa e aplique a técnica da confrontação em quatro etapas:

Primeira: explique para seu funcionário, de modo claro e objetivo, sem fazer rodeios, qual é sua percepção sobre o comportamento dele e como isso causa impacto negativo no restante da equipe. Exemplifique com situações em que você foi obrigado a intervir por causa desse desempenho inadequado. Siga seu raciocínio até o fim mesmo que ele tente falar ou se explicar e conclua com uma pergunta do tipo: "Você percebe seu comportamento dessa forma?" ou "Como você percebe seu comportamento?"

Segunda: deixe a pessoa falar e escute-a atentamente. Anote pontos de sua fala no sentido de preparar alguma argumentação para deixar as alternativas mais claras. Nunca se esqueça de que ouvidos e olhos não erram, só a boca pode traí-lo. Portanto, nessa etapa só ouça e observe. Você deve entrar na confrontação com suas alternativas prontas.

Terceira: só entre nessa etapa quando a pessoa tiver concluído suas explicações. Coloque as alternativas desenvolvidas, mas não esqueça que todas devem ser genuínas e previamente pensadas. Afinal, você está apresentando suas possibilidades de lidar com o comportamento negativo dela. Se, nesse exato instante, a pessoa der alguma alternativa além das que você pensou, elimine-a com argumentos. Você tem de manter as alternativas que já deu. Portanto, antes de apresentá-las, reflita exaustivamente.

Quarta: peça à pessoa que aponte, entre as alternativas apresentadas por você, qual ela gostaria que fosse adotada. Seja qual for, a decisão é dela. Assim que a pessoa decidir, você parte para a ação, para a execução da alternativa. Não vacile, não protele, não adie. Caso ela reincida no comportamento negativo nos meses seguintes, demita-a. Compreender pessoas não é ser complacente. Além disso, a complacência excessiva premia aqueles de baixa *performance* e serve de péssimo modelo para os que já estão buscando a alta *performance*.

Ao aplicar essas práticas, não perca de vista que seu objetivo é um só: ampliar a adesão de sua equipe à mudança. Dessa forma você movimentará a curva de adesão para o lado direito, gerando cada vez mais pessoas aderentes ao processo.

Alcançando e sustentando a alta performance

O processo de movimentação da curva de aderência, no entanto, é muito dinâmico e se repete a partir de ciclos de busca de alta *performance*, como mostra o gráfico a seguir com bastante clareza:

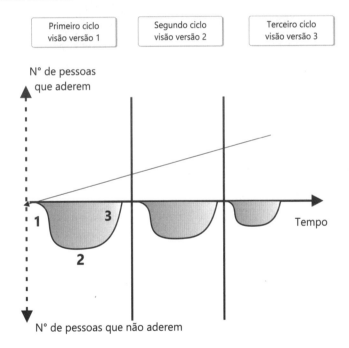

O ponto 1 da figura representa a primeira ruptura do processo. Forma-se, naturalmente, um grupo de pessoas que diz apoiar a mudança, mas não age em sua direção. É a chamada *comunidade pseudo-resistente*. Nesse ponto o líder deve apertar a pressão por metas, qualidade e aprendizado. É hora de pôr lenha na fogueira, criando projetos multidisciplinares para obrigar a equipe a atravessar suas barreiras funcionais e perceber que o mundo é maior que aquele departamento. Há muita coisa por aprender fora daquelas fronteiras. Devem ser criados também fóruns de aprendizado, em que os projetos de inovação serão discutidos e as experiências bem e mal-sucedidas, assimiladas. Essas ações visam atingir as pessoas resistentes e mostrar que a mudança não só veio para ficar como está cada vez mais forte.

Mesmo assim, o número de resistentes pode crescer até o ponto 2, onde ocorre a segunda ruptura, chamada de *desenvolvimento do caos*. Aqui as pessoas realmente entendem que as coisas estão mudando, e chegou o momento de o gestor partir para as modificações físicas e mais visíveis de sua área. Faça alterações no layout do escritório, no fluxo dos processos, na organização física de materiais: tudo para evidenciar e tornar palpável a mudança cultural que está ocorrendo. Nesse estágio, o grupo de resistência precisa ver para crer. Portanto, mude fisicamente o *status quo*. Nesse ponto, a curva regride e os resistentes começam a aderir.

Esse efeito positivo, no entanto, esgota-se e a regressão da curva para no ponto 3, quando é atingido o *vazio irônico*. Esse é o ponto em que as pessoas começam a se remeter ao passado, lembrando como as coisas eram boas antigamente. Não há mais nada que o gestor possa fazer, a não ser iniciar novo ciclo. Essa nova etapa passa pela revisão da *visão*, conforme descrito no capítulo 7, e a equipe será novamente reunida em um hotel-fazenda e coisa e tal. Deve ser feito o novo lançamento da mesma base, mas agora com as devidas adaptações e correções obtidas por consenso. Esse é o ciclo do refinamento da *visão*, que é obtido por meio dos novos projetos, dos projetos em desenvolvimento e das melhorias realizadas pelos que aderiram inicialmente ao processo.

Em cada um desses ciclos, você vai notar a diminuição do grupo de resistentes e a formação da massa crítica de aderentes necessária para que se possa considerar consolidado o contágio positivo. Aumenta o grupo dos que creem para ver. A partir daí, a reação imunológica de resistência não terá mais capacidade de atuar.

Não espere atingir os 100% de aceitação, pois isso nunca acontecerá. E nem é preciso, pois o contingente mais importante já terá aceitado a mudança para a alta *performance*. Esse processo completo demora em geral um ano, até que todos na equipe assumam o novo patamar de desempenho. Ou seja, a turma entendeu que na mudança o presente é a vítima, e o futuro, o único refúgio.

Com essas táticas e dentro desse prazo, você conseguirá elevar o nível de *performance* de sua equipe ao patamar desejado, mas ainda há uma última questão a discutir.

Sustentando a alta *performance*

Existe ainda uma constatação muito valiosa para entender esse aspecto. Imagine uma equipe que vem trabalhando com o mesmo gestor e mantendo um bom nível de desempenho. A simples troca do gerente, no entanto, causa uma mudança de comportamento na equipe. Sensíveis, seus integrantes vão querer mostrar serviço e, por algum tempo, melhorar a *performance*. Essa reação ocorrerá especialmente se o novo gerente não for do tipo heroico, aquele que resolve tudo sozinho.

A saída para dar sustentação à *performance* conquistada não poderia ser outra: cabe ao gestor manter a equipe atuando sob o lema dos escoteiros, ou seja, "sempre alerta". Para isso não permita que sua turma "leia" seus rituais de planejamento e acompanhamento de resultados. Mude a data da reunião de acompanhamento, a forma de fazê-la, os participantes de cada reunião, mude o local, mude tudo sempre que for necessário para o grupo não se acostumar ao processo. Sempre que a equipe conseguir ler como você realiza seu ritual de gestão, ela se adapta e diminui a velocidade da mudança e da *performance*.

Assim, para sustentar a *performance*, você terá de variar todas as possibilidades de planejamento e acompanhamento até o instante em que sua equipe conquistar asas próprias. Aí ela vai sentar sozinha, sem você, planejar e acompanhar os resultados e a *performance* do grupo como um todo. Nesse instante você terá conseguido implementar em sua área o conceito de equipe autogerenciável.

O gestor que atua muito além da hierarquia em busca de alta *performance* da equipe já sabe que para atingir esse resultado terá de:

1) Definir o patamar de *performance* objetivado;

2) Executar um processo de mobilização;

3) Fazer os ciclos de mudança acontecerem no sentido da maior adesão;

4) Conseguir que a equipe assuma o ritual de planejamento de resultados de curto e médio prazos.

Com esse trabalho concluído, você como gerente terá alcançado o patamar de *performance* que justifica o título deste livro: *muito além da hierarquia*.

QUESTÕES-CHAVE

1. Como você posiciona as pessoas de sua equipe perante a curva de adesão esperada?

2. Como você se avalia em cada uma das cinco táticas de mobilização sugeridas?

3. Formule um plano pessoal de mudança no sentido de potencializar seus pontos fortes e minimizar os pontos fracos diante dessas táticas.

4. Observando as formas de tratamento da resistência nos ciclos de mudança, como você tem tratado os pontos de ruptura vistos neste capítulo?

9
Alinhando o comportamento[2]

O gestor pode e deve atuar, fortemente, no desenvolvimento da equipe e agir na mobilização do grupo na direção certa e, mesmo assim, é possível que não obtenha o sucesso planejado. Em geral, quando isso acontece, é porque a equipe como um todo está passando por um desalinhamento de expectativas e de comportamentos. A chamada cultura da organização e seu conjunto de valores nem sempre são suficientes para promover o alinhamento perfeito de um grupo de profissionais.

Mas estaria mesmo o grupo desalinhado? É extremamente difícil apurar e reconhecer esse desalinhamento, mesmo porque temos alta capacidade em ajustar nosso relacionamento ao grupo em que convivemos. Desde criança estamos desenvolvendo nossa habilidade de relacionamento e somos, em geral, extremamente eficazes na construção de ambientes razoavelmente saudáveis e isentos de conflitos maiores.

Aprendemos individualmente a enxergar os espaços disponíveis nos relacionamentos e criamos táticas que, de certa forma, acolchoam e amortecem os conflitos e as desavenças.

---

[2] Capítulo escrito em coautoria com Antonio Francisco D. Loriggio (Toti).

No entanto, essas táticas desenvolvidas naturalmente impedem que seja estabelecido um alinhamento de maior nível na equipe. Pode-se comparar isso a um conjunto de engrenagens que funciona com folga: de um lado, tem menor atrito e desgaste, mas de outro perde em sincronia e precisão.

O importante é entender que não se trata de realizar grandes ajustes de comportamento nem mesmo de revisar toda a dinâmica construída na equipe. Trata-se de entender e realizar movimentos sutis que normalmente passariam despercebidos pelos integrantes, mas que no final fazem grande diferença e estabelecem um patamar de *performance* superior.

Se tomarmos uma escala de alinhamento entre 0 e 100%, costumamos dizer que as equipes caminham naturalmente até o nível dos 60% sem a ajuda de ninguém e sem um processo de ajuste mais focado, pois o próprio ambiente determina as condições de convivência. Esse patamar é um nível ajustado e não provocaria preocupações maiores, contudo, não propicia o que buscamos: o alto desempenho.

A meta proposta é o patamar de 80% de alinhamento, ou seja, partir dos 60% atuais e chegar ao ideal de 80%. Mas, por que não 100% então, já que estamos buscando o desempenho exemplar da equipe? Simplesmente porque, em se falando de comportamento humano, estabelecer a meta de 100% significa que cada indivíduo precisaria abrir mão de valores individuais e atitudes ligados diretamente à sua personalidade, e que, portanto, não são passíveis de modificação. Viva as diferenças!

A diversidade e o desalinhamento que residem entre os 80% e os 100% são saudáveis e precisam existir para que haja certo espaço para diferenças individuais.

Por outro lado, devemos pensar que 80% de alinhamento é um ótimo nível e representa um novo patamar ou uma evolução real em relação aos 60%. Convém ressaltar que em algumas equipes esse patamar de 60% pode não estar sendo atingido, o que equivale a classificá-lo como ambientes em deterioração, fator que torna a necessidade de alinhamento mais premente.

A imagem dessa mudança seria como a comparação de um bote com seus remadores usando pequenos remos e a força dos braços. O barco se movimenta com razoável velocidade, sem problemas de equilíbrio, pois é largo; sem problemas de sincronismo, pois existe espaço entre os remadores e a amplitude de movimentos é restrita ao tamanho dos braços dos remadores; ou seja, existe um razoável conforto e um resultado médio. Agora imaginemos um barco a remo de competição, extremamente esbelto, com longos remos e dispositivos para aumentar a amplitude da remada com o uso das pernas. Nessa situação, os remadores não podem se desequilibrar nem cogitam sair do sincronismo. Até os movimentos dos pulsos é sincronizado para coordenar a entrada e a saída das pás dos remos da água, evitando movimentos desnecessários. Talvez exista certo desconforto quanto à estabilidade do barco, mas ele é inteiramente compensado pelo desempenho em termos de velocidade. É exatamente dessa troca das folgas pelo desempenho especial que estamos falando quando comentamos sobre a necessidade do alinhamento.

Ora, se precisamos alinhar uma equipe, precisamos primeiramente entender que tipos de comportamentos podem estar presentes. Observa-se em todas as organizações um conjunto deles que podem ser divididos em quatro grupos principais, indicados a seguir:

- **Comportamentos essenciais:** são aqueles ligados às crenças, aos mitos e à saga do fundador, às coisas antigas nelas instaladas, muitas vezes folclóricas, as quais estão impregnadas nas histórias contadas pelas pessoas da empresa. São extremamente estáveis e perenes.

• **Comportamentos básicos:** são aqueles designados pela literatura como princípios morais, tais como honestidade e ética. Apesar de muito se falar hoje em dia sobre os tais códigos de ética, considero que a ausência desse tipo de comportamento é tão grave que demandaria a eliminação imediata do contingente de funcionários não aderentes a ele, e, portanto, não se deve despender esforço alinhando esse tipo de comportamento.

• **Comportamentos acidentais:** são aqueles que fazem parte da dinâmica dos negócios nos quais as empresas estão operando. São desenvolvidos e sustentados pela própria exigência do trabalho do dia a dia. Por exemplo, em Institutos de Pesquisa de Alta Tecnologia, o comportamento de baixo relacionamento entre as pessoas é o predominante em função da atividade exigida. Esse tipo de comportamento também não afeta diretamente o desempenho e, portanto, não precisa ser o foco do alinhamento desejado.

• **Comportamentos desejados:** são aqueles que impactam diretamente no desempenho organizacional e que estão relacionados aos rituais conduzidos pelos gestores, definidos como a repetição continuada de práticas de sucesso do passado e que são mantidos até hoje, ou pelo herói ou pelo vilão da cultura vigente.

É nesse espaço dos *comportamentos desejados* que existe campo fértil para o trabalho de alinhamento do comportamento da equipe. Alinhá-la nada mais é do que o processo de determinar e direcionar sua expectativa ante os comportamentos desejados, sustentando-os durante todo o processo e, assim, reduzindo de modo acentuado as resistências geradas, obtendo-se o comprometimento necessário para a consecução dos objetivos empresariais.

Essas atitudes ajudam a criar os elementos que vão formar o amálgama entre as pessoas, produzindo o chamado espírito de corpo. Constitui-se na *construção do contrato de conduta da equipe*.

Para melhor entendimento, digamos que o comportamento desejado em uma área seja o de *espírito de equipe*. A pergunta então seria: O que se entende por espírito de equipe no ambiente neste momento? O que seus integrantes deveriam sustentar e praticar?

Esse tipo de questionamento é fundamental, pois a resposta não está em livros, visto que o comportamento esperado daquele gestor, daquelas pessoas e daquele momento é singular em cada organização, ou seja, o processo deve ser estruturado sob medida.

Depois de muitos questionamentos, a resposta dada pelo diretor do nosso exemplo foi que, para ele, espírito de equipe era sustentar todas as decisões e as ações de mudanças mesmo que, nas discussões anteriores, você tenha sido voto vencido. Note que essa definição é muito diferente dos conceitos normalmente encontrados, e nessa diferença é que reside a distância entre os 60% e os 80% do alinhamento que mencionamos anteriormente.

Percebam que, ao descrever o comportamento desejado, fica definido de modo transparente o significado a ser atribuído a ele. Isso é fundamental, pois as palavras podem ter representações diferentes para as pessoas, por isso precisamos escrevê-las, estabelecendo o real sentido que pretendemos alcançar, transformando as palavras em práticas observáveis e tangíveis – cf. exemplo a seguir neste capítulo.

Portanto, o *alinhamento é um método útil para aproximar fortemente as pessoas em torno de um conjunto de comportamentos desejados que devem ser praticados no dia a dia da equipe.*

Esse é um trabalho que precisa ser feito simultaneamente com todos os integrantes da equipe e que requer a postura adequada, além de uma dose de tempo e coragem para que o máximo proveito seja tirado do processo.

Quando falamos de postura do gestor, estamos, na verdade, enfatizando que ele deve estar aberto para ouvir críticas. Mais que isso: deve estar pronto para apresentar argumentos consistentes sobre os problemas da área e sobre a própria maneira de gerenciar. Isso sem externar (seria melhor nem sentir) a menor dose de irritação ou rejeição às críticas e aos problemas. Essa postura resume-se no seguinte: "Temos um problema? Qual? Vamos resolvê-lo. Para isso, devemos também considerar isso e mais aquilo. Diante desse quadro, qual é a melhor solução para nós?"

Quanto à coragem, é preciso mais do que saber ouvir. Gestor e equipe devem estar dispostos a ousar ultrapassar as velhas barreiras de comunicação. Ouvir, responder, questionar e ouvir a resposta com total franqueza e serenidade. Esse é um estado de espírito cuja presença é obrigatória em todo o grupo.

O tempo, na verdade, é uma questão de inteligência e prioridade. Esse é o requisito essencial para que haja a dedicação necessária à solução dos problemas levantados. Se a dinâmica for realizada com calma e disponibilidade de tempo, as questões vão aflorar, haverá investimento na sua discussão, podendo-se chegar a uma solução para que, realmente, ocorra o efetivo alinhamento da equipe.

Qual seria então a metodologia empregada para executar esse processo? Na verdade, temos dois modos distintos para fazê-lo:
- Construção liderada;
- Construção coletiva.

Os fatores que determinam o uso de um método ou de outro dizem respeito ao tempo disponível do gestor para realizar o processo, à manutenção da credibilidade do processo em relação à equipe, ao estágio de maturidade dela (cf. cap. 5) e à habilidade do gestor em conduzir discussões em grupo.

Quando essas variáveis estão desfavoráveis, aconselhamos o uso da construção coletiva; quando, porém, elas são positivas, deve-se utilizar a construção liderada, também recomendada quando for possível a contratação de profissionais externos à equipe, que poderá conferir método e independência às discussões.

Construção liderada

As etapas desse método (cf. diagrama seguinte) são:
- Comportamentos esperados pelo líder;
- Construção coletiva do comportamento;
- *Feedback* e *coaching* continuado.

Esse processo se inicia com o gestor responsável. É ele quem determina inicialmente os comportamentos centrais desejados.

Na primeira fase do processo, o líder estabelece quais os comportamentos esperados das pessoas em função dos desafios que a área ou empresa precisará enfrentar. A escolha e as definições usadas pelo líder devem ser norteadas por suas expectativas em relação à equipe em termos de resposta necessária.

Em geral, o resultado dessa fase é um misto de correções de problemas de posturas do passado da equipe com o desenho de novas atitudes esperadas perante o futuro, definidas com base nos desafios que precisarão ser enfrentados.

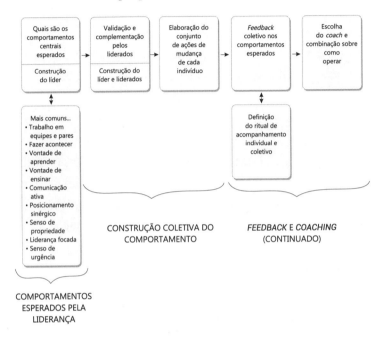

Como exemplo, citamos o líder que estava muito incomodado com a indisciplina vigente na empresa, impregnada nas pessoas desde as gestões anteriores. O comportamento indisciplinado o incomodava muito e afetava diretamente a *performance* da equipe como um todo. Eram atrasos nas reuniões, não cumprimento de orçamentos e falta de compromisso com datas de entrega de projetos, entre outros aspectos. Isso o incomodava no presente e o incomodaria muito mais no futuro. Para resolver o problema, ele sugeriu incluir entre os comportamentos esperados a descrição *disciplina organizacional*.

A *comunicação ativa* é outro comportamento esperado cuja ausência não atrapalhava muito no momento, mas passaria a incomodar demais quando a área estivesse enfrentando os novos desafios. Verifica-se então que essa definição dos comportamentos desejados é muito importante e dependente da visão do gestor sobre o presente e o futuro da área. Muitas vezes essa determinação é feita por um conjunto de formadores de opinião e consolidada por um facilitador que validará a proposta com todo o grupo na etapa seguinte da metodologia.

Enfatizamos que devem ser escolhidos quatro ou cinco comportamentos no máximo. Um número superior pode fazer com que as pessoas envolvidas não consigam discernir claras prioridades atitudinais e os eventuais ajustes se diluam, tornando-se pouco perceptíveis e trazendo baixo impacto. É essencial que nesse momento o foco seja o mais importante. Não se consegue ferver o oceano; portanto, fazer as escolhas certas é muito importante.

Podemos observar a seguir um exemplo de como seria a análise de um comportamento central desse tipo.

SENSO DE PROPRIEDADE
O que é:
• É um estado de espírito, de colocar-se no lugar do dono do negócio, no qual o entusiasmo e a crença no resultado transformam a visão inovadora em planos realistas, levando a decisões corajosas e a chamar para si a responsabilidade. • Estar ciente dos resultados econômicos e financeiros e conhecer indicadores que propiciem sua melhoria.
Para que serve:
• Garantir o sucesso, a evolução e a perpetuação contínua do negócio. • Obter o comprometimento das pessoas. • Buscar as melhores soluções para os clientes, colaboradores e acionistas. • Criar clima organizacional empreendedor. • Obter resultados de qualidade superior.

Quem demonstra essa postura:

- Zela pelo patrimônio da empresa.
- Avalia e revê impacto e benefício da sua contribuição para o resultado do grupo.
- Divide o sucesso, assume as falhas e os riscos.
- Demonstra fazer parte da solução do problema e considera-se responsável por tudo que acontece na empresa.
- Não se esconde e contribui em todas as oportunidades.
- Conhece seus limites e pede ajuda quando julga necessário.
- Busca aprender e ensinar.
- Planeja e controla avaliando continuamente os riscos envolvidos.
- É realizador, assume o negócio para si, "morde e não larga".
- Tem interesse em ajudar os pares e colegas nos momentos de dificuldade.
- Trabalha para a empresa e não para uma divisão específica.

Quem não demonstra essa postura:

- Toma decisões com informações incompletas/imprecisas.
- Fala "Já fiz a minha parte. Agora não é mais comigo", "Isso não vai dar certo", "Vocês estão com problema", "Nós já tentamos antes e não deu certo".
- Mantém-se apático diante de situações de ineficiência, ou seja, é conformista.
- Não tem comprometimento com o resultado da empresa.
- Faz parte do problema e não da solução.
- Não aprende com os erros.
- Tem espírito de "eles", não de "nós".
- Sempre busca um culpado para os problemas.
- Sempre tem justificativas para o fracasso.

Pode-se notar que não se trata da mera descrição de um comportamento desejado, mas de uma definição bastante detalhada que inclui os campos "para que serve", "quem demonstra" e "quem não demonstra" essas posturas. Nessas minúcias, encontram-se os verdadeiros recados sobre os ajustes de comportamento necessários.

Se fizéssemos para alguém da equipe a pergunta: "Você sente que tem senso de propriedade?", seria muito difícil alguém admitir que não possui esse comportamento. Mas, se perguntarmos se a pessoa às vezes toma decisões com informações incompletas/imprecisas (que é um dos itens do campo "quem não demonstra essa postura do quadro anterior), ela assumiria mais facilmente, pois a atitude ou a falta dela está mais no campo observável.

A construção desse detalhamento não é uma tarefa simples e pode exigir a participação de um consultor externo ou de Recursos Humanos experiente para facilitar o processo.

Consideramos o conjunto detalhado de comportamentos como o insumo principal e ainda provisório para um evento que reunirá toda a equipe em regime de imersão num hotel ou centro de convenções para isolar o time de possíveis fatores que conduzam a desatenções.

O conjunto de comportamentos provisório será então trabalhado pelos times na etapa seguinte. Devem ser compostos grupos de leitura, análise e crítica àquela proposta inicial. Em geral o resultado sugerido pelo grupo, além de melhorar em muito a proposta inicial, propicia que todos sejam coautores dos comportamentos, aumentando em muito a credibilidade do processo.

Em seguida, cada participante deverá fazer uma autoavaliação em relação aos comportamentos obtidos no consenso. Deverá determinar quais comportamentos em que há mais aderência e aqueles nos quais a aderência não é tão grande. A partir dessa análise, cada participante deverá elaborar o conjunto de ações de mudança nos comportamentos individuais que deve ser consolidado e formalizado nos chamados Planos de Desenvolvimento Individual (PDI).

A terceira e última etapa é a de *feedback* e *coaching*, que se subdivide em dois blocos, conforme indicado no primeiro esquema deste capítulo. O primeiro deles é o processo de *feedback* coletivo em relação aos comportamentos desejados.

É o momento em que cada participante irá, em primeiro lugar, expor a autoavaliação aos demais participantes e, em seguida, ouvir deles a percepção sobre as principais aderências e lacunas em relação aos comportamentos.

Recomendamos sempre iniciar essa etapa enfatizando que o *feedback* deve ser dado sempre como positivo, algo que irá ajudar a pessoa a melhorar seu desempenho. Portanto, é hora de ouvir mais do que falar. Não são necessárias justificativas nem comentários. Da mesma forma que ao receber um presente, podemos gostar ou não do que ganhamos. Se vamos usá-lo ou não é outra história, mas no momento o que podemos fazer é pedir exemplos para esclarecer o motivo do presente e depois agradecer, mesmo não tendo gostado do que recebemos.

Existem diferentes dinâmicas de *feedback* que podem ser aplicadas, como em duplas, trios, quadras, todos com todos. Quanto mais aberto o grupo estiver, mas aberta a sessão e, caso contrário, recomendamos em duplas ou trios.

Ao final, cada participante terá muitos "presentes" em mãos para, com isso, ajustar e completar seu PDI com a visão dos demais participantes.

Em seguida, cada participante deverá escolher outro integrante como seu *coach*. O *coach* deve ser uma pessoa que faça parte do seu convívio diário e que terá autorização para orientá-lo nas posturas que precisam ser corrigidas. Ele é um observador externo interessado em sua evolução na questão dos comportamentos e procurará avisá-lo sobre os ajustes e mostrar os eventuais progressos feitos.

A última parte do evento é definir os rituais de acompanhamento individual e coletivo para não deixar que todo esse esforço de ajuste se acabe na atividade em que foi gerado.

Recomendamos, portanto, que tais comportamentos sejam inseridos no processo de avaliação de desempenho individual, que o processo de seleção e integração seja ajustado para contemplar os comportamentos e que o esforço de treinamento e desenvolvimento seja ajustado para ajudar a suprir os *gaps* dos comportamentos.

Recomendamos também que, após seis meses, o grupo volte a se reunir para fazer uma verificação da evolução dos comportamentos.

Construção coletiva

Essa dinâmica de trabalho é um tipo de reunião de um dia, em regime de imersão, no qual todos os integrantes da equipe – sem exceção – devem ser reunidos. Todos devem responder e buscar o consenso para as seguintes questões:

1) Quais são os cinco comportamentos e atitudes atuais para um profissional **sobreviver** nesta equipe?

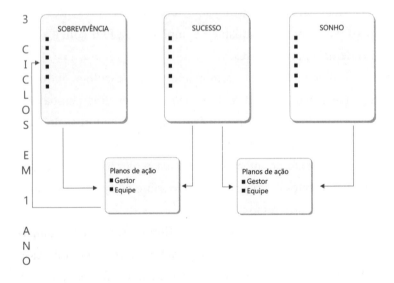

2) Quais são os cinco comportamentos e atitudes atuais para um profissional ter **sucesso** nesta equipe?

3) Quais são os cinco comportamentos e atitudes que você **sonha** como necessários para um profissional ter sucesso nesta equipe?

Ao consolidar a opinião do grupo sobre cada questão, é muito importante que sejam construídas frases-resumo. O objetivo é tornar evidentes as conclusões da equipe e listar os comportamentos desejados e necessários. Para isso, deve-se evitar o uso de palavras ambíguas ou contraditórias e enfatizar a utilização de exemplos. Ninguém de sua equipe deverá ficar em dúvida sobre quais são os comportamentos e as atitudes fundamentais para que a área apresente os resultados esperados.

Em seguida, essas três listas serão comparadas e as diferenças devem ser discutidas e entendidas. Pode haver discrepâncias significativas entre uma e outra, mas o assunto deverá ser discutido até que se forme um consenso. Aliás, o consenso é o segredo dessa dinâmica, pois, na verdade, ele é o próprio alinhamento de expectativas e comportamentos.

Logo no início dessa dinâmica, é preciso esclarecer as diferenças entre sobrevivência, sucesso e sonho. São três diferentes patamares de realidade que coexistem na cabeça das pessoas, mas, se as diferenças não ficarem claras no começo, as discussões podem se tornar confusas. Sem perceber, cada participante defende uma ideia referente ao patamar do sonho, enquanto o colega do outro lado da mesa está pensando na realidade da sobrevivência. Assim, não se chegará a um consenso.

Quando as diferenças estiverem consensadas, os planos poderão ser elaborados com o intuito de corrigir os comportamentos indesejáveis e implementar os comportamentos desejáveis. Esses planos devem ter dois focos: um específico para o gestor e outro para a equipe como um todo. Nessa dinâmica, não devem ser previstas ações individuais, pois você está buscando o alinhamento do grupo como um todo. A exceção é o gerente, cuja responsabilidade é, justamente, o desempenho em alta *performance* de sua equipe.

Em todo esse processo é importante o comprometimento de todos os participantes. Entretanto, a partir do momento em que são traçados os planos, esse comprometimento torna-se essencial. Todos os integrantes da equipe precisam dar a devida importância ao plano de ação para que seus objetivos sejam efetivamente cumpridos. Caso contrário, a credibilidade do processo cai a zero.

A recomendação é que essa dinâmica seja realizada por três vezes ao longo de um ano, pois, na realidade, os efeitos positivos surgirão fortemente apenas no terceiro evento, quando os cinco itens listados para a sobrevivência desaparecerem. Eles serão substituídos pelos cinco itens que antes eram sonho e que, agora, estarão presentes na realidade do sucesso do grupo.

Como recomendação final, salientamos que esse tipo de dinâmica de alinhamento de expectativas e de comportamentos deve ser realizado com o apoio de um mediador externo à sua equipe. Um bom consultor interno ou externo com experiência nesse tipo de dinâmica vai ajudar você a adequar o processo e chegar aos melhores resultados.

QUESTÕES-CHAVE

1. Você, às vezes, tem a impressão de que está buscando o desempenho máximo, mas sua equipe não decola? Quais são os motivos?

2. Existem sinais de que sua equipe possui competências não exploradas e que o ambiente interno não é igualmente prazeroso para todos?

3. Com frequência, você verifica o alinhamento de expectativas e de comportamentos de todos os integrantes de sua equipe?

4. Você tem tempo, coragem e postura para realizar uma dinâmica de alinhamento de expectativas com toda a sua equipe?

5. Você saberia definir o conjunto de quatro ou cinco comportamentos esperados que façam diferença no grupo pensando nos desafios futuros?

6. Para você, qual é a diferença conceitual entre sobrevivência, sucesso e sonho?

Parte 4

Trabalhando com os pares

10
Equipes multidisciplinares

Dentro de uma organização, o que você ganha não é somente seu salário. Você ganha, de verdade, quando ajuda os outros e quando aprende com eles. Então a gente já percebe como os outros são importantes para um profissional ganhar, crescer e alavancar a carreira. Sem dúvida, soma-se aqui uma dose de altruísmo, mas, como nem tudo pode ser desprendimento dentro da vida organizacional, você tem de estar atento a todas as oportunidades de ajudar e aprender.

A formação de equipes multidisciplinares, por exemplo, costuma oferecer boas chances de ganho profissional. Esses grupos são constituídos por pessoas de diferentes áreas da empresa com especializações e experiências necessárias para o desenvolvimento de um projeto, sempre buscando a solução de um problema ou uma inovação. Por isso, todo projeto é sinal de mudança à vista e participar de uma equipe multidisciplinar significa contribuir para modificar crenças e valores da empresa.

O comportamento de uma equipe multidisciplinar difere muito daquele de uma equipe normal. Isso ocorre porque o gestor e seu grupo são regidos pela chamada ética da hierarquia, que abordamos nos capítulos anteriores. Já em uma equipe multidisciplinar essa lógica não se aplica. Considero importante abordar neste capítulo a forma como o gestor além da hierarquia deve encarar o desafio de participar de inovações desenvolvidas por meio dessas equipes.

Fazer projetos darem certo aumenta o espaço de um profissional dentro da organização. Assim, integrar uma equipe desse tipo sempre é uma ótima oportunidade para aumentar sua visibilidade e credibilidade. Isso, entretanto, só acontece quando você é capaz de ajudar os outros, o que é possibilitado pelo trabalho em equipe. É até preferível chegar a dois terços de um resultado em grupo a fazer tudo sozinho. Quando você atua só, apenas a empresa ganha. Se o trabalho é em equipe, especialmente multidisciplinar, você tem a chance de ajudar e de aprender com os outros. Ganha a empresa, ganha o grupo e ganha você.

Participar de uma equipe multidisciplinar, porém, exige um investimento redobrado de energia pessoal. Como gerente, sua rotina de trabalho até anda sozinha se você ficar fora por alguns dias. Com um projeto não é assim: se as pessoas pararem, o trabalho também para. Tenho visto dissabores, frustrações, resultados medíocres e até mesmo falência de projetos porque as equipes multidisciplinares haviam sido montadas sem a observância de certos cuidados básicos. São várias as condições para que um grupo desse tipo apresente alto desempenho. Conhecendo-as, você poderá monitorar possíveis problemas e ajudar a equipe a chegar a um bom resultado em conjunto. O que – é claro – será também muito positivo para você.

O que é equipe multidisciplinar

Vamos ter como pressuposto o seguinte conceito: uma equipe *multidisciplinar* é um *conjunto pequeno* de pessoas com *conhecimentos diretamente relacionados à causa do projeto*, correndo os *mesmos riscos* e *mutuamente responsáveis* pelo *sucesso* umas das outras. É participar de um processo de construir soluções/inovações e influenciar crenças e valores existentes no sentido de empurrar a organização para a frente. Com isso o gestor aumentará sua credibilidade, visibilidade, mobilidade e empregabilidade.

Antes de mais nada, entenda-se grupo pequeno por um conjunto de quatro ou cinco profissionais, porque, se for maior do que isso, não importa qual seja o projeto, vai dar errado. Montar equipes multidisciplinares grandes é um daqueles erros básicos. A empresa tenta reunir representantes do maior número possível de áreas para "cercar" todos os eventuais problemas que possam surgir, mas isso não funciona.

Algumas variáveis devem ser levadas em conta na formação de equipes multidisciplinares. Vamos a elas:

• **Conhecimento e experiências complementares**
Ao reunir pessoas de áreas diferentes, você obtém diversidade de experiências e conhecimentos, o que é muito bom para um projeto. Mas o desempenho da equipe é sempre melhor quando esse *know-how é complementar* e todos estão *diretamente comprometidos* com a causa do projeto. Em uma equipe montada para levar uma nave até Marte, não há lugar para um recém-formado em engenharia mecânica, muito menos para quem deseja chegar a Plutão.

• **Risco compartilhado**
Entre os aspectos que devem ser cuidadosamente ponderados na formação de uma equipe multidisciplinar, considere os riscos que cada um está correndo: quanto maior for a dispersão do nível de risco, pior será o desempenho.

Se um projeto der errado, um sabe que estará na rua, enquanto o outro vai dar graças a Deus. Como não estão correndo o mesmo nível de risco em relação ao resultado, o primeiro vai dar tudo de si e o segundo só irá às reuniões com a participação do diretor. Isso é o que significa ser mutuamente responsável pelo trabalho do outro.

• **Postura dos membros**
Não espere que a competência individual dos componentes da equipe corresponda àquela de suas áreas de origem. Tampouco alimente a expectativa de que essas pessoas compareçam de corpo e alma para trabalhar: elas costumam chegar com o cartão de visita da área na mão e posturas antiprodutivas na cabeça. Muita gente indicada para compor uma equipe multidisciplinar pensa mais ou menos assim: "Meu trabalho já é suficientemente duro e agora tenho que me encontrar com pessoas que nem conheço direito. Não sei se vou gostar de conviver com essa gente e, certamente, não vou ter tempo para esse projeto". Em lugar de se esquivar o tempo todo das responsabilidades e tarefas relativas ao projeto, é melhor fazer logo um pacto dos esforços necessários para a alta *performance*.

• **Humor e autonomia**
Tempo é escasso para todos. Como, além de manter a rotina funcionando, você ainda terá de trabalhar no projeto, o bom humor é essencial. Qualquer coisa sem humor é ruim, mas trabalho em equipe sem humor vira um inferno. Não se trata aqui daquele tipo que entra numa reunião e não para de fazer piadinhas, especialmente aquelas que reve-

lam uma postura do tipo a-gente-sofre-mas-se-diverte. O grupo precisa cultivar a sociabilidade, a cordialidade e a solidariedade. Sem isso o projeto não decola. Sem autonomia também não. Então, ao organizar uma equipe para criar um novo *design* de qualquer coisa, não chegue à primeira reunião mostrando uma foto sem retoques de como você quer o resultado final, ou seja, com todas as definições preconcebidas.

• **Recompensa e aprendizado**
Sem dúvida é gratificante quando sua equipe supera um obstáculo ou vai além das expectativas. Mas há momentos nesse percurso em que você pode se sentir desanimado. Nessas horas, faça as contas: você ganha um salário "x" para manter sua rotina e vai continuar recebendo a mesma quantia para participar de um projeto. O que sobra então? Sobra o aprendizado. Muito bem, você vai lá para aprender. Quando perceber que está dando mais do que recebendo, você se retira psicologicamente do projeto. Por isso, se houver um sistema de recompensa que valorize os membros da equipe, essa perspectiva ajudará a superar esse momento.

• **Outras condições para que o trabalho da equipe tenha sucesso**
  * Trabalhar exclusivamente no projeto, sem se preocupar com a rotina;
  * Aportar tecnologia externa;
  * Contratar consultores para dar uma sacudidela nas mentes;

* Isolar fisicamente a equipe em uma sala especial para as atividades;
* O projeto ser reconhecido na estrutura formal da empresa.

O individualismo

Antigamente os trabalhos multiáreas eram exclusividade dos quadros gerenciais. Os gerentes reuniam-se, definiam o que cada um devia fazer e desciam na pirâmide de sua área com a execução. Hoje, não. Atualmente a maioria das empresas tem uma estrutura mais *flat*, mais horizontal. O trabalho entre os pares é muito mais comum. Por isso você tem de saber trabalhar em equipe, senão o projeto não sai. Essa é uma necessidade nova, para a qual não há cultura, prática nem maturidade instaladas nos profissionais. Será que você já acredita em trabalho em equipe? Na visão reducionista de muita gente, ser designado para participar de um grupo é, simplesmente, sinônimo de mais trabalho, mais reuniões, mais perda de tempo. Muitos até pensam: "Se eu fizesse sozinho sairia mais rápido". Nota o individualismo?

Os maiores obstáculos ao trabalho em equipe têm raízes no individualismo. Não é de estranhar que seja assim, pois desde a infância somos levados ao *desempenho solitário*, e não ao *desempenho solidário*. Na escola, as provas são individuais, os prêmios também. Somos "ranqueados" como primeiro aluno da classe ou como último. Os trabalhos em grupo são famosos como a mera justaposição de trabalhos individuais encadernados em conjunto. Nas empresas o individualismo também foi muito estimulado. Os estilos pessoais, expressão da individualidade, também podem levar ao individualismo. Uma pessoa fortemente apegada a seu estilo torna o trabalho em grupo desconfortável e improdutivo.

Outro grande estímulo ao comportamento individualista é a falta de ética dos superiores hierárquicos – justamente quem indica o participante da área para o projeto. Depois da primeira reunião da equipe, o chefe chama o funcionário indicado e pergunta como foram as coisas, se deu tudo certo etc. e tal. Nas entrelinhas, ele deixa uma espécie de solidariedade antecipada caso a reunião ou as pessoas tenham sido aborrecidas. E o funcionário cai na armadilha: "Nem o primeiro cronograma foi feito! Com aquela moça do financeiro não dá para trabalhar!" A partir desse dia, esse tipo de conversa ocorre após cada reunião do projeto, certamente com destaque para aquilo que não está dando certo. O chefe sem ética desrespeita a própria decisão de indicar alguém para integrar a equipe. Ele ajuda a montar o grupo e, nos bastidores, desmonta-o. E coitado do funcionário que voltar da primeira reunião com boas notícias, cheio de entusiasmo:

Gerente: – Como foi a reunião hoje? Correu tudo bem?

Funcionário – Foi ótima! Estamos nos entendendo bem, conseguimos antecipar em duas semanas o final da primeira etapa. Fiquei surpreso com a competência do rapaz de finanças... Você não imagina como estou aprendendo lá...

Gerente: – E o nosso faturamento, quando você vai fechar? Se não sair o relatório no prazo, isso vai repercutir em sua avaliação de desempenho...

O chefe designou a pessoa para o projeto, mas ao notar seu entusiasmo cobrou imediatamente a rotina. Isso é puro individualismo. A empresa estimula o projeto, e o grupo designado arregaça a manga e se dedica. Enquanto isso, os superiores participantes envenenam um por um dos participantes. Resultado:

a equipe emerge e o projeto submerge. Quantos projetos você já viu tratados dessa maneira?

O individualismo ainda surge em função de as pessoas considerarem o trabalho em grupo desconfortável pela autoexposição que terão ao debater ideias e defender pontos de vista. Isso é, no mínimo, muito mais cansativo do que o trabalho solitário. Além disso, a exposição também implica risco, pois sua credibilidade estará em jogo diante desses debates.

Percebo ainda que existe uma convicção errônea instalada de que o trabalho em equipe não produz a tão falada sinergia. Ou seja, as experiências transmitidas por equipes de baixo desempenho criaram a fama de que o esforço coletivo produz menos resultado do que a soma dos esforços individuais.

Trabalho em equipe multidisciplinar

Para o sucesso de uma equipe multidisciplinar há ainda uma série de fatores que vale a pena detalhar. Vamos montar uma linha lógica, para que você possa pôr em prática essas ideias.

Medidas preliminares

Certa vez fui chamado para atuar como consultor em uma empresa porque a equipe multidisciplinar não estava dando conta do projeto. A primeira coisa que fiz foi entrevistar os integrantes do grupo para identificar a razão de sua participação naquele projeto. O primeiro com quem conversei era emprestado por uma construtora especialmente para aquela missão:

– O que você traz como experiência profissional que possa contribuir para a solução do problema?

– Bem, eu sou da Construtora Tal.

– Eu sei, li no seu cartão. Quero saber que experiência você traz para resolver isso, qual é a sua contribuição pessoal para o projeto?

– Olha, Mandelli, sinceramente, estou há seis meses na Construtora Tal, passei quatro fazendo a integração lá e há dois estou aqui. É meu primeiro projeto. Posso contribuir com o grupo contatando minha empresa para ver em que ela tem experiência.

– Ok! Essa é a sua contribuição!

Enquanto não externou sua real contribuição, essa pessoa ficou dissimulando competência nas reuniões e exibindo o cartão da construtora. Outro integrante disse:

– Olha, Mandelli, nunca trabalhei em coisas desse porte. Trabalhei em algo parecido, mas com algumas restrições, como, por exemplo...

Ao concluir esse face a face, percebi que o projeto estava chegando a uma etapa em que precisava, efetivamente, apresentar as soluções, e ninguém da equipe sabia quais. Só que todos já haviam dito no grupo que sabiam. Para realizar um bom trabalho de equipe, é indispensável fazer logo de início o face a face. Dessa forma ficarão bem claras para todos as reais competências e limitações de cada um.

Outra medida preliminar é fazer um levantamento das habilidades necessárias para o projeto e identificar quais delas, de fato, estão disponíveis no grupo. Com essa matriz fica fácil definir quem vai negociar, fazer apresentação, escrever relatório, pesquisar, entre tantas outras coisas a cumprir. Uma providência inicial é o grupo definir o senso de urgência e o senso de direção, como vai se organizar, em que tempo, para fazer o quê. A equipe precisa conversar sobre isso logo de início.

Não se deve buscar resultados nos primeiros encontros, mas dar a essas reuniões um caráter educativo. Os primeiros contatos servem para as pessoas se conhecerem, saber o que cada um é, o que cada um faz. Não adianta correr. Não recomendo pôr velocidade em projeto multifuncional. A regra é: quer fazer rápido, faça devagar. Se não fizer devagar, vai fazer três vezes. Aqui lembro uma frase do escritor português José Saramago: "Não tenha pressa, mas não perca tempo". Essa é a boa velocidade de um projeto.

É também no início dos trabalhos que devem ser estabelecidas – e com muita transparência – algumas regras de comportamento. Eu considero que o melhor momento para discutir uma separação conjugal é quando a gente casa. Aí está tudo bem e fica fácil chegar a um consenso de como as coisas serão conduzidas caso a separação venha a ocorrer. Com o grupo é a mesma coisa. Devem ser discutidas e definidas, logo de início, as regras para quando alguém faltar à reunião, quando alguém cometer uma inconfidência sobre as decisões, quando não cumprir o cronograma... A equipe pode ser muito boa, mas haverá falhas, e as regras de comportamento devem ser arroladas, colocadas no *flip chart* e penduradas na parede. Quando essas coisas acontecerem, como ninguém combinou as regras, o grupo gastará tempo e energia para resolver o que fazer caso a caso.

Por exemplo: Como a equipe vai reagir quando alguém deixar vazar uma informação? É preciso combinar isso. A pessoa que vazou a informação deverá carregar o ônus do conserto do impacto e arcar com as consequências. Terá de procurar aquele com quem falou, ir até seu chefe e até o chefe do outro, que pode ter sido prejudicado. Quem não cumprir sua parte e atrasar o projeto pode ficar responsável pela justificativa do cronograma perante os patrocinadores. A pessoa terá de imputar ao grupo uma falha sua, e isso pesa. Ela tomará a palavra e dirá: "Nós atrasamos".

Não comece o trabalho enquanto essas regras não estiverem estabelecidas. Se vazar informação e não houver regra, significa que pode haver inconfidências, o assunto não é sigiloso o suficiente. Regra, além disso, existe para ser cumprida. Digamos que o grupo resolveu excluir quem faltar a uma reunião. Acontece a primeira falta, a pessoa apresenta uma explicação e, apesar de a regra estar lá na parede, acha que dessa vez passa. Cabe ao grupo lembrá-la: "Sua reinclusão, agora, depende novamente de quem montou este grupo. Vá lá e se justifique com ele". O que é combinado não sai caro.

Criar uma agenda para fatos novos é outra medida interessante, porque a equipe do projeto não permanece junto o tempo todo. Você volta para sua área e está lá, fazendo outras coisas, quando o diretor entra em sua sala e diz assim: "Soube que está chegando uma novidade que pode mudar o que vocês estão fazendo". Você não pode segurar essa informação até o próximo encontro. Então é preciso estabelecer um lugar-comum – um site – onde cada um leve as informações surgidas no dia a dia. Por exemplo: seu diretor comenta que está satisfeito com o cronograma, mas não gostou muito da última reunião por causa disso, disso... Avise a turma rapidamente pelo site, certo?

As pessoas que integram uma equipe multidisciplinar devem procurar conviver bastante. E isso é sério. Têm de tomar chope, marcar churrasco. Isso é importante, porque cada um vive um ambiente diferente em suas equipes funcionais. A equipe multifuncional é temporária, mas isso não quer dizer que seus integrantes devam manter-se estranhos. A turma precisa se ver sem gravata, se encontrar de bermuda, um tem de olhar para o outro e pensar: "Caramba, fulano é normal!", "Beltrana

211

é legal!" A forma de vestir encobre muito a realidade das pessoas, por isso às vezes é bom desmistificar comportamentos. Você vai se surpreender em muitos casos: aquele gerente todo engomadinho é mesmo um excelente centroavante. Isso se chama criar sociabilidade. Onde o nível de sociabilidade é baixo, também é muito baixo o nível de solidariedade. Mal começou o trabalho e a primeira coisa já deu certo? Tem de comemorar. Fazer uma reunião, levar convidados, para dar oportunidade de o grupo sentir: "Que projeto, hein?"

Buscando *performance*

Definida a composição e iniciado o trabalho, a gente imagina que todos estão em ação, não é? Engano. Aquelas pessoas ainda não são uma equipe, formam apenas um grupo. Grupo e equipe diferem em muitos aspectos, um deles é o espírito: grupo é quando a gente se reúne, equipe é quando a gente se ajuda. No início, portanto, é grupo, embora as pessoas simulem equipe: "Estamos trabalhando juntos, estamos mesmo, olhe como nós estamos". Mas não estão. Com o tempo, o grupo ingressa numa segunda fase, em que os integrantes percebem o potencial do que podem ser em conjunto, ou seja, como seria a equipe se não fosse um grupo. Somente à medida que o convívio e a *performance* do grupo crescem é que se atinge o real estado de equipe. O gráfico na p. 213 ilustra bem a dinâmica da evolução seguida por equipes multidisciplinares.

Essa metamorfose às vezes leva muito tempo, mas o processo pode ser acelerado com algumas providências:

• Logo de início, os integrantes do grupo devem comemorar o fato de que vão trabalhar juntos, para ajudar a criar o espírito de corpo.

- Os conflitos entre os participantes devem ser conversados e resolvidos, e não deixados de lado. Se mantiverem os conflitos em estado de dormência, sem discuti-los, as questões ressurgem mais cedo ou mais tarde, prejudicando a *performance*. Vocês vão conviver oito horas por dia, carregando mútuos sentimentos negativos. Por exemplo, alguém não trouxe as informações encomendadas na última reunião: é preciso discutir isso, não deixar passar, senão descamba. Lá na frente a equipe está criando um negócio novo, e o faltoso diz: "Esse modelo não está bom, a gente precisa criar algo com padrões de modernidade..." A reação da turma é puxar a falha antiga: "É, mas sem aquela pesquisa que você ficou de trazer não dá para fazer nada". Assim a discussão passa a ser a falha do colega, e não o problema a ser resolvido.

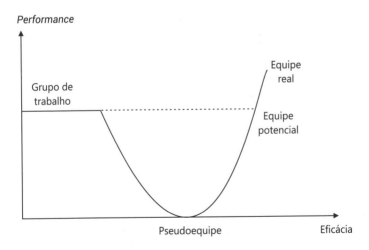

- Deve haver um alto grau de confiança mútua. Você não forma espírito de equipe se a confiança não for cultivada.

Se houve delegação de tarefas para a próxima reunião, todos têm de acreditar que serão feitas. A equipe precisa ter certeza de que cada um está fazendo o melhor que pode.
• As pessoas devem sentir que dependem umas das outras. Mesmo que cada um se encarregue de fazer uma parte, os integrantes da equipe têm de perceber que existe uma linha mestra subjacente a todas as ações: uma espécie de índice geral de todo o projeto. Mas que não seja índice de trabalho escolar – parte 1: beisebol; parte 2: enterro; parte 3: comidas típicas; parte 4: educação... Como não há relação de uma coisa com outra, fica evidente que os quatro autores nem ao menos conversaram. A amarração foi colocar tudo numa única pasta e grampear. Aliás, o quinto elemento do grupo fez a capa.
• Quando uma pessoa não estiver assumindo os riscos de não trabalhar de modo interdependente, ela deve ser cobrada. Seu trabalho precisa inspirar confiança, e todos têm de ajudar a gerenciar os conflitos. Para não se desgastar com cobranças, a tendência da equipe é nomear um líder. Por que o líder? Porque é cômodo ter uma pessoa para assumir o total dos riscos e ser crucificada, se for o caso. Isso é a repetição da estrutura hierárquica aplicada ao esforço multidisciplinar. Não funciona! A postura ética tem de acabar com isso.
• Um projeto precisa de fogo na plataforma. No geral, as empresas montam equipes multidisciplinares para tocar projetos de ação emergencial, o que é positivo. Nesses casos, as equipes costumam funcionar bem porque se trata de um incêndio. Quando me perguntam como é que se começa um projeto, eu costumo até brincar: leve a turma para uma plataforma de petróleo e toque fogo. Se ficarem

lá em cima, só tentando se proteger, morrerão todos. Por isso, devem se unir e lutar, assumindo juntos o risco de morrer queimados.

- O consenso é outro fator de suma importância para o andamento do trabalho em equipe multidisciplinar. A equipe precisa aprender a trabalhar o processo de discussão para chegar ao consenso. Não se trata de "engolir" as opiniões das outras pessoas para abreviar uma discussão. Nem ceder em troca de algo, como em uma negociação. Trata-se de consentir legitimamente, levando-se em conta o impacto no sucesso do projeto ou da inovação.

Desenvolvendo e mantendo o patrocínio

Não há equipe multidisciplinar que viva ou sobreviva sem um patrocinador, uma figura decisiva para o desenvolvimento e sucesso do trabalho. As relações da equipe com ele devem ser cuidadosamente conduzidas durante todo o tempo que durar o projeto, de modo a manter, confirmar, justificar e merecer o apoio.

Sendo o patrocinador aquele que dá a última palavra, é importante identificar e entender a zona de conforto de seu processo decisório e agir de acordo. Se ele gosta de conversas rápidas, relatórios enxutos, não cometa o erro de gastar quinze minutos em preâmbulos para entrar no mérito da questão, nem leve extensos relatórios recheados de informações detalhadas. Se agir assim, vai deixá-lo desconfortável, o que repercute na tomada de decisão e em sua disposição quanto ao projeto. Mas, pelo contrário, pode ser que seu patrocinador se sinta extremamente confortável – portanto, favoravelmente predisposto – se você fizer uma apresentação de duas horas com direito a muitas transparências e um "resumo" de duzentas páginas. Alguns apreciam ainda ser procurados semanalmente, outros preferem períodos mais longos para contato. É importante que a equipe desenvolva essa sensibilidade. Por isso, faço algumas recomendações quanto ao patrocinador:

• Dar relevância aos resultados. Fechou uma meta, terminou uma etapa? Divulgue os resultados, dando-lhes a relevância que merecem. A equipe propiciou um avanço, melhorou um procedimento, levou a empresa à frente? Não deixe passar despercebido, que as pessoas classifiquem como médio um resultado muito bom ou ótimo.

• Construir a confiança do patrocinador. Ele dá créditos ao grupo enquanto o grupo está ganhando a corrida. Se o cronograma atrasa, o patrocinador vai refazer alguns cálculos antes de liberar novos créditos.

• Fortalecer o conhecimento do patrocinador. Ele não é, necessariamente, um especialista no assunto do projeto, mas nem por isso deve ser marginalizado. O projeto pode e deve ser também um estímulo ao aprendizado dele. Ampliar os conhecimentos do patrocinador é uma boa maneira de mantê-lo interessado e envolvido. Se a equipe for visitar uma empresa ou uma feira, deve convidá-lo para ir junto, "para ajudar, para dar uma força". Você sabe que não é para ajudar, é para ele conhecer mais de perto a questão. Ele continuará patrocinando, porque também está aprendendo.

• Orientar o relacionamento da equipe para aumentar o espaço de seus integrantes. Falar sobre o bom desempenho dos colegas de projeto, apontar seus feitos e qualidades ou destacar um momento especial de acerto são formas de aumentar a credibilidade de um colega em sua área de origem e diante do patrocinador. Esse reconhecimento das

boas qualidades de cada um cria uma saudável e justa imagem, e todos são beneficiados. Inclusive o patrocinador.
• Criar oportunidades de comunicação com o patrocinador. Assim ele vai perceber que vocês estão trabalhando duro: converse informalmente com ele, envie um recorte de jornal relativo ao caso em estudo, faça um pequeno relatório extra-agenda, tudo isso para mantê-lo em contato cada vez mais estreito com o projeto.
• Fazer o combinado. Efetivamente, não deixe de cumprir o que foi combinado, pois é isso que fortalece sua relação e a da equipe com o patrocinador.

Essas recomendações ajudam a aproximar a equipe do patrocinador, mas terão de ser discutidas entre todos os membros, que deverão atuar de forma coesa e não com ações individuais em relação ao patrocinador.

Estruturando e alcançando alta *performance*

Ao longo do desenvolvimento de um projeto, os diferentes integrantes da equipe acabam se revezando em atividades essenciais para a continuidade do trabalho. Vale a pena prever algumas com o objetivo de permitir que todos entendam de antemão a importância e a necessidade de cada uma delas e saibam como colaborar.

Esse item merece ser detalhado, pois a liderança é fundamental para o andamento de um projeto. Ao sabor de uma discussão, por exemplo, o grupo pode se perder, esquecendo até como entrou naquele assunto. Nessa hora alguém tem de liderar: ir até o *flip chart*, pegar as canetinhas e dizer assim: "O que vimos até agora? Vimos isso, isso e isso. Qual é o nosso objetivo? É este aqui. Quais são as alternativas?" Ou seja, alguém que organize, que ponha método. Há momentos em que um dos integrantes deve se portar como um frio avaliador, um advogado do diabo: "Espere um pouco! Vocês estão muito entusiasmados, mas..." Às vezes pode ser que haja necessidade de uma pessoa que detalhe, aprofunde e escreva as conclusões, dizendo: "Deixem eu dar mais uma pensada nisso; escrevo e trago na próxima reunião". Alguém também precisa, às vezes, trabalhar como negociador, pegar as transparências e ir até a diretoria. Quando três começam a brigar, é hora não de entrar na discussão, mas de ser mediador, posicionando o grupo acima da crise. Depois da briga, o líder ainda cola os cacos e recria o grupo. Se não houver quem assuma esses papéis na hora certa, o grupo perde produtividade ou se desgasta. Mas não é para estipular quem vai assumir o quê. Não é assim. Todos são responsáveis por essas atividades de liderança, mesmo porque há mais papéis do que o número de componentes da equipe.

ATIVIDADES DE CRIATIVIDADE

- Levantar ideias que estimulem um brainstorming.
- Formatar, com energia e método, o conjunto de ideias, informações e dados discutidos durante a reunião.
- Avaliar com isenção e frieza certas expectativas para evitar entusiasmo cego.
- Organizar as conclusões complementando, detalhando, aprofundando.

ATIVIDADES DE LIDERANÇA

Negociar posições fora do grupo.

- Coordenar o grupo de modo a colocá-lo sempre acima das crises.
- Ser um facilitador que recrie a sociabilidade.

Situações críticas mais comuns

Há algumas sugestões também para as situações mais comumente vividas pelas equipes:

• Quando o grupo perde o entusiasmo, a ação deve ser focada somente nas coisas essenciais. Isso economiza energia, os resultados ficam mais evidentes e a turma recupera o ânimo.

• Se os participantes da equipe estão se sentindo desamparados, devem buscar pequenas vitórias, que certamente atrairão a atenção do patrocinador.

• Às vezes ocorre a perda de foco do propósito estabelecido. Ou seja, o grupo começou querendo fazer antena e agora está tentando fazer um carro para transportá-la. Nesse caso, um facilitador externo pode ajudar a retomar o foco.

• Se houver um clima de desconfiança, se as discussões forem conduzidas sem franqueza, pode até ser necessária uma mudança na composição do grupo.

Numa situação extrema, quando tudo isso acontece junto e todos os esforços de solução foram por água abaixo, há um último e necessário esforço a ser feito. A equipe deve assumir o fracasso, reunir-se e definir como vai comunicar ao patrocinador e ao ambiente. Trata-se de uma reunião muito corajosa, na qual fica evidenciado o que está em jogo. Isto é: "Vamos comunicar que estamos parando e dizer por quê? Estamos parando porque brigamos e o ambiente vai entender que somos imaturos, certo?" O grupo terá de assumir isso.

Quando um projeto acaba, nunca se deve deixar que cada integrante da equipe vá para o seu lado. Todos juntos precisam conversar com o patrocinador para evidenciar o final do trabalho e seus resultados, nem que seja essa a última coisa que a equipe combine. Mas todos precisam fazer isso juntos.

Conclusão

Acabamos de discutir as principais variáveis e os comportamentos que dizem respeito ao trabalho com equipes multidisciplinares. Esse trabalho representa uma forma importante de você se relacionar com seus pares e, com isso, aprender e melhorar sua credibilidade, tema que discutiremos mais profundamente no capítulo a seguir.

QUESTÕES-CHAVE

1. O que você ganha com seu trabalho na empresa? Só o salário ou busca alguma coisa além disso?

2. Ao participar de equipes multidisciplinares ao lado de seus pares, como você tem se saído? O resultado é positivo para quem? Você ajuda os outros? Aprende com os outros?

3. Você é adepto do desempenho solitário ou do desempenho solidário?

4. Como anda sua sensibilidade para diagnosticar o perfil de um patrocinador de projeto?

5. Você é capaz de revezar na equipe as atividades de criatividade e liderança?

11
Inovando para ganhar credibilidade

Quando você mantém a rotina em operação, com uma equipe motivada e de alta *performance*, acha que estabiliza, aumenta ou diminui sua credibilidade? Detesto decepcioná-lo, mas manter a rotina funcionando não leva a nada. Ou, pior, pode até tornar você cativo do cargo. Desempenhar bem uma função às vezes faz o chefe raciocinar assim: "Ele é muito bom no que faz, não vamos tirá-lo de lá. Ele vai bem onde está". Por outro lado, se você não mantiver a rotina, sua credibilidade cai. Isto é, se oferecer alta *performance* em um cargo, não sobe na empresa. Mas, se der uma vacilada, cai.

Como fazer para crescer dentro das organizações? É preciso aumentar a credibilidade profissional, o que se consegue ampliando o nível de exposição. Entenda, porém, que estar mais exposto não é ampliar sua "área útil" de trabalho com uns quilos a mais de tarefas. Você precisa empreender, fazer a diferença ou, em outras palavras, precisa trabalhar em *inovação*. O que nós vamos discutir aqui é como se trabalha em *inovação* e como fazer isso de modo a aumentar sua credibilidade.

Os chefes raramente pressionam por inovação. Geralmente, eles cobram em cima da rotina, da meta, da qualidade, da produtividade. Quando a hierarquia superior faz pressão e você responde, o máximo que pode conseguir é manter sua credibilidade. Mas, quando você não responde à pressão, sua credibilidade cai, como se verifica em situações do seguinte tipo:

– Alberto, está pronto aquele material que você ficou de trazer para a reunião das 10h?

– Não. Saí daqui ontem às 2h da manhã e não consegui pegar nele.

– Então vamos fazer a reunião à tarde. Você acha que até a tarde dá?

– Até a tarde eu consigo.

Alberto fica sem almoço e, às 3h da tarde, o chefe pergunta:

– Conseguiu, Alberto?

– Consegui dois esboços. Chegou um cliente e não deu para mexer nisso de maneira adequada.

– Então a gente faz a reunião amanhã cedo, você consegue?

Veja como a credibilidade de Alberto está caindo. No outro dia cedo, ele diz assim:

– Não consegui ainda.

E o chefe responde:

– Vai lá, Alberto, faça para nós que esperamos aqui.

É a pressão máxima. Aí ele vai lá, faz e traz. Passados vinte dias, alguém precisa novamente da ajuda de Alberto. É um trabalho para o dia 30, mas já pedem que ele o apronte para o dia 20. A pressão começa até antes da execução do trabalho porque, se der moleza, ele vai atrasar outra vez.

Fique atento às pessoas que trabalham com você e perceba que os profissionais de mais credibilidade são aqueles que recebem menos pressão. Quanto maior a credibilidade, menor é a pressão e maior a tolerância. O limite máximo da credibilidade chama-se "voz da verdade". Durante uma reunião, quando acontece aquele tumulto e todos falam ao mesmo tempo, a pessoa que possui bastante credibilidade é que conclui: "Na minha opinião..." e todos param de falar e esperam com atenção o que será dito. É sinal de credibilidade total. Portanto, responder à pressão não traz ganho profissional a não ser que simultaneamente suas outras competências estejam sendo desenvolvidas, em especial a de inovação.

Preparando-se para inovar

Apesar de não sofrer pressão, mesmo quem desfruta de credibilidade não tem uma vida fácil nas empresas. É como viver dentro de um fliperama. Começa a primeira partida, você joga e ganha. O placar deixa cem pontos a seu favor e disponibiliza nova rodada. Você joga novamente, mas o grau da dificuldade aumenta. Trabalhar aumentando a credibilidade é um esforço contínuo de enfrentamento de graus de dificuldade cada vez maiores. Cada vitória o habilita a participar de coisas mais difíceis ou complexas para as quais não está, necessariamente, preparado. Mas como uma vez você já mostrou que era bom, será chamado para outras rodadas. É diferente da rotina, que é terreno conhecido, já dominado. Ao construir sua credibilidade, a cada salto surgem coisas que você não fez ainda. São novos projetos e... novas dificuldades.

Conduzir projetos inovadores é muito desgastante. Você terá de convencer os outros, vender a ideia, envolver as pessoas, lidar com ciumeiras, interagir com o sistema social da organização. Você está no projeto há uma semana e já tem alguém dizendo assim: "Aquele lá..." É normal. Provavelmente você desestabilizou alguma coisa no sistema. Muitas inovações têm de ser feitas, devem ser feitas, mas acabam sendo adiadas porque não é conveniente desequilibrar as redes de apoio. No dia a dia um profissional apoia determinada pessoa; o outro apoia um segundo que faz parte de um grupo, que é contra um terceiro e assim por diante... Dois se juntam contra este e, quando unidos, costumam apoiar aquele. Aí você entra numa reunião e diz que a caneta verde é melhor, e mexe com toda a turma favorável à caneta vermelha.

A gente não pode ignorar o sistema social nem fora nem dentro das organizações. Dentro das empresas, porém, saber observar e entender a rede de relações entre as pessoas é fundamental para conseguir inovar. A inovação só ocorre em ambientes em que há divergência. Se você tratar todos de forma igual, provavelmente também não vai sair do lugar. Por exemplo: Ronaldo é bom observador e bastam três palavras para entender tudo. Apresente-lhe um relatório extremamente detalhado e não vai dar certo: ele vai achar que não está objetivo ou que está pouco profundo. É que você não o tratou de acordo com o jeito de ser dele. É preciso respeitar as pessoas como são.

Promover mudança requer habilidade. Se você não está apto ainda para conduzir uma grande mudança, faça primeiro uma pequena. Reduza o tamanho da ideia. Digamos que você ache que a empresa inteira tem de mudar. Numa bela manhã, encontra com o presidente no elevador e diz para ele que a empresa está mal, a produção ruim, o planejamento não funciona, o comercial isso, o marketing aquilo e que sua ideia é mudar a estrutura organizacional. O presidente sai do elevador, entra no escritório e chama a secretária: "Me ligue com o RH". Seu nível de credibilidade não suportou o tamanho da ideia.

Três dias depois, entra na sala da presidência um diretor de confiança trazendo um consultor especializado e diz que é preciso mudar toda a estrutura organizacional. O presidente simplesmente pergunta como fazer isso. Essas pessoas têm a credibilidade do tamanho da ideia. Isso não quer dizer que não é permitido ter grandes ideias. Pode: pensar é livre, mas proponha apenas o que for compatível com seu nível de credibilidade. As outras ideias terão de esperar um pouco mais.

A inovação requer muita energia pessoal. A rotina de sua área acontece mesmo em sua ausência. Você sai de férias e as vendas aumentam, vai para um seminário e nada de mau acontece. A inovação, no entanto, não sai do lugar se você estiver ausente. Ela requer força redobrada para articular, fazer andar, produzi-la e vencer os muitos obstáculos. Quando conduzir uma ideia e começar um processo de geração de credibilidade, veja se está disposto a enfrentar as seguintes dificuldades:

1) Conflito de interesses: você apresenta uma ideia que inova, mas a pessoa não quer que nada mude em função de interesses não relacionados com o resultado daquilo. Os interesses dela são maiores do que aqueles que se referem ao resultado de sua ideia.

2) Direitos adquiridos ameaçados: seu projeto é ótimo, mas vai reduzir minha área de cento e dez para oito pessoas... Sua ideia é boa, mas vou ter de morar em outro Estado... Os direitos adquiridos ameaçados por sua ideia inovadora são sutis, mas altamente relevantes: *status*, acesso, alçada, liberdade, porte da área, entre tantos outros.

3) Desconfiança: no passado você conduziu três inovações e nenhuma foi para a frente. Agora vem com um novo projeto, que é até muito bom, mas os outros acham que não vai dar certo na sua mão. Pode ser que você tenha pouco tempo de empresa e, segundo os avaliadores do projeto, não conheça o problema o suficiente ou, pelo contrário, tem tanto tempo de casa que sua ideia inovadora é vista apenas como uma reforma.

4) Avaliação errônea: o pessoal não entendeu a mudança ou entendeu do jeito dele. É preciso manter o processo de inovação sob domínio. Se perder esse controle, será controlado pelo processo. Você acaba desistindo do projeto, e a turma não toca mais no caso. Dá a impressão de que a ideia morreu. Dois anos depois, o mesmo problema volta e alguém lembra que era você quem cuidava dele: "Esse projeto estava com você há dois anos. Não foi implementado?" Quando a inovação domina o profissional, ele fica em débito.

O processo de inovação

Conceber a ideia, escrevê-la e documentá-la não basta para que ela aconteça. É preciso transformá-la em projeto físico viável para a empresa. Viável técnica, econômica e politicamente falando. O momento também deve ser viável e conduzido por um profissional viável. É um bom projeto, economicamente viável, politicamente viável, está no momento certo, mas deram na mão daquele camarada? Adeus, projeto! Construir um projeto físico viável é passar por essa análise toda.

Toda inovação precisa de um patrocinador, uma pessoa de poder reconhecido na organização formal que sempre sairá ganhando com essas iniciativas. Quando ocorre um acidente durante uma corrida de Fórmula 1, o piloto vai para o hospital, o carro fica dois minutos e meio pegando fogo, mas o patrocinador fica em sua poltrona, fumando um charuto e pensando: "Que bela propaganda!" Patrocinador não perde. Sempre que você submeter o patrocinador a desgaste, ele não se desgasta. Ele desgasta é você.

Processos de inovação não são egoístas. Sua credibilidade aumenta na proporção direta do número de pessoas que você ajudar a crescer. É preciso aumentar a credibilidade dos outros. Quando faz a credibilidade do patrocinador e a do pessoal de baixo aumentar, a sua também cresce. Mas achar patrocinador é uma questão delicada. Digamos que você teve uma ideia e foi direto ao patrocinador, que gostou muito dela:

– Em quanto tempo você acha que implementa isso?
– Seis meses.
– Como!!! Tudo isso?!
– Bem, se forçar, em quatro dá...

– Não tem um jeito de fazer isso mais rápido?
– Bem, talvez em três meses...
– E se a gente montar um grupo já, você acha que...
– Se acelerar desse jeito, em um mês sai.

Aí o patrocinador chama o pessoal todo, diz que você teve uma ideia boa que será implantada em no máximo um mês. Nesse exato momento, você perde o domínio do processo: a turma e o sistema social tomam conta dele e, em trinta segundos, você passa de inovador a tarefeiro sob pressão. Sai correndo da sala, porque já pediram para você fazer um cronograma até às 3h da tarde.

É muito delicado sair fazendo as coisas sem passar por uma extensa fase de planejamento: análise dos riscos, do ambiente e da estratégia de implementação. Durante a etapa do planejamento, ninguém deve saber de sua ideia. Deixe assim, não conte nada a ninguém. Os inovadores têm apenas duas ou três ideias por ano, não precisa sair correndo. Primeiro, é preciso fazer uma *análise de risco*, do *seu* risco, antes de mais nada. Não é analisar se a ideia é boa ou não. Afinal, você não teria uma ideia ruim. Para avaliar os riscos, porém, procure respostas para as seguintes perguntas:

• **Você pode escolher o patrocinador? Tem acesso a ele?**
Se a resposta for sim, o risco se reduz sensivelmente. Nem sempre o patrocinador será seu chefe imediato. Ele, às vezes, não está em sua pirâmide, está em outra. Outras vezes o beneficiário de sua ideia inovadora é um fornecedor porque, quando ele melhora, sua empresa também melhora.

• **Você pode usar o tempo de acordo com seu planejamento?**
Ou pode acontecer de você contar sua ideia ao patrocinador e ele reagir: "Que legal! Chame a turma que a gente vai

discutir esse negócio já". Eu não estou falando de prazo, mas de tempo. Processo de inovação requer articulação. Se você não for dono do tempo para fazer a articulação, isso aumenta substancialmente seu risco.

- **Você tem credibilidade suficiente para essa ideia? Ou ela é maior do que você? Você tem autonomia para envolver as pessoas?**

Para sua ideia andar, é necessário falar com muita gente. Será que você tem autonomia para falar com todos? Comigo aconteceu um caso interessante. Fui discutir uma ideia com um patrocinador, e a primeira pessoa que eu precisaria envolver era o diretor industrial. Mas meu patrocinador pediu para que eu o procurasse por último. Eu também precisaria conversar com o diretor comercial. Mas o patrocinador disse que com ele era melhor nem tentar. Quando são cortadas do processo justamente as pessoas que você julga mais necessárias para articular a ideia, seu risco aumenta. Para o patrocinador pode não ser importante, mas para você são pontos de apoio imprescindíveis. Ficar sem eles aumenta sua vulnerabilidade.

- **Você tem flexibilidade para reduzir o porte da inovação?**

No meio da confusão você pode dividir o projeto em etapas de resultado? Pode fazer piloto? Pode implementar parte dele e parar? Pode mudar a abordagem, ou sua ideia é do tipo tudo ou nada? Se a ideia não for tecnicamente flexível, seu risco aumenta substancialmente.

- **Você tem autonomia para decidir a velocidade do processo? Ser mais rápido ou mais lento?**

Vamos supor que você teve a ideia, fez essa análise de seu risco e chegou a uma das seguintes conclusões: o risco é altíssimo porque, se conseguir chegar ao patrocinador, ele podará o cronograma; ou você ainda não tem credibilidade para essa ideia; ou o projeto é único, fechado, é tudo ou nada; ou, ainda, assim que começar a divulgar a ideia, perderá o domínio sobre a velocidade do processo. O que fazer? É preciso ir com calma. As inovações estão diretamente ligadas a seu "credibilitrômetro". Não engavete, reduza as ambições, diminua a ideia. Então ela passará.

Passou? Dê, agora, uma boa olhada no ambiente: identifique a zona de conforto das pessoas que farão parte do processo decisório, ou seja, analise o ambiente sob o ponto de vista da resistência à inovação. Depois estabeleça uma possível sequência das coalizões e avalie a força de sua inovação no ambiente envolvido. A resistência das pessoas varia segundo seus padrões de comportamento. Há muitas maneiras de estudar esses padrões e outras tantas de classificá-los. Aqui, vamos considerá-los sob o prisma do medo subjacente à resistência diante das inovações. Provavelmente você conhece muita gente com esses perfis de comportamento:

• **Gente muito orientada para o trabalho e pouco orientada para pessoas**
Conhece tudo, cria seus processos e procedimentos, tem orgulho de tudo que faz e possui padrões próprios de eficiência interna. Em geral, é feudalista. Em um processo de inovação, esse tipo tem medo de perder o domínio sobre as pessoas e os processos que fazem parte de seu feudo. Se contar a ideia para ele, mesmo que seja muito boa para a empresa mas mude parte da área em que atua, sua reação típica será: "Vá para o inferno!" Ou se você disser que a área dele tem um problema que afeta a sua, por isso gostaria de propor em conjunto uma inovação, ele responderá da mesma forma: "Vá para o inferno!" Essa é a reação dele. Portanto, como deve ser sua ação? Esse tipo só oferece aderência caso você consiga fazer com que ele se sinta como seu par. A zona de conforto dessa pessoa consiste em você pedir ajuda mesmo e fazer com que ela também se considere autora do projeto de inovação. Para tornar a reunião desconfortável, basta trazer a coisa pronta.

• **Gente muito orientada para pessoas e pouco orientada para o trabalho**
É prisioneiro da própria equipe. Ele pega sua ideia, mostra ao time e, se derem o aval, a resposta para você será positiva. Esse tipo não decide nada sozinho porque tem medo

de rejeição. Conte que está desenvolvendo um assunto e proponha a formação de um grupo de duas pessoas de cada equipe para discutir a questão. Pronto: a resistência dele estará superada.

Caso um profissional reúna os dois tipos numa sala e apresente uma ideia inovadora, estará diante de duas reações improdutivas. O focado no trabalho dirá que tem de aprofundar mais para avaliar o impacto e pede um mês para voltar a conversar sobre o assunto. O focado em pessoas até achou bom, mas alegará que quer olhar com mais profundidade e também pedirá um tempo. Ou seja, ninguém decide absolutamente nada.

- **Gente pouco envolvida com trabalho e com pessoas**

Em algumas empresas, esse tipo é chamado de gênio, quase um mito. Ele não fez nada o ano inteiro, mas tem fama de ser "muito bom". Diante da inovação, tem medo de participar, errar e ser expulso. Qual é o melhor jeito com ele? Se você levar o relatório pronto, ele diz que não vai opinar. Você não consegue pegá-lo. Para obter sua adesão, aumente sua proposta, "engorde" o relatório e prepare-se tecnicamente para a negociação. Com certeza, você terá de ceder em alguns pontos para conseguir outros. O incauto coloca os três na sala, faz uma bela apresentação e quando acaba a reunião acontece o quê? Nada!

- **O preciosista**

Qual é o medo desse perfil? Da imperfeição. Por isso, não se envolve com detalhes, porque eles revelam o imperfeito. Em plena reunião o celular dele toca e esse tipo fica meia hora fora da sala, mas quando volta continua dentro do assunto como se não tivesse saído. Afinal, sua experiência e falta de vontade de mexer com detalhes fazem com que dispense qualquer explicação. Nunca converse com esse tipo do início para o fim. Faça, justamente, o contrário. Vá do fim para o começo. É assim que ele faz: diante de um relatório, abre na última página, que é a de benefícios. Vira a penúltima folha, a dos próximos passos. Vira a antepenúltima folha, modelo básico. Depois fecha o relatório e diz: "Gostei".

• **O integrador**
As pessoas com esse padrão de comportamento têm medo de não ser usadas em seu projeto. Esse é o tipo que tem de sair na foto. Ele não é equipe, não é resultado; ele, simplesmente, tem de participar. Se você não falar com ele, chora e faz bico. Em compensação, é só lhe atribuir um papel importante no processo que ele decide as coisas com extrema facilidade.

O que acontece quando um desavisado coloca os cinco na sala e apresenta a ideia, com *datashow* e tudo o mais? Potencializa os cinco medos. E o que acontece com a ideia? Não está mais em discussão. Por isso, antes de conduzir um projeto, é necessário avaliar qual é a zona de conforto das pessoas diretamente envolvidas. Gente é assim mesmo, e para transitar entre as pessoas com mais facilidade, é necessário saber articular as coisas.

Tipo de gente	Envolvimento com pessoas	Envolvimento com o trabalho	Temores	Ação
Feudalista	Fraco	Forte	Perda de domínio	Ceder a autoria
Prisioneiro	Forte	Fraco	Rejeição	Consultar dua equipe
Gênio	Fraco	Fraco	Expulsão	Negociar
Preciosista	Forte	Forte	Imperfeição	Não entrar em detalhes
Integrador	Médio	Médio	Não aparecer	Oferecer papel importante

Para manter o processo sob domínio, o profissional terá de falar com um, depois com outro, depois colocar os dois juntos, depois ir atrás do terceiro para só então fazer uma bela reunião final com *datashow* e tudo o mais. Isso não é perder tempo. Quando a apresentação geral precede a abordagem isolada, o sistema social engole tudo. Será preciso começar de novo, e pior: agora, em um ambiente adverso, difícil de recuperar. Minha proposta é que você faça tudo antes. Pelo menos assim mantém a situação totalmente sob seu controle.

Isso tem lógica? Tem, mas ainda é preciso decidir com quem falar primeiro. Isso é pensar na *sequência das coalizões*, porque a resistência se propaga. Você vai falar diretamente com aquele camarada que não topa e ainda precisa ter o cuidado de fazer isso na zona de conforto dele. Ele diz que vai dar uma olhada e depois conversa com você. Essa reação deixa você animado, crente que o projeto passou. Mas o que ele faz? Vai à pessoa do lado dele no sistema social e repassa, só que sem tanta aderência. Quando esse segundo camarada falar com um terceiro, sua ideia já estará em zona neutra. A partir daí, começa a resistência organizada.

Qual é a sequência de coalizões que você deve planejar? É necessário conduzir a aderência, respeitando as zonas de conforto e fazendo as coalizões até que a discussão seja apenas de natureza técnica. Você poderia chamar isso de "cercar o frango". Em inovação não há necessidade de rapidez, mas há que ter continuidade. Não pode parar.

A força da inovação

Ainda dentro da análise do ambiente, uma coisa a ser vista é a *força da inovação*. Sua ideia, por si mesma, tem força ou não? Para analisar isso, considere pelo menos quatro fatores. Um deles é a *pressão para mudar*. Ou seja, aquele assunto em que está inserida a sua ideia já sofre algum tipo de pressão para mudar? Se existir pressão, o projeto tem mais força, e vice-versa.

Fui a uma empresa que tinha um grande almoxarifado, e o gerente tinha uma grande ideia, que era eliminá-lo. Ele me perguntou como conversar com a turma sobre isso. Recomendei que não propusesse eliminar o almoxarifado, porque não existia a menor pressão para isso. Sua alternativa seria dizer para a turma que nesse ano poderia haver um 13º faturamento a partir da consignação de todos os materiais existentes no almoxarifado, transformando o capital investido do almoxarifado em materiais em consignação (o valor do material existente excedia em muito o faturamento mensal da empresa). Com essa mudança, ele traria para a empresa o valor de um faturamento adicional, o que rapidamente criaria pressão para mudar. Ele disse isso, e lhe encomendaram a ideia.

Às vezes é preciso criar pressão onde ela ainda não existe. Para conduzir uma ideia que já tem pressão, você pode tomar menos cuidado. Quando não há pressão, o momento ainda não é o viável. Você precisará criar o momento viável e despertar os envolvidos para aquela solução.

O segundo fator é se existe *experiência de mudança na empresa*. Há organizações rígidas, que não mudam há muito tempo, nas quais se discute muito, mas nada se faz. A estrutura é petrificada em processos, há disputa de poder. Qual foi a última inovação que fizeram? Pintaram a portaria. Mas há empresas nas quais fazer mudanças é algo corriqueiro, já têm isso em seu contexto organizacional.

Um terceiro ponto que aumenta sensivelmente a força do projeto é a *credibilidade do implementador junto ao patrocinador*. Ele não pode usar a credibilidade do outro, tem de usar a própria. Quando os adotantes de uma ideia sabem que você tem uma boa credibilidade, eles se predispõem a ajudar. Isso quer dizer que ter credibilidade junto às cadeias de patrocínio é meio caminho andado. Há péssimas ideias que são implementadas porque a dobradinha patrocinador/implementador é boa. O contrário também é válido.

Um último aspecto quanto à força de um projeto é a *legitimidade do patrocinador*. O mais legítimo assegura, sem se desgastar, a continuidade da inovação. Há patrocinador que não faz isso, só rema com o time enquanto ele está indo bem; quando entrou na corredeira, tira os remos. O patrocinador legítimo é aquele que assegura reconhecimento e prestígio aos participantes e punição aos não participantes. Embora não fale, ele garante isso.

Até agora quantas pessoas sabem de sua ideia? Só você. Agora você está planejando, coisa que se faz com a cabeça e com o braço, não com a boca. Avaliou seu risco e percebeu que era alto. Analisou o ambiente. A zona de conforto está complicada: envolve cinco pessoas que precisam ser seus pares, dois para sair na foto, nenhum orientado para o resultado e os cinco principais são feudalistas. Planejou a sequência de coalizões e constatou que há três neutros e 38 negativos. No quesito força da inovação, não há pressão. A empresa não muda nunca. Sua credibilidade junto ao possível patrocinador é ruim, e este não é do tipo muito autêntico. Você faz o quê? Reduz a ideia e volta para o começo. Não passou? Reduz a ideia e volta.

Planejando a estratégia

O que é planejar uma estratégia? É definir os ciclos e, dentro de cada um, pensar as coalizões. Primeiro você tem os ciclos de condução, um conjunto de coalizões logicamente ordenadas partindo dos mais para os menos resistentes e obedecendo à zona de conforto do processo decisório de cada participante. O sistema social tem uma velocidade própria, e você precisa ser mais rápido que ele.

Como se mede isso? Não se sabe. Mas posso dar uma dica: estabeleça um objetivo claro. Por exemplo: conquistar a adesão do doutor Fernando, seu patrocinador. Quais são as pessoas com quem você precisa conversar? Aquelas que estão ao redor dele: Newton, orientado para resultado; Patrícia também, mas gosta de envolver equipes; Luiz é o que gosta de estar na fotografia; e Jorge, do tipo orientado para o trabalho. Coloca os quatro juntos numa sala? Não! Falo com Newton, fecho uma parte com ele. Falo com Patrícia e fecho outra parte com ela. Sento com os dois e fecho com eles. Depois fecho com Luiz e com Jorge. Faço uma pequena reunião para consolidação com eles. Quantos eventos eu fiz? Seis. Com sete eventos chego ao patrocinador.

Esse *timing* para a condução de um projeto eu tirei de minha experiência profissional.

É necessário planejar cada ciclo de modo a ter no máximo seis eventos, fazendo isso no máximo em 25 dias. Se, para atingir o objetivo planejado para um ciclo, você precisar de mais de seis eventos e acima de 25 dias, reduza o objetivo. Em vez de conquistar a adesão do Fernando, reduza o objetivo para a adesão do Newton e da Patrícia. Por quê? Se demorar demais, o sistema social engole você, porque fecha com eles antes de sua ideia estar viabilizada. Não tenho uma explicação para a necessidade dessa etapa e dessa velocidade, mas, sempre que tentei pulá-la, não tive sucesso.

Quantos objetivos você pode planejar? Não adianta reservar quinhentas horas para conduzir os ciclos, porque depois que fizer dois ou três já notará se sua credibilidade está aumentando ou diminuindo. Se estiver subindo, os outros ciclos serão mais rápidos. Se estiver caindo, os outros ciclos serão mais lentos. Se planejou tudo antes, terá de rever. Por isso, planeje três ciclos de cada vez. Mas não seja otimista. Se algo puder dar errado, dará. Quando estiver falando com Newton, não se assuste se no meio da conversa ele chamar Patrícia.

Estamos na fase de planejamento e vale lembrar que ainda não falou com ninguém. Dentro de cada ciclo, você realizará alguns eventos. E para cada coalizão, sempre respeitando as zonas de conforto das pessoas, você planejará a condução das abordagens. Para isso, há técnicas educativas e técnicas coercitivas.

Um exemplo de coerção explícita: "Senhor Orlando, estou desenvolvendo esta ideia e preciso de sua participação. Conto com o apoio do presidente, e ele disse que o senhor vai ajudar. Gostaria de falar com ele ou podemos continuar?" Cuidado aqui. Para optar por abordagens coercitivas, sua credibilidade tem de ser maior que a de seu par. Nesse caso, você pode usar ainda a coerção implícita, ou seja, faça a abordagem sem usar o nome do patrocinador.

A abordagem menos coercitiva é a que propõe um acordo. Você pode negociar fornecendo incentivos ou, simplesmente, negociar. A proposta deve vir recheada: coloque módulos, amplie a proposta, porque é óbvio que ela será cortada. Não monte uma proposta-padrão e saia andando com aquilo. Cada coalizão vai requerer um preparo específico. Você faz acordo quando seu nível de credibilidade é igual ao de seu par.

É possível também providenciar alguns eventos de *educação antecipada*. Convide Luiz e Orlando para visitar uma empresa onde já esteja funcionando o que você deseja. Não discuta sua ideia, leve a pessoa para vê-la funcionando. Outra opção para uma abordagem educativa é envolver as pessoas, o que significa conceber o projeto com elas. Você vai dividir a autoria, partilhar desde a concepção até o sucesso. Envolver significa que a ideia é sua e do outro. Os dois trabalham em busca do sucesso. Os dois são implementadores. Isso é envolvimento.

Qual é o grande objetivo de você fazer tudo o que foi dito até aqui? É manter o processo de condução sob domínio. Quando já começa errado, o projeto não anda e você já virou devedor perante o patrocinador. Ele pergunta como está indo o negócio, e você diz que há um mês não consegue reunir o pessoal. Ele chama os quatro e pergunta se não o estão apoiando. Você submeteu o patrocinador a um desgaste. Ele faz a reunião acontecer. Mais uns vinte dias, você não consegue fazer outra reunião e então vai chegar para o patrocinador e dizer que não é possível. Aí ele senta com a turma e faz. Ele o anulou. Com essa atitude você transformou o patrocinador em implementador. Submeter o patrocinador a desgaste faz você perder pontos.

Execução

Acabou o planejamento, vamos pôr a ideia em marcha. Como "faremos"? Só tem um jeito de fazer as coisas acontecerem. É fazer. Comece a marcar as reuniões, a preparar o material e a promover as coalizões. Não se esqueça de que o projeto físico tem de estar pronto... a que horas mesmo? E, se decidir contar com parceiros para elaborar o projeto, terá de fazer mudanças nele. Você não está vendendo a ideia, está construindo credibilidade em torno de seu espírito inovador.

Não se esqueça de um ponto fundamental: É mais importante implementar uma ideia ou chegar ao final do projeto com mais credibilidade? A resposta é: com mais credibilidade. E onde fica aquela história de "eu-sou-o-autor", "eu-tive-uma-ideia"? Mesmo que a ideia seja sua, você não precisa de sua posse, mas tem de ser dono do processo. O que gera credibilidade não é a qualidade da ideia, mas a qualidade do processo de condução da implementação. Para os gestores técnicos, isso é uma heresia. Eles foram treinados a vida inteira para ter ideias e agora veem a comprovação de que a credibilidade aumenta segundo a maneira de fazer o processo acontecer.

Como é feito o controle do processo? Você precisa transitar pelo ambiente e ouvir. Então ouve dizer que o patrocinador está desconfiado. Não adianta nada ir lá e alegar que "ouviu que ele está desconfiado", porque além de negar ele ainda quer saber onde foi que você ouviu isso. Tenha certeza: se você ouviu dizer, ele está mesmo desconfiado. A solução é desenhar um processo para aumentar a confiança do patrocinador.

Em outro dia você ouve que o diretor industrial não está sendo envolvido nesse assunto. Então, vai para sua sala, pega as transparências e corre para falar com ele. Não faça isso, não dê resposta à pressão. Você só ganha credibilidade quando anda em outra faixa, e não é na da pressão. Já existe um ciclo desenhado para aumentar a proximidade do projeto com o diretor industrial. Então deixe acontecer, não realize uma ação direta. Respondendo à pressão, sua credibilidade se estabiliza.

É por isso que eu digo: "Calma, segure a ansiedade!" Se tiver uma ideia, guarde-a por dez dias. Ao conseguir guardá-la, provavelmente irá planejá-la. É preciso controlar a ansiedade porque ela é inimiga do resultado. Quando você diz que tem um problema, mas está pensando e trará a solução até sexta, o outro acha que está perfeito. Ele não conhece o assunto direito, não tem ideia do que seja, mas já acreditou no prazo que você mesmo deu. Quanta gente faz isso para tentar marcar pontos? Aí na sexta-feira não deu, e a pessoa leva a solução pela metade. Ou seja, na tentativa de ganhar três pontos, perdeu dois.

Apesar de todos esses alertas, pode haver situações em que você não encontre saída. Por exemplo, quando a ideia tem de se tornar ação, de qualquer jeito, a todo custo. O risco da empresa ou de sua área é muito alto para não fazer nada. A sensação é a mesma de ver um menino de dois anos subindo em uma escada magirus: ele vai cair. Dá tempo de correr para pegá-lo, mas, se ficar planejando demais, o menino cairá e você será chamado de omisso. O mais difícil é que você pode ter pouca credibilidade para isso, ou seja, tem vertigens em alturas. Como agir nesse caso? Suba na escada e pegue o moleque, mesmo sabendo que sofrerá desgaste. Se a gente quer mais, tem de acertar mais do que errar. Mas há situações em que o risco não é uma escolha.

No meio desse caminho, há ainda a ação dos inimigos. Mas não se preocupe com eles. Três coisas matam essa gente:

1) Ser um profissional otimista e bem-humorado;

2) Gostar muito do que faz; e

3) Considerar as possíveis punhaladas como avisos e agradecer por elas.

Essas atitudes deixam o inimigo paralisado. Ele fica imóvel porque é surpreendido com suas reações positivas e gasta tanta energia e tempo em suas tramas que não consegue crescer. Esse é o melhor jeito de imobilizar inimigos. Além disso, se der muita importância a eles, é você que ficará no mesmo lugar, sem evoluir. Portanto, vá em frente: faça a diferença, empreenda, corra riscos, trabalhe em suas ideias. Fora da inovação sua credibilidade não cresce.

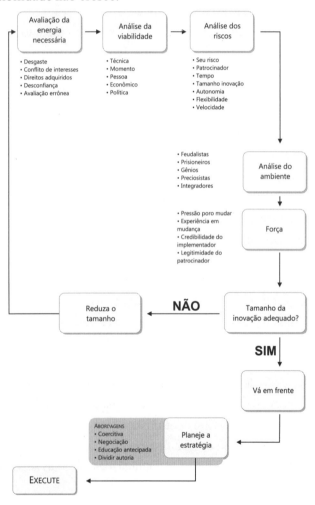

QUESTÕES-CHAVE

1. Você acredita que manter a rotina de uma equipe de alta *performance* é suficiente para aumentar sua credibilidade na empresa?

2. Em sua área ou fora dela, quantos projetos de inovação você conduziu nos últimos doze meses?

3. No dia a dia seu chefe exerce muita ou pouca pressão sobre você?

4. Você planeja antes de dar o prazo para a implementação de uma ideia?

5. Qual é o tamanho de sua credibilidade na empresa em que você trabalha?

6. Você conhece as etapas e o timing de condução de um processo de implementação de projetos?

12
Como manter a sua credibilidade

Você aumenta seu espaço e sua credibilidade na organização quando, efetivamente, consegue fazer suas ideias acontecerem. Tenho observado, no entanto, que esse ganho é ainda maior quando se ajuda os outros a viabilizar as ideias deles. Sendo assim, ao trabalhar nas ideias dos outros, seu foco nunca deve ser a execução, mas a adoção de iniciativas que facilitem a execução pelo outro.

Faça um exercício mental e tente identificar quantas pessoas em sua empresa você reconhece como empreendedoras, que realmente têm ideias e as fazem acontecer. Na média, conseguimos encontrar cinco ou seis. Nesse grupo, faça uma reavaliação: Quantas, de verdade, pensam e concretizam uma ideia? Você verá que não são muitas. A maioria das pessoas, mesmo as que parecem mais eficientes, mais ajuda aos outros do que realiza as próprias ideias. O foco sempre deve ser ajudar as pessoas a crescerem. Não se esqueça: sua credibilidade aumenta na proporção direta do volume de pessoas que você ajuda a crescer.

Existem três papéis possíveis

Ajudando a execução das ideias alheias, você pode ser convidado a exercer três tipos de papel. Um deles é o de *aporte de credibilidade*, ou seja, as pessoas têm ideias e chamam você para alavancar o projeto, o que significa dar sustentação ao processo de discussão e implementação da ideia. Essa é uma função em que só há ganho, raramente você perde.

Entretanto, por que alguém precisa de um *aporte de credibilidade* e não leva o projeto adiante sozinho? Porque a credibilidade dele pode não ser suficiente para enfrentar as resistências que surgirão durante o processo de implementação. Você é o avalista do projeto. Tome cuidado, porém, para não assumir a ideia do outro como sua. Você está lá para dar aporte de credibilidade, para facilitar, para abrir as portas, para articular. Deixe o projeto na mão do outro e aja como facilitador, como abre-alas, como animador.

O segundo papel é o de *conselheiro*. Você é chamado por alguém para que avalie se uma ideia é mesmo viável, onde ela pode "pegar", como deve ser implementada e se realmente o esforço valerá a pena. Enfim, você estará sendo consultado para avaliar ou validar a ideia dessa pessoa. Nessa função, você também só tem a ganhar. Aqui vale mais uma vez o cuidado de não tirar a ideia do outro: seu papel é de avaliador.

O terceiro papel é realmente o de *implementar um projeto* alheio, ou seja, ser o executor ou implementador. Geralmente os níveis hierárquicos superiores têm uma ideia e procuram pessoas capazes de levá-la adiante. Essa situação pode ser mais delicada e gerar desgaste. Pode ser que aquela pessoa esteja realmente "sem braços disponíveis" e precise do resultado daquele projeto para fazer sua área evoluir. Então o chamou porque confia em você.

Mas você também pode já ter percebido que aquela grande ideia que lhe veio gratuitamente, apesar de boa, é um caldeirão de resistências dentro da empresa e esteja precisando de um aríete para abrir portas. Se for esse o caso, pode estar certo de que você terá algumas dores de cabeça. Antes de mais nada, avalie o grau de confiança que deposita naquele superior hierárquico. Você não poderá declinar dessa convocação e, se for capaz de trabalhar nesse contexto, estará aumentando sua credibilidade. A situação vai requerer, no entanto, cautela e sangue frio, como veremos um pouco mais adiante.

Identificando seu papel

Como você sabe quando está sendo convocado para dar aporte de credibilidade, aconselhar ou executar a ideia dos outros? Quando está sendo convidado a aportar a credibilidade, a pergunta nunca vem direta, do tipo: "Gostaria de me ajudar na alavancagem desse projeto?" Normalmente quem teve a ideia apresenta-a para você. Nessa hora, será possível perceber que, se aquele fosse um projeto seu, ele não acrescentaria nada à sua credibilidade na empresa. Você está diante, então, de um profissional com credibilidade menor do que a sua, que precisa de seu aval para conseguir ir em frente com aquele projeto.

Você pode estar sendo convidado, porém, para ser conselheiro, o que é diferente. A pessoa normalmente lhe mostra a ideia e pede sua opinião. Nesse caso, a chave para perceber se está sendo convidado para esse papel é muito simples: peça um tempo para avaliar a ideia, dizendo alguma coisa do tipo: "Deixe esse material comigo, vou pensar e depois falo com você". Se a pessoa que está conversando com você não lhe der esse tempo, ela não quer conselho. Muito provavelmente quer que você seja o executor ou o implementador.

Concedido o prazo de reflexão, porém, você será o conselheiro daquele projeto. Nesse caso, tenha em mente o seguinte: para ser um bom conselheiro, não dê conselhos. A pessoa que o convidou para esse papel quer ouvir alternativas, e não sua opinião. Pense, portanto, da seguinte forma: ofereça três ou quatro possibilidades de tratamento do mesmo problema. Forneça ainda, de preferência por escrito, o risco de cada uma das alternativas. Chame-a de volta e mostre a planilha com as alternativas, acrescentando a pergunta: "Que risco você está disposto ou pode correr?" Se não discutir o risco e só der as alternativas, você estará na realidade colocando suas sugestões sob análise. O que ela quer, de verdade, é que você analise a alternativa dela. No papel de conselheiro, porém, cabe-lhe propor novas possibilidades e apontar o risco de cada uma. Ao longo da implementação do projeto, você pode voltar a conversar com a pessoa e fazer novas avaliações das possibilidades e dos riscos. Esse papel é muito parecido com o do exercício para ajudar sua equipe a raciocinar gerencialmente e tomar decisões, como já discutimos no capítulo 5.

O terceiro papel é o de executor ou implementador e pode gerar desgaste, porque a implementação de uma ideia sempre mexe no *status* de todo o sistema psíquico-social envolvido na empresa. Nas organizações existe sempre um bom conjunto de conflitos em estado de dormência, especialmente em relação a certos assuntos. Um gestor atento deve tentar identificar esses conflitos dormentes em sua empresa para estar de sobreaviso quando for inevitável lidar com eles.

No papel de implementador, você tocará certamente em conflitos dormentes sabe-se lá há quanto tempo. O desgaste pode surgir quando a maioria das pessoas não está disposta a acordá-los e enfrentá-los. Você sabe que está recebendo uma convocação para exercer esse papel quando se vê diante do quadro em que é chamado para uma reunião na qual três ou quatro pessoas já discutem uma ideia há longas horas. De repente, elas o chamam e perguntam: "O que acha dessa ideia?"

Fique atento. Aparentemente poderiam estar chamando você para ser conselheiro. Para checar essa possibilidade, peça um tempo para avaliar a ideia. Se o grupo insistir em saber sua opinião naquele momento, obviamente o convoca como implementador, e não como conselheiro. Quando a situação se apresentar dessa forma, nunca diga: "Podem deixar, eu toco isso da forma que estamos imaginando". Ao ouvir isso, o grupo interessado na implementação vai se diluir e você ficará correndo atrás de cada um para tentar descobrir o que realmente estavam imaginando, quais eram as especificações do projeto etc. e tal. Ou seja, vai correr atrás deles para descobrir tudo o que precisa para implementar o projeto, enquanto eles vão desaparecer.

O pior é que dali a uns quatro ou cinco dias o dono da ideia vai chamá-lo e perguntar: "E aí, como está a implementação?", e sua resposta, inevitavelmente, será: "Nem consegui falar com eles novamente sobre como implementar a ideia". Nesse jogo de foge-e-esconde, abre mês, fecha mês, vêm as férias, e novamente você é chamado: "Como está aquela implementação?" E você terá a certeza de que, a partir do momento em que disse o terrível "deixem-que-eu-toco", o grupo se diluiu e deixou tudo em suas costas sem a menor condição de execução.

Não reaja dessa forma, portanto, ao ser convocado para o papel de implementador. Prefira adotar uma atitude mais realista. Ao ser designado executor da ideia alheia, mantenha o grupo junto com o patrocinador e obtenha de imediato todas as especificações necessárias até dispor dos detalhes do projeto em suas mãos. Mesmo assim, é provável que as pessoas entrem em rota de fuga. Não permita isso. Segure o dono perto do grupo até que todas as definições estejam prontas. Aí, sim, você poderá dizer: "Agora deixem que eu toco".

Não se preocupe em parecer insistente, nesse momento inicial, quando você ficar segurando as pessoas para definir as coisas. Ao contrário, lute por isso. Esse é o momento em que necessitará de muita energia, pois aparentemente estará em uma posição fraca. Mas não se incomode com isso porque, quando disser "pode-deixar-que-eu-toco", contará com todas as especificações imprescindíveis, e seu desgaste será muito menor.

Conclusão

Ao desempenhar qualquer um desses três papéis, o mais importante é você entender que essas são oportunidades de crescimento profissional e de conquista de espaço na organização. Para aproveitar bem essas chances, o fundamental é saber identificar o papel para o qual está sendo convocado e que cada pessoa do grupo saiba colaborar para a implementação da ideia dos outros. O ganho de credibilidade é sempre maior quando outras pessoas crescem com sua ajuda.

Papéis e ações do gestor

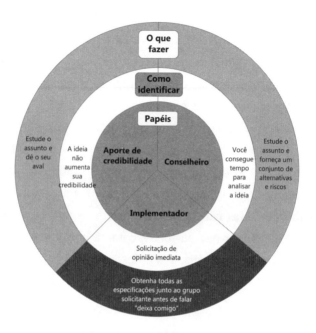

Papéis / Modo de identificar	Tempo para avaliar	Chance de aumentar a credibilidade
Aporte de credibilidade	Sim	Não
Conselheiro	Sim	Sim
Implementador	Não	Sim

QUESTÕES-CHAVE

1. Quantas pessoas do seu conhecimento realmente têm uma ideia inovadora e a implementam?

2. Você é chamado a trabalhar em ideias alheias? Como reage?

3. Sabe distinguir os papéis de aporte de credibilidade, conselheiro e implementador de uma ideia alheia?

4. Relacione as últimas ideias que ajudou outras pessoas a implementar.

5. Está claro para você que ajudar os outros a implementar ideias pode lhe trazer mais credibilidade do que executar seus próprios projetos? Como lida com seu orgulho de autoria?

Parte 5

Montando o roteiro para a alta *performance*

13
Como integrar os conceitos em um plano de ação

Ninguém aprende de verdade se não colocar a teoria em prática. Nos capítulos anteriores, você já leu e entendeu os conceitos necessários para se tornar um gestor além da hierarquia. Mais do que isso, já sabe que essa mudança traz vantagens competitivas para sua carreira e sua equipe. Está na hora, portanto, de partir para o trabalho, traçar seu plano de ação e alavancar a equipe para a alta *performance*.

Este capítulo tem caráter eminentemente prático. Primeiro, vamos rever e resumir os principais conceitos discutidos até aqui. Depois, mostrarei como utilizar cada parte do livro para a formulação de seu plano de ação. A proposta é fazer uma espécie de pausa para que você tenha tempo de consolidar todo o processo com o apoio deste "mapa do tesouro".

Não há receita simples para aprender ou ensinar essas técnicas e habilidades. Para elaborar este conteúdo, conto com minha experiência e com a opinião de muitos gestores para os quais tenho prestado consultoria. Apesar disso, estou certo de que este passo a passo não lhe dará todas as respostas, porque elas dependem também do tipo de gerência que você praticou até agora. Não tenho dúvida, por outro lado, de que este pode ser um excelente guia para você construir o seu mapa de gestão da mudança.

Resumo dos conceitos

Capítulo 1 – Entendendo as forças da natureza

Mudança no cenário de competitividade: processo acelerado, a partir dos anos de 1990, pela globalização da economia, que inseriu as empresas em um cenário de competitividade verdadeira e crescente. Foram analisados os impactos provocados nas estruturas organizacionais, nos arranjos físicos, nos instrumentos de gestão, no ritual de gerenciamento e na tecnologia instalada. Ocorreram inúmeros movimentos que influenciaram as organizações, como redução de níveis hierárquicos, qualidade, reengenharia, terceirização e fusões e aquisições. Para crescer profissionalmente, portanto, os gestores devem evoluir em suas habilidades e competências para a nova realidade organizacional de mudança contínua.

Inovar: quando a competição aumenta, o mercado não aceita mais o simples repasse dos custos ao preço. Por isso, inovar é fazer a empresa custar menos ou, pelo menos, fazer sua área custar menos.

Capítulo 2 – Ordem do capitão: tripulação nua no convés

A criação do gestor orientado para tarefas: o gestor controla o volume de produção da equipe por quantidade de horas dedicadas e somente para o atendimento da rotina e com foco no curto prazo. Essa relação paternalista torna a equipe alienada e desmotivada.

Gestor orientado para resultados: o gestor desenvolve e capacita a equipe para trabalhar com foco no resultado contínuo, crescente e inovador. Torna a equipe dinâmica e motivada.

Capítulo 3 – Quem é o capitão?

O triturador: aquela máquina terrível com suas lâminas afiadas da qualidade e quantidade de trabalho que dilaceram o gerente fazendo seu sangue jorrar, não importando quão competente ele seja ou quanto trabalhe. O complemento cruel desse dispositivo é o socador que empurra o gestor para as lâminas. Lembre-se: o socador pode ser sua própria equipe.

Autodiagnóstico gerencial: analisar a si próprio, considerando as características positivas e negativas com lucidez, é um excelente exercício para aprender a avaliar os outros e gerar empatia.

Estilo heroico: é aquele que assume sozinho todos os riscos das decisões e deixa a equipe alienada na rotina de tarefas a cumprir. Lembra o Zorro com sua espada, pois adora lutar com os problemas, mas nunca os mata, apenas os espanta. Associado ao estilo heroico está o conceito de delegação de baixo para cima. Lembre-se da história dos macaquinhos que a equipe leva para o gestor "cuidar" e assim se exime dos riscos. Esse estilo se desdobra em outros dois.

Gerente técnico: prioriza o conhecimento técnico. Está sempre sobrecarregado, e a equipe desmotivada, mas obediente. Torna-se rapidamente obsoleto porque não tem tempo disponível para atualizar o conhecimento técnico. Dá-se bem nos casos de incêndio.

Gerente do tipo vão-que-eu-vou-atrás: prepara a equipe para executar as tarefas de rotina e só se envolve para tomar as decisões, sem compartilhar esse processo com os funcionários. É um queixoso contumaz.

Avaliação da postura de proatividade:
Postura dinossáurica: passivo e indiferente ao que acontece dentro e fora da empresa. Não reage, não se adapta e não inova. Está condenado à extinção.
Postura camaleônica: observa e aproveita as mudanças internas e externas. Reage, mas não inova nada. Sobrevive no longo prazo.
Postura dinoleão: mistura de dinossauro com camaleão. Reage só a estímulos. Cessado o estímulo, ele para.
Postura empreendedora: reconhece e submete as forças internas e externas a sua vontade, necessidade e controle. Lidera, antecipa-se às mudanças e inova. É o que as empresas precisam, por isso sobrevive no longo prazo.

Capítulo 4 – O que é um gestor além da hierarquia (GAH)

Gestor além da hierarquia: perfil de gestor que valoriza as pessoas e os processos de desenvolvimento próprios e dos outros, com o objetivo de capacitar a equipe para que ela cresça profissionalmente. Conhecimento técnico apenas não o habilita para isso. É preciso prática e completa mudança de crenças e valores. Está embalado nos seguintes pilares:

- Formação de equipe de risco compartilhado (cap. 5);
- Desenvolvimento contínuo (cap. 6);
- Visão comum (cap. 7).

Capítulo 5 – Como entender o perfil da tripulação
Ferramentas de análise: um dos pilares do GAH é entender a real situação de uma equipe. Para isso é preciso usar alguns modelos que ajudam a verificar certas características importantes desse grupo, de modo que se adotem ações corretivas. Com as ferramentas, o gestor formata o foco de seu plano de ação em busca da alta *performance*.

Matriz de estágios da maturidade da equipe: usada para analisar em que estágio de evolução se encontra a equipe. Os estágios são: participação, subagrupamento, confrontação, diferenciação e compartilhamento.

Matriz de capacidade de trabalho e aprendizagem: analisa o perfil da equipe em relação a essas duas variáveis.

Matriz de relacionamento social e ajuda mútua: analisa as questões de sociabilidade do grupo e como esse aspecto é usado para alavancar o desempenho da equipe.

Matriz de preparo para o desempenho: com ela pode-se visualizar o potencial de desempenho da equipe para hoje e para o amanhã.

Matriz múltipla: cruzada com as quatro matrizes de análise da equipe, fornece os fatores do perfil emocional do grupo, como humor, amor e significado.

Capítulo 6 – Exercitando a tripulação
Arrume tempo: deixe de fazer o que não é importante e encontre o tempo necessário para desenvolver sua equipe.

Análise base zero: ferramenta para capacitar a equipe ao processo decisório por meio da avaliação de quatro alternativas de solução de um problema com diferentes graus de risco.

Planilha para provocar revisão de processos: depois de ensinado o processo decisório, essa é a ferramenta adequada para que o gestor mensure o nível de respostas positivas dos funcionários.

Desenvolvimento da equipe: estimula o aprendizado e a habilidade de avaliação dos graus de risco no processo decisório. Quando a equipe é autogerenciável, ela está desenvolvida, o que permite ao gestor dedicar-se mais aos projetos de inovação.

Capítulo 7 – Terra à vista

Visão: é o salto de competitividade vislumbrado, aquilo que eleva o patamar da área ao desempenho buscado.

Processo: é o que transforma os insumos em produtos, agregando valor para a empresa.

Produto: é a finalidade do processo, seu resultado final de valor agregado.

Medidores de desempenho: são os indicadores que mostram se estamos progredindo ou regredindo em relação à visão.

Eficiência da área: fazer certo a coisa – análise interna ao processo.

Eficácia da área: fazer a coisa certa – análise externa ao processo.

Contexto da empresa: entender qual é a estratégia da empresa entre preço mínimo, solução ou inovação.

Contexto do processo: entender se seu processo está dentro ou fora da cadeia de valor. Se estiver dentro, perceber se é crítico ou fundamental.

Foco: é o conjunto de resultados definidos pelo gestor para que sua área atinja a alta *performance*. É o tamanho do salto estratégico desejado e/ou necessário.

Plano de aumento de resultados: conjunto de medidas a ser adotado, cronologicamente organizado, para atingir um objetivo. Podem ser quatro os objetivos de um gestor: sobreviver, manter, crescer ou desenvolver.

Capítulo 8 – Elevando o ritmo das batidas

Curva de adesão à mudança: é o perfil médio do grau de aderência ou resistência apresentado por uma equipe. A adesão da maioria do grupo requer um processo de liderança que fará com que o perfil dessa curva se modifique, aumentando o número de aderentes.

Mobilização da equipe: técnicas e ferramentas utilizadas pelo gestor para envolver os funcionários no processo de mudança, alinhando os seguidores em direção à visão. É essencial saber inspirar, modelar, capacitar, encorajar e confrontar as pessoas.

Ciclos da mobilização: o processo de mobilização passa por rupturas e ciclos bem definidos. Os pontos de ruptura vistos foram a formação da comunidade pseudo-resistente, o desenvolvimento do caos e o vazio irônico. Superadas essas rupturas, o ciclo deve se repetir por três vezes até que a resistência seja revertida. Não espere os 100%, nem há necessidade de que isso aconteça.

Sustentação da alta performance: é a busca para que a equipe assuma os rituais de planejamento e mobilização na conquista dos resultados de curto e médio prazos.

Capítulo 9 – Alinhando para evitar motins
Alinhamento da equipe: dinâmica utilizada pelo gestor, com o suporte de um consultor externo, sempre que os comportamentos e as expectativas da equipe apresentarem discrepâncias durante o processo de mudança. Busca-se a comparação com os perfis esperados de sobrevivência, sucesso e sonho em relação à realidade vivida na equipe.

Capítulo 10 – Como trabalhar com outros capitães
Equipes multidisciplinares: pessoas de diferentes áreas e especializações complementares são reunidas em pequenos grupos para trabalhar em projetos de inovação. São excelentes oportunidades de ganho em aprendizado, crescimento profissional e aumento de credibilidade.
Individualismo: é o que mais atrapalha o bom desempenho de equipes multidisciplinares. Reforçam o individualismo, a ética inadequada dos superiores hierárquicos, o estímulo a esse comportamento na cultura das empresas e o natural desconforto das pessoas com o trabalho em grupo.
Algumas chaves de sucesso: criar espírito de corpo, trabalhar abertamente os conflitos e a confiança, atuar de forma integrada, cobrar a ética interna do grupo, o senso de urgência instalado e a busca de consenso por meio do consentimento são algumas dicas para obter alta *performance* em equipes multidisciplinares.

Manutenção do patrocínio: devem ser tomados cuidados para evitar o desgaste da imagem do patrocinador em relação ao projeto e à equipe.

Capítulo 11 – Inovando para ganhar credibilidade

Credibilidade profissional: para aumentar sua credibilidade, é preciso ampliar sua exposição. Isso pode ser alcançado com inovação.

Inovação: requer energia e é combatida por desgaste, conflitos de interesses, direitos adquiridos, desconfiança e avaliação errônea.

Viabilidade: a inovação precisa ser viável técnica e economicamente em relação ao momento e à pessoa que irá implementá-la e em termos políticos.

Riscos envolvidos: é preciso avaliar os riscos envolvidos na inovação – o do patrocinador, do tempo, do tamanho da ideia, de sua autonomia na decisão –, a flexibilidade e a velocidade.

Ambiente onde transitará a inovação: não se esqueça de trabalhar na zona de conforto das pessoas. Lembre-se dos perfis de feudalista, prisioneiro, gênio, preciosista e integrador, cada qual com seus temores. Prepare sua sequência de coalizões em conformidade com cada um deles.

Força da inovação: varia de acordo com a pressão para mudar, a experiência da empresa com mudanças, a credibilidade do implementador e a legitimidade do patrocinador.

Estratégia: pense antes de fazer, avalie os passos e só depois execute.

Capítulo 12 – A credibilidade da esquadra

Os três papéis que você, como gestor, irá assumir são:

Aporte de credibilidade: você não aumentará a própria credibilidade, mas dará o aval para inovação de outros.

Aconselhamento: você terá tempo para analisar a ideia e irá retomar com alternativas e riscos.

Implementação: você será chamado a opinar imediatamente e deverá obter todas as especificações com os solicitantes antes de mergulhar no projeto.

Construindo seu plano de ação

Para que seu plano de ação seja consistente, tenha como base o perfil de gerência exercido até agora e o diagnóstico atual de sua equipe em relação à competitividade empresarial. Isso é o que vai assegurar a dinâmica do fluxo básico de implantação da mudança. O gráfico da página seguinte resume esse fluxo.

Quando você estiver pronto para iniciar a mobilização da equipe, antes de realizar um *workshop*, faça com que todos os funcionários leiam os três primeiros capítulos deste livro. Eles devem levar as respostas às questões-chave do final de cada capítulo para a reunião do grupo, com data e local marcados por você. Essa é a forma de consolidar opiniões e estabelecer uma visão comum do posicionamento sobre a necessidade de mudança.

Por motivos discutidos anteriormente, quando o gerente marca um *workshop*, já deve ter feito sozinho o exercício de autodiagnóstico de seu perfil de atuação e também o da equipe. Só depois de obtido um posicionamento conjunto na reunião em grupo é que o gestor iniciará essa etapa com o grupo.

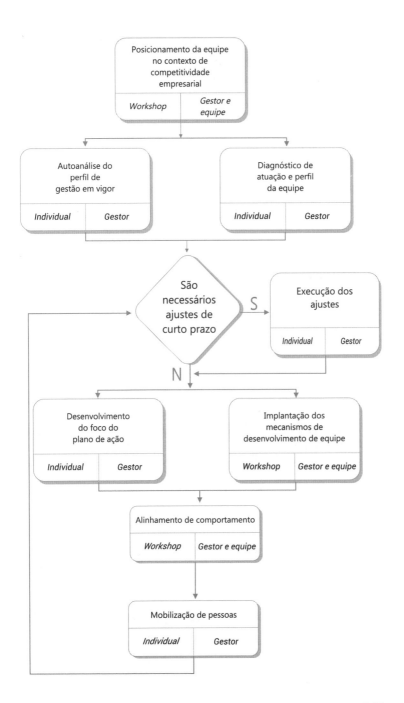

As duas atividades de diagnóstico devem ser desenvolvidas em paralelo com o grupo e estão descritas nos capítulos da parte 2. No capítulo 5, você terá todas as ferramentas necessárias para traçar a situação atual da equipe.

Essas ferramentas são modelos que você percorrerá um a um, interpretando cada quadrante para encontrar o atual perfil do grupo. Dessa forma, vai discutir com eles o nível atual de *performance* e como elevá-lo. Esse é o momento adequado para promover ajustes de curto prazo, ou seja, troca de pessoas, contratações, mudança de nível de "senioridade" do grupo, enfim, um conjunto de ações que precisam ser avaliadas em curtíssimo prazo.

Mantenha-se, porém, especialmente atento: nesse ponto da implantação da mudança, você deve levar em consideração que a *performance* da equipe é reflexo direto de seu desempenho como gestor. Tome muito cuidado com os critérios que vai utilizar nos ajustes de curto prazo porque, muito provavelmente, você é o agente provocador desse desempenho.

Depois da avaliação da necessidade dos ajustes de curto prazo, inicie o processo de implantação dos mecanismos de desenvolvimento da equipe utilizando o capítulo 6, "Exercitando a tripulação". Nele você encontra a *análise base zero* para desenvolver as pessoas na solução de problemas e reduzir sua carga nas decisões de curto prazo da área. Não esqueça que sua matéria-prima como gestor é o tempo. Por isso, é preciso minimizar seu trabalho para que possa dedicar-se à implementação da alta *performance*.

A *análise base zero* e a planilha para provocar ações devem ser implementadas em cerca de dois meses. A partir disso, sua equipe já deverá estar ajudando bastante no processo decisório e resolvendo os problemas decorrentes da rotina. Em paralelo, você tem de trabalhar no estabelecimento do foco de *performance* e no plano de ação para atingi-lo. No capítulo 7, estão todas as orientações, conceitos e técnicas para elaborar o foco e o plano de ação.

Estabelecer o foco e traçar o plano de ação são atividades que, inicialmente, você deve desenvolver sozinho. Depois de ter essas definições claras em mente, aí sim é possível envolver aquelas duas ou três pessoas de sua área que já estão mais preparadas para absorver o novo modelo de gestão.

Você dispõe, portanto, de dois meses para levar o grupo a solucionar problemas, enquanto determina o foco e customiza o plano de ação quanto à realidade de sua área. Na sequência, promova o alinhamento de comportamento do grupo, realizando um *workshop* de acordo com o proposto no capítulo 9. Convém que essa ação seja precedida da leitura do capítulo 3, que trata também dos perfis de passividade, reatividade e proatividade.

É interessante iniciar essa etapa do trabalho de equipe com uma discussão sobre esse assunto, para fazer com que as pessoas se posicionem oferecendo sua visão sobre a postura dos outros. O objetivo é gerar um espírito de proatividade e oferecer uma base de raciocínio para que o grupo se alinhe. O resultado desse alinhamento será o conjunto de medidas a ser adotado para a correção de seu estilo de gerenciamento e do comportamento da equipe.

Vale destacar que para esse exercício de alinhamento, especialmente quando o grupo apresenta altos níveis de deterioração do clima organizacional, o gestor deve buscar o apoio de um agente externo para facilitar o processo e evitar mais desgastes. Obviamente esse profissional deve contar com a necessária experiência na gestão de pessoas ou estar ligado à área de Recursos Humanos.

No final do *workshop*, o gestor apresenta à equipe o foco estabelecido e seu plano de ação para atingir a alta *performance*. Pode ser que haja uma percepção da equipe sobre a necessidade de ajustes prévios à implementação. Nesse caso, realize-os em conjunto. A partir desse ponto, como gestor você não tem mais retorno.

Estude atentamente o capítulo 8, "Elevando o ritmo das batidas", e não esmoreça, ou seja, ponha a teoria em prática e use também toda sua coragem e persistência. Siga em frente: faça a diferença, vá muito além da hierarquia. Não se surpreenda se, ao longo do primeiro ano de prática de *performance* superior, você ficar "embebido" de conceitos de mudança e liderança. Seu discurso muda, sua postura assume outra dimensão, porque você vai respirar gente e alta *performance* o tempo todo.

Uma vez concluídos os primeiros três meses de mobilização, faça com o grupo a reconceituação do foco. Conforme mostra o roteiro de atuação detalhado no capítulo 8, você terá de promover ciclos de revisão, mobilização e alinhamento por cerca de um ano, até que sua equipe assuma o autogerenciamento.

Uma vez ajustada a equipe, enfatize sua caminhada pela conquista de credibilidade com seus pares e superiores. A partir do sexto mês de mobilização, você já poderá contar até com algumas pessoas da equipe nessa empreitada. Estude com elas os capítulos 10, 11 e 12 e faça os exercícios de forma a ajudá-las como agentes desse novo processo. Não se esqueça de que a parte mais fácil é levar a equipe à alta *performance*. Por isso, tome fôlego, pois a verdadeira conquista de credibilidade deve ocorrer perante seus pares e superiores.

Como no ambiente organizacional o acaso não deve existir, eu não lhe desejo sorte. Desejo SUCESSO!

Parte 6

Questão final: autodesenvolvimento

14
Autogestão do próprio desenvolvimento

Um emprego é algo muito desejado. Um bom emprego, então, é um sonho. Mas sonhar com um bom emprego que dure para sempre é uma infantilidade. Nos dias de hoje, trabalhar numa grande organização e achar que a segurança de seu futuro está somente lá dentro é uma inocência. Todo profissional que deseja prosperar necessita ser reconhecido fora das paredes de uma empresa, até para ser mais valorizado dentro dela. Uma chave fundamental disso é desenvolver uma cadeia de relacionamentos que acredite em seu potencial profissional.

Rede de relacionamentos – *Network*

Não se trata de medir se você é querido ou não pelos amigos. Estamos falando de sua capacidade de ser reconhecido pelo mercado como um profissional competente. Essas pessoas são aquelas com as quais você convive em diferentes níveis e formam sua rede de relacionamentos, sua *network*. Quando age intencionalmente para ampliar essa rede, você está fazendo *networking*. E isso é essencial para seu crescimento. Sem sua rede de relacionamentos, você enfrentará sozinho o mercado.

Um dia desses observei um profissional vivenciando a solidão causada pela falta de *network*. Ele trabalhou durante anos em uma grande empresa e me procurou para discutirmos as razões de não estar conseguindo nova colocação. Algumas de suas indagações me chamaram a atenção:

1) Por que fui demitido depois de tantos anos em uma empresa onde várias vezes recebi aumentos por mérito, entre outras formas de reconhecimento?

2) Por que já enviei vários, na verdade muitos, currículos e ninguém me telefonou em retorno?

3) Por que meus amigos desapareceram? Será que eles ainda gostam de mim?

4) Enfim, o que está acontecendo?

Ora, as respostas a essas perguntas são até certo ponto fáceis de serem dadas, mas muito duras de sentir:

1) Você não foi demitido. Foi devolvido a seu habitat. Você não nasceu dentro daquela empresa.

2) Enviar currículos é uma pequena parte do processo de criar visibilidade no mercado, aliás, a mais fácil, óbvia e antiga. Qualquer um pode fazê-lo, e com esse procedimento você concorre com qualquer um. Em tempo, currículos enviados pela internet a turma nem olha, deleta mesmo.

3) Amigos, amigos; mas indicar uma pessoa sem efetivamente reconhecer nela uma capacidade de realização diferenciada é muito complicado. Por isso os amigos somem.

4) O que aconteceu então? Todas as pessoas que realmente conheciam sua capacidade de realização e seus "feitos" profissionais estavam dentro da empresa que você deixou. Portanto, ninguém o reconhece e ninguém pode abrir espaço no mercado, muito menos de onde você saiu.

Não adianta sua agenda de telefones estar abarrotada de pessoas que você conhece: o fundamental é que um número significativo de pessoas tenha seu nome na agenda delas. Ou seja, todos sabemos que só incluímos uma pessoa na agenda quando reconhecemos nela uma efetiva capacidade de realizar coisas que nos interessam. Não confundir isso com sua lista de nomes da turma do futebol ou do churrasco. Essas pessoas só o reconhecem como um bom centroavante ou um ótimo preparador de costela na brasa.

Essa rede de relacionamentos profissionais precisa ser desenvolvida e cultivada quando se está empregado, quando você faz a diferença, quando o conjunto de pessoas em volta consegue enxergar seu diferencial dentro da organização. E fora dela? Você deve participar ativamente de tudo o que faz, aproveitar todas as oportunidades para ajudar outras pessoas com sua competência. Eis a chave: quanto maior o volume de pessoas que você conseguir ajudar com o que sabe, maior sua credibilidade. Não se esqueça: ao longo do tempo são essas mesmas pessoas que o reconhecerão e lhe pedirão o currículo. Aliás, você não precisará enviar o currículo, vão pedi-lo, ou melhor, vão saber seu currículo pelo respeito e pela convivência.

Às vezes, quando estou dando aula, olho para a turma e me pergunto quanto tempo cada um de meus alunos estaria investindo para começar sua *network* dentro da sala de aula. Há outras tantas pessoas ali dentro com formação e interesses profissionais em comum. Esse é um excelente começo para cultivar uma rede de relacionamentos. Tenho a impressão, no entanto, de que perdem tempo com muitas coisas e deixam de dar valor a isso, que será muito importante para a carreira deles.

Para conquistar e manter um emprego, portanto, gerencie a qualidade de sua rede de relacionamentos. Infelizmente, temos certa dose de arrogância. Apreciamos estar perto de quem sabe menos ou tem menos visibilidade do que nós. Aqueles que sabem mais, geralmente, nossa própria arrogância rotula de arrogantes. A criação e a manutenção de uma rede de relacionamentos passam, certamente, por você servir genuinamente àqueles que conquistaram antes a visibilidade no mercado. Ninguém nasce visível. Cada qual cria suas oportunidades, convive entre elas e, às vezes, joga-as fora.

Como se percebe, esse assunto parece uma falha comum entre as pessoas que têm um emprego, mas se esquecem de se fazer reconhecidas por seu trabalho. Como diz meu amigo José Augusto Minarelli, especialista em recolocação: "Arrumar emprego dá trabalho; portanto, assuma essa necessidade de desenvolver sua rede de relacionamentos antes que você precise dela".

Sobreviver, crescer e prosperar

Para existir, as empresas precisam de pessoas que produzam e conduzam o negócio. Isso não significa, porém, que esses profissionais sejam insubstituíveis. Quando uma empresa enfrenta algum tipo de dificuldade, uma das primeiras soluções adotadas é o corte de pessoal. Pode até não ser a melhor, mas é a realidade do mercado de trabalho. Esse tipo de discurso pode sugerir até que as organizações sejam estruturas injustas e desleais, onde as pessoas não têm importância. Não se trata disso. É que, acima de tudo, uma empresa precisa ser leal à sua finalidade como empreendimento, que é: sobreviver, crescer e prosperar. *Cabe a você, portanto, fazer o mesmo com a sua carreira.*

Quando está focada na sobrevivência, uma organização mantém o olho no fluxo de caixa. Discutir sobrevivência empresarial é discutir o caixa, ou não há discussão. Em compensação, se esse for o único foco, o negócio estará fadado a morrer porque também é preciso pensar em crescer. A empresa cresce quando olha o caixa, planeja o futuro e define os investimentos necessários. Mas isso ainda não é o bastante para assegurar a longevidade de um empreendimento. É preciso também prosperar. Ou seja, contar com os recursos tecnológicos e os fatores de credibilidade e de imagem que tornem a empresa uma referência no mercado. Isso é prosperidade: é o ponto em que a marca se torna um padrão de qualidade e os produtos ou serviços passam a ser desejados como os melhores. Como isso não cai do céu, toda organização precisa pôr a inteligência em prática e contar com uma estratégia. *Cabe a você, portanto, contar com sua própria estratégia de carreira.*

A maioria dos profissionais é muito fraca em autoempresariamento, porque ainda temos o hábito de delegá-lo ao empregador. Entramos para uma organização e pensamos (o pior é que acreditamos): "Empresa tal, fazei deste corpinho um superintendente regional!" Já que não vivemos um conto de fadas, não é bem assim que as coisas costumam acontecer...

Como profissionais, devemos ter os mesmos focos que uma empresa: sobreviver, crescer e prosperar. É preciso sobreviver, não há dúvida. Alguns trabalham com o olho no talão de cheques, porque sabem que em casa existe um orçamento a ser mantido. Mas quem pensa só na sobrevivência acaba não indo muito longe. É imprescindível crescer. Só que para isso – lembra? – você terá de pensar, planejar e investir.

O investimento fundamental de uma carreira é em você mesmo. Ponha cada centavo de seu dinheiro nos lugares certos e não nos mais fáceis. Quando fizer um curso, por exemplo, faça o de melhor qualidade. Não adianta nada cursar o mais fácil, mais barato ou o que é mais perto do escritório. Fuja mais ainda daqueles que dão certificado e nem exigem muita presença. É você quem está pagando ou, pelo menos, é você quem está investindo seu tempo.

Faça as contas: um bom curso de extensão, considerando a carga horária das aulas e as horas-extras de leitura e estudo, equivale a cerca de oito meses. Se investir errado, jogará um ano fora. Se terminar o curso – e o ano – valendo a mesma coisa de quando começou, sinto muito: a escola ganhou, o professor ganhou e você perdeu. Dinheiro e tempo. A matéria-prima mais valiosa, quando se fala de investimento, não é o dinheiro, é o tempo.

Além de investir na formação, você precisa manter-se atualizado. Assinar revistas especializadas, ler bons autores, frequentar palestras e seminários, ir a exposições e feiras, explorar e fazer pesquisas na internet. Ou seja, ter domínio sobre um volume o mais amplo possível de informações. Isso inclui sua área de especialidade e, é claro, outros assuntos de interesse correlato. Ou não. É sempre mais agradável compartilhar um almoço de negócios ou um *coffee break* com uma pessoa bem informada e capaz de conversar sobre assuntos diversificados. Esse *plus* de informações fica totalmente à sua escolha, porque para entender é preciso gostar.

Viajar, mesmo em férias, também é um investimento, um negócio fantástico. Pode ser para a Aldeia de Pedra Furada, não há problema algum. Mas, indo lá, você deve trazer uma compreensão do lugar, entender um pouco mais as cidades e as pessoas... a vida. Pode tomar caipirinha, passear de barco, curtir a piscina do hotel, mas você tem de voltar valendo mais. Por trás de todo crescimento está o aprendizado. Quanto menos você aprende, menores são suas chances de crescer. Quanto mais você aprende, mais você se habilita ao crescimento.

Tal como uma empresa, além de sobreviver e crescer, você precisa prosperar. E para isso deve ter uma estratégia. Qual é sua estratégia? Você sabe quanto quer valer nos próximos anos? O que você faz para alcançar essa meta? Não vale olhar para cima e dizer: "Seja o que Deus quiser". Se Deus tivesse de fazer algum comentário a esse respeito, faria provavelmente um muito parecido com o de seu chefe: "Diga para sua turma que ela tem que andar. Quando conseguirem alguma coisa, a gente abençoa". A sabedoria popular conhece há muito tempo essa resposta e cunhou o dito: "Deus ajuda a quem cedo madruga".

Quando uma pessoa não tem estratégia, não vai para frente. Quero ver a sua. Mostre onde ela está escrita, diga com quem tem discutido o assunto. Quanto você quer valer como profissional nos próximos três ou quatro anos? Como quer ser reconhecido e em que tipo de mercado? Diante de quais pessoas você agiu para desenvolver credibilidade?

Os três ângulos – sobreviver, crescer e prosperar – têm de ser cuidados hoje. Exatamente hoje. A sobrevivência é uma necessidade de curto prazo, enquanto o crescimento e a prosperidade são de médio prazo. Mas não quer dizer que as organizações deixem para focá-las no futuro. Com sua carreira é a mesma coisa. Então vamos lá, vamos analisar juntos? O que está fazendo hoje por seu crescimento e sua prosperidade? Acho que sei. Você está trabalhando oito, nove horas por dia, desmotivado e com a paciência se esgotando à toa. É comum pensar ou até dizer: "Não aguento mais essa empresa. Isso aqui é um inferno! Com esse chefe não dá. É muito longe de casa. Eles não dão aumento". Isso é só o gerenciamento da sobrevivência.

Veja que situação interessante: para ir em frente, a empresa precisa de gente. Mas de profissionais como você? Engano seu:

uma organização segue sua trajetória com você, sem você ou, até mesmo, apesar de você. Se for o caso, demite e vai buscar outra pessoa no mercado. Quando somos contratados, é comum ouvir uma frase do tipo: "Aqui nós temos plano de carreira". Cuidado com essa afirmação! Ela quer dizer o seguinte: a empresa possui um conjunto de carreiras para atender às próprias necessidades e está oferecendo uma a você.

Por não ter nenhuma base de negociação de seu futuro, no entanto – não sabe aonde vai, não sabe quanto quer valer, não gosta muito do que faz e virou pedinte de emprego –, você responde: "Que bom que aqui tem uma carreira de *office-boy* iniciante. Tô nela!" Nessa etapa ainda é possível que a empresa acrescente: "Daqui a seis meses a gente avalia você, e em três anos... Nosso presidente era *boy* quando entrou aqui". Isso é conversa mole! A história é outra: já passaram pela empresa até hoje 5.816 *boys* e só um virou presidente. Além disso, ele era sobrinho do diretor do conselho e só ficou um mês como *boy*. Depois foi para os Estados Unidos estudar. Intencionalmente, a turma come o meio da história e fica só o "quando-o-presidente-entrou-aqui-era-*boy*".

Outro ponto interessante: quando trabalha em um ambiente que prospera, você vai para frente junto com ele mesmo sem se esforçar. Digamos que o empreendedor principal da organização decida investir alguns milhões de dólares para abrir seis novas fábricas em um mercado altamente comprador. Foi ele que abriu, não você. Quanto VOCÊ faz a diferença nesse tipo de negócio? Nada! O espírito empreendedor do empresário deu um salto organizacional e, por acaso, você está dentro do negócio dele. É bem confortável: a empresa cresce e leva você junto.

Agora imagine duas outras organizações: uma bem estruturada, arrumada, bonitinha, de sucesso empresarial, e a outra em dificuldades, não sabe aonde vai, mas quer contratá-lo para que ajude na reestruturação. Em qual das duas você vai aprender mais? Na segunda. Qual delas agrega mais valor a seu currículo? A segunda. Então qual é a melhor para trabalhar?

Prefere a primeira? Você está fugindo da raia e rejeitando uma oportunidade. Essa situação reforça, por exemplo, minha opinião de que risco não é igual a oportunidade. Isso pode ser válido na China, no Japão. Aqui, oportunidade é igual a mais trabalho. Muita gente acha, porém, que aproveitar oportunidades é mais trabalhoso; por isso, escolhe a empresa mais arrumada, mais confortável. Agora você pode estar desenvolvendo o seguinte raciocínio: quer dizer que quanto melhor eu for, pior será a empresa em que devo trabalhar? Achar isso é péssimo. Não se trata disso; trata-se de saber avaliar uma oportunidade quando ela surge perante seu momento de carreira.

Tempos atrás uma empresa de porte médio precisava de um executivo para lavar a lama financeira em que foi mergulhada. Queria alguém com experiência de pelo menos dez anos em empresa familiar com gestão deficitária e que já tivesse passado pelo segmento de construção e incorporação. Você acha que eles pagariam o valor de mercado para esse profissional? É claro que não: estavam dispostos a pagar o dobro. O desafio era deixar a área financeira da empresa tinindo em seis meses e preparar alguém para aquele posto. Esse substituto, sim, ganharia o valor de mercado. Eles encontraram esse executivo, que tinha na ocasião 63 anos de idade! Quanto vale esse profissional que já havia passado por tantos desafios? Acostume-se com essa perspectiva e treine para um processo de contratação desse tipo.

Uma organização não pode desviar-se da finalidade empreendedora para se preocupar com seu crescimento profissional ou com sua prosperidade. Algumas até pagam formação escolar

e, se for esse seu caso, erga as mãos para o céu! Isso não vai durar muito. Algumas adotam uma ou outra iniciativa que, por mera coincidência, pode cruzar seu caminho – se você não tiver um. Outras coincidências nem devem ser levadas a sério, como:
- A empresa o manda fazer um curso e você gosta do novo conhecimento. Mera coincidência!
- Você é promovido se desempenha bem e está feliz com o novo cargo. Mera coincidência!
- Você estava atrás disso? Não, mas está muito bom assim. Mera coincidência!

Crescer e prosperar – esse é seu foco. Não é nem porque a empresa não deva mesmo cuidar disso; é você quem não deve abrir mão de gerenciar sua carreira. Você depende do autoempresariamento. Uma organização pode chegar ao mercado e anunciar falência ou concordata. Mas chegue você em casa e diga que abriu concordata. A família vai achar que ficou louco! Por isso, digo e repito: não deixe a empresa apoderar-se de seu crescer e seu prosperar. Cabe a você gerenciá-los. Caso contrário, daqui a pouco você começará a reclamar da falta de qualidade de vida.

Planejamento de carreira

Em geral, as pessoas que reclamam de baixa qualidade de vida estão falando, na verdade, da pouca quantidade de ócio. A pessoa não gosta do que faz, não sabe aonde vai, não tem perspectiva e debita à empresa sua falta de horizonte. Às 7h da noite, não aguenta mais. Quando chega em casa, a esposa diz: "Coitado!" Deve ser mesmo um coitado: passou o dia inteiro aborrecido com a falta de sentido do trabalho. Não gosta muito do que faz, não gosta muito da profissão, não sabe o que está fazendo com ela e, no início da noite, não aguenta mais. Isso acontece com quem trabalha somente com as estruturas de dever e acha que terá prazer no ócio.

Avalie sua situação

Em vez de pensar em quantidade de ócio, que tal refletir sobre sua qualidade de vida futura? Prepare uma lista das coisas que você faz diariamente e atribua a cada item o percentual de tempo dedicado. Normalmente as pessoas atribuem 80% para trabalho e 20% para diversão e pronto. Dessa lista, entretanto, podem constar muitas outras coisas: trabalhar, estudar, planejar, sobreviver, crescer, cuidar da *network*, investir, divertir-se, entre tantas outras. Note como essas áreas acabam correspondendo às funções de qualquer empresa: produção, marketing, finanças, engenharia, manutenção, planejamento e por aí vai...

Tendo em mente quanto você vale e quanto quer valer dentro de três anos, pegue item por item da lista e defina: vou destinar tantos por cento do meu tempo para trabalhar, tantos para estudar e assim por diante. Ao fazer isso – e tendo em mente o que quer ser e valer –, você se projeta no futuro. Quando voltar para o presente, pode ser que sinta necessidade de fazer alguns ajustes. Quem sabe cortar um pouco do divertimento e aumentar o estudo. Se não fizer isso, estará comprometendo o que quer ser lá na frente. Ou você trabalha construindo alguma coisa ou não sairá do lugar. Organização nenhuma assumirá seu foco na sobrevivência, em curto prazo, ou seu alto nível de passividade em relação ao futuro.

Prepare-se, portanto, para ter respostas claras e rápidas para estas perguntas:

- Quanto pegou de seu caixa para ampliar suas principais competências neste ano?

- Quantos convites recebeu para realizar outros trabalhos além de sua atividade principal?
- Fez alguma palestra, deu aulas?
- Participou de algum grupo interempresarial discutindo temas de interesse?
- Participou de congressos em sua área?
- Esteve fora do país em alguma visita de negócios?
- Com quantas empresas de outro estado ou país teve contato neste último ano?
- Em sua rede de relacionamentos, quantas pessoas estão envolvidas em operações internacionais?

Pense no seguinte: antigamente as empresas pegavam pessoas passivas e investiam na formação delas. Hoje, ou buscam profissionais que já passaram por essa fase de investimento em outras organizações – é mais fácil, mais rápido e mais barato – ou contratam pessoas que investem em si mesmas. Ou seja, se você não estiver fazendo esse investimento, ficará fora do mercado. O autoempresariamento e o autoempreendimento são fundamentais. Quantas pessoas você conhece que realmente fizeram a diferença se autoempreendendo neste último ano? Poucas!

Em geral os profissionais considerados empreendedores realizam "apenas" dois ou três empreendimentos por ano, não mais do que isso, conforme discutimos no capítulo 11. Isto é, para cultivar uma imagem empreendedora não é necessário ter ideias a cada cinco minutos. Aliás, os empreendedores fazem uma porção de outras coisas que você nem percebe:

- Servem de espelho e arrimo para os que buscam crescimento;
- Servem de excelentes técnicos (*coach*), apontando caminhos para o crescimento de outros;

- Fazem acontecer caminhos, abrem portas, derrubam muros.

Certa vez, conversando sobre carreira com um grupo de gerentes de um banco, um deles me disse logo de início: "Nós queremos ser o maior conglomerado financeiro do país". Nós quem?! Ele respondeu assim: "Nós, o banco". Ponderei com ele, então, que o banco possui alguns milhares de funcionários, portanto cada gerente é um-desses-muitos-milhares-deles. Qual é sua força de influência para ser o maior conglomerado financeiro do país?! Ele respondeu com um fio de voz: "Nenhuma". Se a força é nada, então qual é o futuro dele? Por isso o profissional empreendedor sabe diagnosticar os desafios que são do tamanho de sua capacidade de implementação. Há muita diferença entre ter delírios de grandeza e ser capaz de realizar coisas.

A questão é a seguinte: o futuro de um profissional é diferente do futuro da empresa em que trabalha. Inicialmente, há um período em que de fato ocorre uma troca – uma troca, não uma doação. Você troca a experiência da empresa pela sua, e os dois ganham. Depois dessa fase, cada um constrói seu próprio futuro. Por isso, tempo de casa não importa. O fato de permanecer trinta anos numa empresa não denigre ninguém, desde que o profissional esteja respondendo a todas aquelas questões sobre seu crescimento e prosperidade.

Cinco anos é bom, oito anos é ruim, trinta anos é péssimo? Coisa do passado. Trinta anos pode ser ótimo, se a empresa passou por quatro *joint ventures*, fez umas tantas associações e operou em multiculturas. Podem ter atravessado juntos também épocas boas e ruins, mas o que importa é se você permaneceu na organização implementando coisas. Então é ótimo estar nessa única empresa há tanto tempo. Não é o tempo de casa, mas o de aprendizado que conta.

Identifique suas forças e fraquezas

Ao fazer a autoavaliação, procure identificar quais são, efetivamente, suas forças: o que você faz lhe garante diferencial competitivo quanto a suas competências, habilidades, *network*, enfim, sua biografia? Mas seja rigoroso consigo mesmo. Não vale contar como habilidade o que todo ser humano tem, o primo não serve de *network* e na biografia você não pode dizer que tem oito anos de experiência quando, na realidade, tem um ano na mesma coisa, que foi repetida oito vezes.

Em seguida, faça um exercício do mesmo tipo com suas fraquezas para identificar as carências. Junte então tudo isso a seus sonhos e defina seu objetivo: "Dentro de três ou quatro anos quero ser reconhecido como... uma ameba selvagem, um ser humano normal, um pé de alface, um dos melhores profissionais da área de... e assumir o cargo de..." Não tem problema algum o tipo de definição. O problema é não ter essa definição. O que não pode é dizer: "Sabe lá Deus..." Quem pode saber de você é só você. Quando a gente não sabe aonde vai, acaba servindo de arrimo para quem sabe.

Identifique tendências de mercado

Decidido seu objetivo para os próximos anos de carreira, vá atrás das oportunidades para desenvolver suas competências, habilidades, *network* e biografia. Depois, analise as tendências que envolvem seu campo de trabalho. Ou seja, pretende ser gerente de suprimentos? Ótimo. Então para onde estão indo os suprimentos? O setor tende a crescer?

Ser terceirizado? Qual é o conceito da área no mercado e dentro da empresa em que trabalha? É bom saber.

O tempo em perspectiva

Percebo que há muito pouca gente realmente interessada em si mesma. De modo geral, o que as pessoas sentem é mais pena do que interesse. Quando fazem a lista de atividades e definem o tempo de dedicação a cada item, não são capazes de abrir mão do ócio atual em favor do futuro melhor. Acontece que nenhum esforço de busca de realização profissional apresenta resultado antes de cinco ou sete anos. Nenhum. Crescer é um esforço continuado até que a gente comece a sentir que não é mais aquilo que era antes. Não pense que dando uma bela arrancada de três meses vai ver sua credibilidade crescer. Não acontece absolutamente nada em três meses. Além disso, durante o período de esforço continuado por vários anos, você precisará rever tudo, visitar várias vezes todos os itens da lista e fazer ajustes.

Cuidamos muito mal de nosso crescimento e de nossa prosperidade, somos reativos ou passivos. Parece até que alguns dão certo por inércia, outros porque ficam quietos. Fomos preparados para viver com base em duas crenças:

1) O país cresce e leva a gente para frente;
2) São os outros que nos devem atribuir valor.

Por isso as pessoas não se mostram dispostas a investir um tostão ou um minuto da vida para conquistar valor profissional.

Encontre seus espelhos

Quero chamar sua atenção para um ponto: é muito difícil crescer sozinho. Sendo assim, além de cultivar a *network*, escolha pessoas para servir-lhe de espelho. Se conhece alguém que se distingue pelo *comportamento ético*, mesmo que não seja tão estudioso ou empreendedor, pegue sua faceta ética como exemplo. Observe o que ele faz, analise seu padrão ético, veja como age e como faz para ser percebido por essa característica.

Outro espelho bom é o da *competência*. Quem é a pessoa que você reconhece como mais competente naquilo que faz? Ah, mas ela não é ética. Não faz mal, porque nela você vai observar a competência. Esse será seu traço inspirador. Outro espelho: o da *performance*, da *energia*. Mas ela não é ética, não é competente. Não faz mal! Observe a *performance* dessa pessoa.

Um quarto espelho: o da *disciplina*. Não confunda ser disciplinado com ser metódico. Disciplinado não é aquele que tem noite certa para fazer as coisas ou usa uma cor de pijama para cada dia da semana, ou tem dia e hora certa para cortar as unhas. Isso é ser metódico. Procure alguém que seja responsável por aquilo que está fazendo com a própria vida. Isso requer disciplina, essa pessoa é autodeterminada.

Caso esses quatro espelhos estejam em falta em sua rede de relacionamentos, você acabou de me dar um *feedback*. Muito provavelmente está escolhendo relacionar-se com pessoas piores do que você. Essa é uma habilidade negativa que às vezes desenvolvemos como defesa. Cercar-se de pessoas menos capazes é gostoso, a gente lidera, é reconhecido por elas, que lustram nosso ego. Para crescer e prosperar, no entanto, devemos buscar o relacionamento com pessoas que reconheçamos ser melhores que nós, com quem tenhamos o que aprender. Ego polido não faz carreira.

Avisos importantes

Sempre que for contratado, prefira ser chamado para arrumar as coisas, para *drenar o pântano*. Tome cuidado, porque a empresa, assim como o pântano, está cheia de jacarés. Essa é uma metáfora utilizada pelo professor e amigo Luiz Carlos de Queirós Cabrera para se referir às ações de curto prazo.

Ele explica o seguinte: os jacarés ficam o tempo todo comendo suas pernas. Cada vez que você pensa em ir para frente, eles comem um pedaço do seu corpo. Aí você acaba se enfezando e resolve matar todos com um porrete ou laçar os bichos enquanto dormem. Dali a uns cinco anos, você vai matar as fêmeas para impedir a procriação. Mas seu trabalho não é matar jacarés – é drenar o pântano.

A certa altura você está tão entusiasmado que até já usa o notebook para matar jacarés. O perigo, entretanto, é perder o foco. Se alguém chegar e perguntar: "Como é, drenou o pântano?" Você vai responder: "Sabe o que é, o pântano está cheio de jacarés. Olhe minha mão, está faltando um dedo. Olhe minha perna, ó!" Ou seja: faz um ano que não estuda, cinco que não tem estratégia de carreira e já não sabe mais aonde vai... Não digo que você não terá de matar um ou outro jacaré. Mas seu currículo só cresce quando você drena o pântano.

Segundo aviso: *não se adapte à empresa*. Quando isso acontece, você não serve mais. Ao enquadrar-se, está reduzindo sua velocidade de crescimento em, aproximadamente, vinte vezes. Você vira mão de obra. É preciso trabalhar na contramão, na mudança, na competência... E com prazer. Se você esquecer essas quatro coisas, sinto muito, não terá nem atestado de bons costumes. Terá atestado de óbito.

O terceiro aviso eu nem gosto de dar, mas preciso. Existem pessoas que, além de não ir para frente, *puxam as outras para trás*. Atacam, de preferência, quando você está sozinho, indefeso. Rodeiam sua mesa, apressam o passo no corredor ou pegam você no elevador e pronto! Em quinze minutos, uma pessoa dessas faz de você um trapo: "Fazendo curso à noite? Pagando do seu bolso?! Credo! Vai me dizer que tem de fazer trabalho em casa também! Imagino, nem tempo para ver os filhos tem mais, eu sei como é..." Essas pessoas sugam a energia da gente. Livre-se delas! Suma, recuse-se a conviver com elas!

Você pode até achar que estou sendo muito cruel e duro no que escrevo, mas é a realidade. Essas coisas acontecem todos os dias dentro das organizações. São fatos, mas, apesar disso, cerca de dois terços dos profissionais na ativa parecem não ver ou se esquecem do que veem acontecer diariamente na sua frente. Ao longo do tempo, criam operações-disfarce e culpam os outros por não conseguirem crescer e prosperar. Essas pessoas serão vítimas de seu autoengano. Mas não importa: você vai em frente como um gestor além da hierarquia.

QUESTÕES-CHAVE

1. Quem você considera responsável por sua carreira: a empresa ou você?

2. Quanto tempo dedica ao cultivo de sua rede de relacionamentos profissionais (*network*)?

3. Quais devem ser os focos de uma empresa? Quais são os focos de uma estratégia de carreira?

4. Você considera que trabalhar é um investimento na empresa ou em você?

5. Gosta de aprender coisas novas? Sobre o quê? Lê o quê? Navega na internet? participa de seminários, vai a eventos e está sempre em busca de novos e bons cursos, mesmo que tenha de pagá--los do próprio bolso?

6. Você tem uma estratégia de carreira com objetivo definido para os próximos anos?

15
Novo ambiente, novos desafios!

Toda empresa é cercada por um mar de expectativas internas e externas: os clientes desejam produtos e/ou serviços que preencham necessidades e satisfaçam em qualidade e preço; os acionistas aguardam a divisão de resultados sempre positivos e crescentes; e os funcionários querem a viabilização de sua vida dentro e fora das organizações.

Além dessas, podem ser incluídas também as expectativas das famílias de todos os seus funcionários, acionistas e clientes. Ou seja, o principal desafio da gestão de pessoas nas organizações é conseguir equilibrar esse conjunto de expectativas gerado a partir da simples existência do empreendimento. Aliás, desde o início, um negócio só começa para atender ao desejo de alguém...

Caso esse contexto seja analisado com uma visão organizacional antiquada, essas expectativas podem até parecer antagônicas. Afinal, quando a empresa faz uma reestruturação para otimizar resultados, tem de demitir funcionários. Ao aumentar sua estrutura ou ampliar o negócio, momentaneamente, os dividendos podem ser reduzidos para os acionistas. Ao manter uma estrutura muito enxuta, mas bem remunerada, o cliente pode considerar que está sendo mal atendido. Parece impossível encontrar o equilíbrio? Essa é uma postura pessimista e reducionista e ainda reflete a ótica da velha dinâmica organizacional.

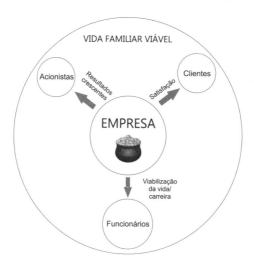

Ao longo dos últimos anos, as organizações vêm abandonando a posição maternal de instituição provedora. Houve tempo em que a empresa via a si mesma como um grande seio no qual mamavam acionistas e funcionários: era preciso produzir para vender e gerar receita para mantê-los alimentados. Decididamente, isso é coisa do passado.

Agora as organizações mostram a sua real faceta de empreendimento, isto é, cada ação que adotam deve gerar riqueza no conceito mais amplo da palavra. A empresa assumiu, finalmente, que é um negócio. Seguindo na metáfora, isso a tira da posição de mãe provedora e a coloca como aquela mulher que tem sua carreira e precisa do carinho do marido e dos filhos para ser mais feliz, além de trabalhar mais e melhor.

Agora a empresa se enxerga como fonte de riqueza, mas apenas e tão somente para aqueles que usam os seus produtos e/ou serviços, para quem investe nela e para quem, efetivamente, faz aquele capital transformar-se em valor agregado para os clientes. Portanto, estamos falando, no mínimo, de três prismas: dos clientes, dos acionistas e dos funcionários, nessa ordem.

Certamente as organizações sempre foram negócios com fins lucrativos, mas nunca haviam enfrentado o que se tem hoje: um mercado globalizado que exige, acima de tudo, que a estrutura organizacional seja renovada quantitativa e qualitativamente sempre e em velocidade crescente. Para se manter competitiva nesse cenário, a organização não pode mais perder o foco de negócio.

A dinâmica acelerada de mudança

Quando a primeira marcha é engatada em um carro, o motorista pode acelerar ao máximo, mas a velocidade não aumentará além de um limite enquanto não houver troca de marcha. Ele pode forçar o motor, pode até pôr o carro ladeira abaixo, mas o resultado não será proporcional à aceleração. Há o risco até de causar danos irreparáveis ao motor e à transmissão porque a primeira não é marcha de velocidade, é de força. Se o motorista não engatar a segunda, terceira, quarta e quinta marchas, o carro continuará lento. O sistema operacional de um carro é planejado e estruturado dessa forma e com esses objetivos.

Fazendo uma analogia com as organizações, é isso o que acontece agora. As estruturas empresariais estavam preparadas para um cenário que exigia apenas a primeira e a segunda marchas. A globalização, porém, trouxe um novo contexto em que só acelerar não resolve. Então, é preciso contar com uma estrutura mais flexível e funcional. Trocar de marcha, para as empresas, significa fazer fusões, aquisições, descentralizações, centralizações, abrir novos mercados, fechar mercados, internacionalizar, reduzir níveis hierárquicos, enfim, toda sorte de reestruturação e implementação de novos conceitos de gestão.

Rapidamente, no entanto, as organizações se deram conta de que não bastava trocar de marcha; essencial mesmo era a produção de riqueza. Ou seja, as empresas revelam, agora mais claramente, que são negócios, porque perceberam que, no mercado global, é condição básica ter um câmbio de cinco marchas para poder trocá-las conforme o cenário e ainda usar a embreagem para fazer o carro andar e ganhar velocidade – sem grandes solavancos. De preferência, elas agora precisam de câmbio automático. Em outras palavras, isso significa acelerar a dinâmica organizacional para ser capaz de produzir e competir duramente em um mercado com mais variáveis, gerando receita crescente e contínua.

As pessoas também estão diferentes

Por sua vez, durante todo esse processo, as características das pessoas que formam as organizações e produzem resultados também estão mudando. Elas adquiriram, principalmente, uma fantástica lucidez no que diz respeito à relação entre profissão e vida. Questionam-se cada vez mais e buscam o equilíbrio. Não querem mais dedicar anos de exclusividade ao trabalho, enquanto sua vida pessoal fica descuidada. Funcionários e empresas hoje concordam que, para render profissionalmente, as pessoas precisam também se dedicar a outras áreas: família, comunidade, saúde, amigos...

Agora as pessoas se questionam sobre a importância de cada um desses fatores na integração de uma vida equilibrada, saudável e feliz. Até porque, durante os anos de 1990, bem mais focadas em negócios, as organizações começaram a deixar claro a seus funcionários que cada um era responsável por sua vida e carreira. Então se instalou um dilema: como equilibrar vida pessoal e trabalho? Por um lado, como agente de desenvolvimento da organização, o trabalho exige uma forte dedicação. Por outro, como ser humano, o prazer e a felicidade não são abdicáveis.

Como as organizações e as pessoas são indissociáveis, essa mudança de perspectiva dos funcionários também está alterando, novamente, a forma de as empresas se relacionarem com seus funcionários. Há a tendência inexorável para perceber que não é mais possível tratar as pessoas como se fossem iguais. Essa sempre foi a base do contrato psicológico de trabalho, mas está exaurida.

Para que se possa entender e reconfigurar a relação entre empresas e pessoas, é necessário, primeiramente, analisar os novos desenhos organizacionais, os diferentes impactos no processo de agregação de valor e as prioridades relativas entre os processos internos na empresa.

Existem quatro blocos de processos com finalidades diferentes, mas essenciais a uma organização:

1) O que agrega valor à cadeia produto/cliente e tem atividades críticas, ou seja, são geradoras de faturamento em curto prazo;

2) O que assegura a competitividade da empresa em médio e longo prazos;

3) O que está fora da cadeia de geração de valor, ou seja, áreas de suporte;

4) Aquele formado por atividades especialistas. Esse último também é essencial, mas, seguramente, não requer pessoal em tempo integral.

Ao longo do tempo, a percepção da existência desses quatro blocos tem modificado o tipo de acordo de trabalho estabelecido entre as organizações e as pessoas. Por exemplo, os trabalhos que estão fora da cadeia de valor tendem a ser realizados por empresas terceirizadas sob o regime de ordem de serviço. Assim a empresa se livra da preocupação direta com a gestão desses colaboradores. A organização terceirizada é responsável pela qualidade, eficiência e competitividade dos serviços prestados. Se falhar, o contrato de terceirização é simplesmente rescindido; outras no mercado oferecerão o serviço com mais qualidade.

O bloco dos que desempenham atividades críticas é cada vez mais ocupado por empresas parceiras. Estas atuam com contratos de longo prazo e exigem, sem dúvida, muito empenho para o alinhamento das práticas de gestão.

As pessoas que representam a competência central da empresa continuam e continuarão a ser contratadas diretamente. Esses profissionais terão seu valor diretamente relacionado à competência que colocam à disposição da empresa. Como a organização necessita muito do seu conhecimento e da sua dedicação, precisa manter e estabilizar essa equipe. Por isso certamente realizará esforços para fidelizar esse grupo de profissionais com um agressivo modelo de remuneração e programas de alinhamento a seus valores centrais.

O quarto bloco é o dos especialistas. São pessoas contratadas para tocar um projeto específico e, ao final, deixam a organização. Geralmente trabalham por conta própria, buscando individualmente o aprimoramento de seu conhecimento e oferecendo seus serviços a partir de centros que representam o desenvolvimento dessa competência. São livres, independentes, mas têm de acertar sempre na mosca para continuar sendo procurados pelo mercado. O contrato é curto, mas precisa ser muito bem pensado pela empresa contratante. Esses profissionais geralmente lidam com muitas informações da organização, adquirem conhecimento estratégico e, com isso, também agregam valor a seu currículo ou *portfólio* de serviços prestados. Por sua *expertise*, as organizações pagam uma remuneração acima da média do mercado, mas devem exigir também contratos que contemplem a confidencialidade de médio e longo prazos.

Como podemos perceber, as empresas modernas precisam conviver com modelos de gestão de pessoas, que vão da contratação por ordens de serviço, parceiros terceirizados, funcionários que são meio sócios até chegar à contratação de consultores especialistas, mas temporários.

Todos esses modelos têm necessidades completamente diferentes em termos de satisfação dos três pilares (clientes, acionistas e funcionários). Portanto, a questão de gestão de pessoas não fica restrita ao gerenciamento de equipes, e sim ao gerenciamento de pessoas em um *portfólio* de contratos de trabalhos singulares. Cada um é um e deve ser atendido em suas diferenciações, mas de forma a assegurar a homogeneidade de volume e qualidade da geração de riqueza pela organização. Quando uma coisa é complexa, isso não significa que seja impossível.

O deslocamento do prazer

Até agora, o trabalho era visto como um dever. Cada um de nós tinha suas obrigações a cumprir, diariamente, para que fosse possível sustentar a vida fora das organizações. O que acontecia fora das empresas era o prazer. Separar o dever do prazer, ou seja, o trabalho da vida, foi uma experiência muito danosa para todos nós. Foi isso que tornou as pessoas tarefeiras e heroicas. E pior: frustradas com as perspectivas presentes e futuras.

Pensando dessa forma, um profissional resume sua vida a ir para o escritório de manhã, trabalhar, sair da empresa – às vezes muito depois do encerramento do expediente – e, então, reencontrar a sua vida. No dia a dia, só tem problemas e mais frustrações. Onde é que ficou o prazer? Ele não estava fora da empresa? O fato é que, separando vida de trabalho, acabamos abrindo mão de todo e qualquer prazer. Quantas pessoas você conhece que tiram férias e também não conseguem ser felizes fora do trabalho? Então não é o trabalho que atrapalha: é a falta de sintonia com o prazer de viver. Assim fica claro que a atuação e a responsabilidade da empresa em relação à real felicidade dependem antes de mais nada de um ajuste fino e pessoal dessa sintonia.

Ao longo desses novos tempos, algumas empresas ou gerentes têm conseguido desenvolver programas com grupos de funcionários para eliminar o sentido de dever e trocá-lo pelo de prazer. As pessoas devem sentir prazer no que fazem, prazer na sua profissão, para que possam expandir essa sensação positiva para todo o seu dia, dentro e fora das organizações. É preciso ser/estar alegre, cultivar o humor e o amor no trabalho e pelo trabalho. Passamos a maior parte da vida nas organizações, trabalhando. Então isso deve ser feito com prazer. Todo mundo produz mais e melhor em um ambiente alegre, em que as pessoas se gostam e se entendem.

Essa mudança de sintonia, ou seja, a troca da noção de dever pela de prazer, não acontece facilmente. É preciso mudar de registro, alterar a forma de encarar os fatos, ver além da aparência e exercitar esse novo espírito diariamente. A boa notícia é que isso não depende de autorização da direção da empresa nem, muito menos, dos seus pares ou subordinados. Gostar do que se faz e, por isso, fazer sempre o melhor possível dá prazer à pessoa e acaba contaminando positivamente todos em volta. É um processo, como tudo na vida.

Desenvolvendo esses programas, no entanto, percebe-se logo que a realidade extramuros às empresas é mais difícil de ser mudada. O gestor volta para casa e enfrenta um grupo de pessoas muito amadas que ainda vivem sob a sintonia do dever, e não do prazer. A influência é forte por causa da relação de amor e pode até prender a pessoa no registro do dever.

As organizações, portanto, têm de considerar também o fato de que seus funcionários, principalmente os de alta *performance*, estão passando a amar o que fazem, mas seu núcleo familiar não evolui, necessariamente, na mesma velocidade. A família e os amigos acham que ele está se matando, quando, na verdade, está muito feliz com o que está sendo capaz de realizar na empresa. Como estender extramuros o prazer de viver? Essa é uma questão-chave.

Um dia desses, ao desenvolver um programa desse tipo em uma empresa, um gestor compartilhou com o grupo a sua experiência pessoal. Ele relatou mais ou menos o seguinte: "Sinto muito prazer com minha profissão e meu trabalho, mas minha família parece que não entende isso. Saio do escritório e, quando vou chegando perto de casa, tenho de fazer um exercício para não parecer tão feliz assim".

A família estava acostumada a recebê-lo cansado, reclamando do trabalho e sem vontade de fazer mais nada. De uns tempos para cá, depois que saiu da sintonia do dever, ele está feliz, mas a esposa e os amigos parecem não entender isso. Para eles, não é possível ser feliz no trabalho: apenas a esposa, os filhos e os amigos merecem a felicidade dele. Esquecem que, até pouco tempo atrás, ele não estava feliz com nada nem com ninguém. Há um grande risco de esse tipo de situação acabar em separação conjugal. E deve ser considerado pelas organizações.

Obviamente, o registro do prazer não é só para o trabalho, é para a vida como um todo. Mas, quando a família não entende esse início do processo e reage mal, a pessoa entra em conflito e se angustia. Uma das sugestões é estender esse tipo de programa de treinamento oferecido aos funcionários de alta *performance* também a suas famílias. Em vez de realizar eventos de integração para explicar os planos de benefícios ou para conhecer a empresa, os escritórios, as máquinas, os pátios e os jardins, as empresas devem tratar a família de maneira mais séria, adulta, trazendo-a para o campo de treinamento. Marido e mulher, lado a lado, têm condições de realizar a mudança de sintonia do dever para o prazer mais depressa e solidamente.

A empresa não pode mais ser encarada como um mecanismo de triturar pessoas. Deve ser o local no qual o profissional aprende e realiza coisas com prazer, o que pode e deve ser estendido à vida extramuros. Esse é um dos novos desafios da gestão de pessoas nas organizações: uma parte dessas questões está nas mãos dos funcionários, a outra exige ações efetivas das empresas.

Conclusões

Do que vimos neste capítulo, podemos concluir que:
• A empresa é, efetivamente, um negócio criado para gerar riqueza para clientes, acionistas e funcionários;
• As pessoas buscam cada vez mais a integração entre a vida profissional e a pessoal;
• As empresas estão renovando a perspectiva dos contratos de trabalho.

A atividade de atrair, reter e motivar pessoas não pode mais ser tratada somente a partir de ferramentas. Há necessidade de uma profunda revisão na dinâmica de produção e distribuição da riqueza; relacionamento entre chefe e subordinado; troca de aprendizado para enfrentar o futuro de forma consciente; percepção mais abrangente da fidelidade pessoal.

É verdade que as empresas já começaram a fazer a lição de casa, mas ainda precisam recuperar o atraso.

QUESTÕES-CHAVE

1. Quais são suas reais expectativas em relação à empresa em que trabalha? O que ela tem a lhe oferecer?

2. Para você, existe uma clara separação entre vida profissional e vida pessoal?

3. Você diria que trabalha por dever ou por prazer?

4. Que valor e importância sua família e os amigos mais próximos dão ao trabalho que você realiza?

5. Fora do escritório, você compartilha seus problemas e sucessos profissionais com alguém?

6. Você conhece alguém que trabalha todos os dias com o maior prazer, mas não é um típico *workaholic*?

Parte 7

Como criar um ambiente de alta *performance* em toda a organização

16
Gestão de pessoas: certificando gestores para o alto desempenho

Todo esforço na busca efetiva de resultados de curto prazo condicionou as organizações a uma forte competência de execução. Erroneamente, essa competência inicial foi transformada em autoridade, comando-controle, e, consequentemente, confundiu-se também com o sucesso do gestor. Sabemos que as pessoas têm diferentes disposições em relação à competência de execução, altas no início mas talvez menores no médio prazo. Para obter o comprometimento das pessoas, necessitamos de liderança.

Será que os gestores bem-sucedidos na competência de execução podem se tornar bons líderes? Nesse sentido, a proposta deste capítulo é estruturar um processo de certificação junto aos gestores que objetiva a motivação e o desempenho dos funcionários para fazer a diferença.

Para onde está indo o investimento?

Grande parte do orçamento das empresas tem sido investida em gente. Gente que tem que fazer a diferença com o preparo e a disposição para ir além do permitido e garantir efetivamente altos níveis de competitividade. Dessa parcela, boa parte é a camada organizacional, a qual chamamos costumeiramente de gestores, chefes ou líderes. Pois é, se precisamos de gente para operar, então também precisamos de gente para coordenar, planejar, dirigir e motivar: é uma associação quase automática. Então podemos nos perguntar se essa camada de coordenação responderia pela equivalência do seu custo em efetivo desempenho da organização. Em muitas empresas, ela é considerada um mal necessário, pois, embora não produza valor proporcional aos custos, reduz significativamente o nível de ruído, de problemas e de dificuldades que chegam aos níveis superiores, tornando a vida suportável e, de certa forma, blindando o topo da organização de uma série de preocupações. Será que isso é suficiente, tendo em vista a necessidade competitiva e o ambiente de mudanças veloz em que estamos vivendo? Será que o papel de liderança restrito à "redoma de vidro" do topo é o que basta para sustentar resultados no longo prazo e garantir valor sustentável?

O contexto competitivo

O aumento das exigências por competitividade nos mercados globais e regionais pegou desprevenida a maioria de nossas organizações em seu passado recente. Em um passado que hoje parece longínquo, as empresas discutiam planos estratégicos quinquenais. Quando o futuro se tornou um pouco mais incerto, suas lentes foram ajustadas para horizontes de três anos. Hoje é razoavelmente comum encontrar empresas com dificuldades na conclusão dos seus processos de orçamentos anuais. A pressão pelos resultados trimestrais e a prestação oficial de contas passaram a ser fatos cotidianos na vida das empresas, instalando-se irreversivelmente em seu cotidiano, sobretudo – mas não somente – naquelas com ações negociadas em Bolsa. Deriva daí que o foco no curto prazo – uma consequência lógica e imediata desse modelo – acabou se tornando também o caminho predominante das decisões empresariais, seja objetivando a recuperação ou o crescimento das organizações. Pode-se concluir que, cada vez mais, o longo prazo é composto por um conjunto de "curtos prazos".

Diversas são as consequências desse processo, mas daremos aqui destaque a um efeito específico (e em até certo ponto, um lado oculto em todo esse seguimento): um certo rescaldo de negativismo das pessoas para com suas relações de médio ou longo prazos nas empresas. Ao pensarmos nos últimos quinze anos da vida profissional, qual foi a boa notícia que cada um de nós levou para casa sobre a(s) empresa(s) em que trabalhou nesse período? Quantos "modismos administrativos" surgiram nas últimas décadas nesse mundo empresarial – por vezes como "marolinhas", mas em muitos casos como verdadeiros tsunamis –, exigindo dos colaboradores profundas reconstruções e adaptações, em verdadeiras apostas, muitas vezes contando com o sucesso um tanto incerto? Aumento das exigências, *downsizing*, terceirização, reengenharia, fusão e aquisição, alianças estratégicas, metas arrojadas, bônus agressivos, dentre outras, deixam os indivíduos em um constante estado de ansiedade, na expectativa de prever e se preparar para a próxima onda, tentando mitigar ou prevenir os impactos em suas carreiras. E, por ironia, conquanto as mudanças nunca cessem, uma mensagem fica latente nesse processo: "Prezado colaborador, sua carreira é problema seu!" Por isso o colaborador tem de ter empregabilidade, cuidar da sua saúde, cuidar da sua vida – a empresa não cuida mais dele, tudo depende dele, a empresa não quer e não pode ser paternalista. Tudo depende de "você", chegamos à era do "você sociedade anônima". Por sua clareza e constância, essa mensagem cria raízes no "DNA profissional" – e também pessoal – de todos. Criando marcas tão fortes, esses genes são transmitidos aos filhos, muitas vezes involuntariamente. Ao perguntar hoje aos jovens de 25 anos, recém-inseridos no mercado de trabalho e potenciais futuros líderes, o quanto eles acreditam que suas relações com as companhias nas quais trabalham são a resposta aos seus anseios e esperanças de uma vida próspera e com qualidade, é bem provável que se recebam respostas tendendo a zero.

Nesse contexto, nos dias atuais, percebe-se que qualquer organização com desempenho aquém do esperado – ou mediano – pode condicionar positivamente a *performance* de seus colaboradores e melhorar os resultados com o uso e a aplicação de mecanismos e ferramentas tradicionais de gestão – ferramentas como imposição de metas arrojadas, bônus agressivos e galopantes, chefes orientados para a execução de curto prazo e indicadores de desempenho de processos –, ou seja, consegue provocar movimento por meio de estímulos externos sem, contudo, modificar internamente a própria pessoa. A palavra condicionar nos remete a uma ação que independe da vontade própria e sim de algo externo e, portanto, quando interrompido, cessa de imediato o movimento. Com esse condicionamento consegue-se melhorar o nível de resultados, mas decerto não se chegará a níveis de alta *performance*, pois ele não promove a energia interna dos indivíduos.

Concluímos que, por trás dessa constatação, existe uma grande questão a ser respondida: como fazer as organizações buscarem um verdadeiro excelente desempenho e descobrirem esse "algo mais" que fará com que os chefes se tornem líderes e os colaboradores se sintam de fato parte integrante do processo? Resultados superiores autossustentáveis começam a se tornar realidade quando os membros da organização sentem que seu desempenho é livre e, a partir dessa constatação, se empenham para atingir suas metas. É um processo difícil, trabalhoso e que exige verdadeira revolução na qualificação gerencial.

O modelo atual de gestão
Como reflexo desse modelo e do contexto atual, constata-se que as revistas de negócios e gestão invariavelmente têm suas capas estampadas – com bastante frequência – com fotos de executivos que recuperaram empresas em dificuldade levando-as a *performances* excepcionais, que fizeram suas companhias avançarem às posições de liderança no mercado, ou que as fizeram recuperar a liderança perdida para seus concorrentes. Essas capas remetem a relevantes matérias, vendem exemplares e nos dão exemplos valiosos de como se obter uma *performance* diferenciada; mas vale a pena determo-nos por um instante em algumas importantes questões: Quão duradouros e sustentados são os casos de desempenhos excelentes ali retratados? Os níveis de exigência impostos à equipe renderão benefícios por quanto tempo? E, talvez ainda mais relevante, quais são os passos seguintes, qual é o próximo patamar a ser alcançado? Atreladas a essas perguntas surgem outras: Quais outros atributos de gestão de liderança precisam ser internalizados à organização para que ela possa aprimorar ainda mais seu modelo de gestão e, por consequência, sua *performance*? Ou, em outras palavras, o que a

empresa tem de fazer em relação à sua liderança para manter as vantagens conquistadas perante a concorrência?

Muitos dos executivos presentes nessas matérias, em suas fotos e capas, não têm necessariamente a competência, o perfil e a experiência necessários para criar uma organização em que seus colaboradores fazem a diferença de forma voluntária, porque *querem* e veem vantagens pessoais em fazê-lo. Não é incomum esses executivos também não terem aprendido em sua experiência recente – considerando mais uma vez como "recente" o período dos últimos dez ou quinze anos – como aglutinar um grande grupo de indivíduos em torno de uma causa central nobre, que realmente agregue valor a todos os interessados, internos e externos.

Fica claro que se mostra impossível montar uma organização de alto desempenho livre sem que esses fatores de condicionamento estejam plenamente instalados, funcionando como uma verdadeira infraestrutura de manutenção de posição de resultados.

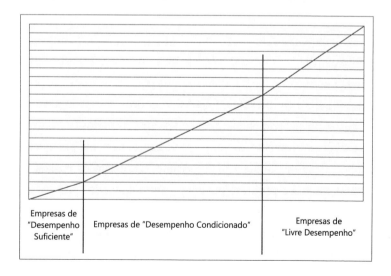

Fatores de sucesso para a transição para uma gestão de alto desempenho

Para efeito da presente discussão, aplicaremos uma classificação das empresas em três diferentes graus de maturidade quanto à forma pela qual obtêm o desempenho/relacionam-se com seus colaboradores.

Num primeiro patamar estão as companhias de "desempenho suficiente". São organizações desestruturadas no que diz respeito à gestão – por menos instrumentos de gestão que ela tenha –, mas que conseguem alcançar um grau mínimo de desempenho por meio do esforço e do comprometimento dos colaboradores. Não obstante, como ilustrado no gráfico anterior, existe um limite para seu potencial máximo de desempenho, resultado justamente dessa ausência de instrumentos e condições estruturais de gestão.

Em um segundo patamar estão as empresas de "desempenho condicionado". De maneira geral, aquelas inseridas nesse patamar possuem processos de trabalho mais ou menos estáveis – nos quais o nível de automação é planejado no desenho industrial, os produtos são padronizados, os contratos de compra e fornecimento são de longo prazo e os clientes, por sua vez, dependem da oferta da empresa. Nesse grau, é importante ressaltar que a existência prévia de processos estruturados gera condições para um aproveitamento mais adequado das ferramentas de condicionamento.

Com base nesse contexto, essas companhias de "desempenho condicionado" conseguem competir, por um tempo bastante longo, somente com as ferramentas de condicionamento. Essas ferramentas conduzem a organização a bons resultados, em um nível inegavelmente superior ao potencial das empresas de "desempenho suficiente", porém ainda longe do potencial máximo que uma companhia pode alcançar (conforme gráfico anterior).

O desempenho diferenciado inequívoco surge em organizações que não apenas contam com grande agilidade e velocidade na condução dos seus negócios e processos de inovação, que possuem processos de trabalho que retroalimentam e regulam o desempenho, mas acima de tudo têm a capacidade de reconhecer e valorizar os diferenciais gerados pelo capital humano, estimulando condições para seu desenvolvimento ilimitado. São, dessa forma, as empresas de "livre desempenho".

Problemas dos mecanismos tradicionais de condicionamento
A principal restrição reside no fato de que a aplicação dos instrumentos de condicionamento está sujeita ao princípio de rendimentos decrescentes.

Algumas das organizações de "desempenho condicionado" tentam obter o máximo do desempenho humano usando esses instrumentos de condicionamento além do que eles de fato são capazes de render. Nesses casos, podem provocar – e provocam – um alto nível de estresse no trabalho. Não é difícil perceber em nosso cotidiano cenas como esta: assim que um colaborador cumpre sua meta – um dos mais típicos e usados instrumentos de condicionamento –, recebe sempre outra ainda mais ambiciosa. Se porventura o colaborador reclama da impossibilidade de cumprir essa sucessão de metas crescentes, inevitavelmente vai ouvir algo como: "Ou você faz, ou está fora do jogo". Nesse momento, a efetividade do instrumento se perde, gerando desgaste do instrumento, do líder e do liderado – uma relação em que todos perdem.

Vale lembrar que, além das metas arrojadas, é comum encontrarem-se bônus extremamente agressivos e altamente "recompensadores" – quanto maiores os riscos, maiores os retornos. Empresas ou organizações muito competentes na execução desses mecanismos consideram que esse binômio (metas + bônus) é suficiente para levá-las ao alto desempenho. Essa teoria se mostra um erro crasso, pois a recompensa financeira é importante, fundamental até, porém não pode ser a única forma de reconhecimento da equipe de colaboradores. Na realidade, esse modelo alcança de imediato um patamar muito bom logo que implantado, mas decrescente ao longo do tempo – nesses momentos, novas metas e bônus incrementais são adotados, impactando cada vez menos o crescimento do seu desempenho e mostrando seu desgaste –, fazendo literalmente com que os colaboradores sejam punidos pelas recompensas. Fica nítido que o retorno financeiro, além de não remunerar a perda de qualidade de vida por parte do colaborador, não pode ser a única forma de reconhecimento – o dinheiro, sozinho, não traz felicidade.

Orientação de curto prazo: a grande desculpa para o condicionamento humano

Existem outros ingredientes que completam esse quadro. Usualmente ainda se tem um "chefe", que define o que os colaboradores devem fazer, suas tarefas e a agenda de trabalho, ou seja, usando um estilo altamente diretivo, conduz por meio do famoso "comando-controle". O problema não reside na função de coordenação ou chefia em si, que é necessária em certos momentos, para alinhamento das direções e objetivos, mas, quando aplicada em demasia, pode levar à acomodação da equipe – um grupo de funcionários que espera o chefe mandar, sem iniciativa –, ao descomprometimento ou desinteresse em relação às metas e desafios da empresa – um grupo de funcionários que faz aquilo que o chefe manda, sem discutir ou questionar, sem sugerir opções –, e por vezes à desmotivação.

A qualidade dos chefes é que determina em grande parte a *performance* humana. Com o advento do *downsizing* e da pressão por resultados de curto prazo, os chefes têm hoje uma espada sobre suas cabeças: ou entregam valor em prazos curtíssimos e surpreendem os níveis superiores da organização, ou caem fora. No início desta década, passamos a constatar que, proporcionalmente, mais funcionários da "alta administração" de empresas perderam seus empregos do que operários ou funcionários com menor qualificação. Na tentativa de manter suas posições, os membros da "alta administração" respondem aos anseios imediatistas da nossa sociedade e da nossa economia gerenciando suas equipes com diretrizes e orientações de curto prazo. Invariavelmente nessas ocasiões surge a equação, muitas vezes insolúvel, do "emergencial" – ou os incêndios que povoam o dia a dia dos gestores – *versus* o "estratégico" – ou aquilo que é imprescindível para o alcance do sucesso da empresa, notadamente no longo prazo.

Pode-se concluir que chefes e metas representam um mix espantosamente integrado, uma combinação quase perfeita, sobretudo quando a chefia é orientada para o curtíssimo prazo – esse é o caso de recuperação de empresas em dificuldades, por exemplo. Usando como base situações reais pelas quais passaram algumas companhias: em uma empresa de desempenho condicionado troca-se o presidente – ou seu CEO, termo mais "moderno" das organizações. Aquele que chega logo substitui todos os gerentes e supervisores, a organização dobra o resultado, e ele é aplaudido por todos, vira mais um nas capas de revista. Mas, ao analisar o caso em profundidade, pode-se concluir que, independentemente dos seus méritos nesse processo, ele não seja necessariamente um bom presidente: apenas recondicionou a organização, fazendo alguma troca de chefes de desempenho insuficiente por outros mais rápidos e competentes – ou seja, seguiu o receituário. Nesses casos, se nada mais for feito, um problema se avizinha: mesmo depois que a empresa chega ao ponto máximo de *performance* – considerando o potencial máximo das empresas de "desempenho condicionado" –, o presidente continua a exigir da sua equipe os ganhos e retornos de curto prazo. Assim, invariavelmente chega a etapa do *mental breakdown*, em que alguns membros da equipe começam a sair porque não aguentam mais, por não suportarem o aumento irracional das exigências. No fundo, essa abordagem é apenas de recuperação das organizações de desempenho muito ruim que não sabem o que fazer para chegar à alta *performance* ou "livre desempenho" – e fica claro que não vão chegar lá somente com esses instrumentos.

Por outro lado, é indispensável assinalar que para uma companhia alcançar o ponto máximo de "desempenho condicionado" a sua qualidade e competência de execução são condições *sine qua non*, mas ao mesmo tempo também representam uma forte ênfase no curtíssimo prazo. Por vários exemplos em nossa vida profissional, pode-se concluir que essas estratégias funcionam, mas até um ponto determinado e com data de validade. Quando atingidos esses pontos de inflexão, na certa a empresa terá como resultado um rápido caminho em direção à deterioração organizacional. Podemos comparar esse processo ao funcionamento de um automóvel: suas marchas têm seu limite de velocidade, e se o motor for forçado além desse limite, irá fundir; portanto, chega um momento em que é necessário trocar de marcha.

E, independentemente do foco no curto prazo, do imediatismo e da competência na execução, o sistema vigente possui de maneira geral uma mola propulsora muito comum nessas empresas de "desempenho condicionado": o colaborador conhece a sua meta e o jeito como seu chefe trabalha, ganhando um bônus por isso, um sistema altamente condicionante em que se trabalha com bônus e remuneração – a chamada meta móvel. O colaborador planeja suas metas para seis meses e, se tiver um desempenho superior, o sistema automaticamente eleva a régua dos próximos seis meses. Mas, quanto mais o colaborador se empenha, mais aumentam as dificuldades. A solução seria ficar abaixo da meta para que ela caísse, mas aí surge o fantasma da curva forçada – o malfadado *ranking* de desempenho, onde os 10% piores são demitidos. Esse é um sistema que leva a empresa do desempenho suficiente para o condicionado, mas nunca ao desempenho livre.

O fato é que as empresas competitivas foram trazidas até aqui por seus executivos, até o ponto limite de *performance* das empresas de "desempenho condicionado", mas eles não sabem como garantir uma *performance* superior – até porque em pouquíssimos casos foram treinados ou, mesmo, cobrados por isso.

Desse modo, pode-se vislumbrar que o caminho e os instrumentos que devem levar uma empresa do desempenho suficiente ao condicionado – básica e minimamente as metas e os bônus – são claros. Mas, quando atingem a máxima *performance* desse patamar de empresa de desempenho condicionado, os colaboradores aprendem a se defender das metas e se acostumam com os bônus. Nesse momento, surgem novas questões, na maioria das vezes sem resposta: Que instrumentos os chefes devem passar a utilizar? O que deve ser buscado com o time? O que fazer? Por exemplo, algumas opções hoje utilizadas por grande parte das empresas, como pesquisas de clima organizacional e realização de avaliações de desempenho, também não mostram a força necessária para levar a companhia à alta *performance* continuada, mostrando-se apenas bons medidores de posição.

Como uma conclusão que sumarize os pontos já descritos e relacionados a empresas de "desempenho condicionado", fica claro que *performance* humana e empresarial são coisas distintas. Existem algumas companhias em que se pode obter alto desempenho empresarial sem índices semelhantes na *performance* humana, porque o próprio processo é autorregulável e se ajusta ao nível de competitividade esperado. No entanto, ao se desenhar um processo de transformação numa organização desse tipo, que esteja com resultados muito ruins devido à deterioração interna, vai ser preciso contar fortemente com o alto desempenho humano. A montagem de uma cultura de desempenho excelente depende, portanto, da característica do segmento de negócios, da identidade estratégica da empresa e do tipo de situação em que ela se encontra. Cada segmento, a forma de a empresa atuar e o contexto no qual está inserida podem exigir mais ou menos de seu pessoal, mas acima de tudo dependerá mais ou menos de sua liderança. Enquanto em alguns segmentos o desempenho suficiente pode ser uma garantia de sobrevivência, em outros somente o livre desempenho poderá garantir a perpetuidade.

Uma segunda conclusão, quando consideramos uma organização de desempenho excelente como alvo de investimentos, é que essas organizações, em que a gestão de pessoas seja efetivamente sua principal vantagem competitiva, parecem sempre ser boas apostas.

Em busca da alta performance

Como passar verdadeiramente de uma organização de desempenho condicionado para uma organização de livre desempenho? A resposta a essa questão, que parece ser crucial para grande parte das empresas nos dias atuais, será dada nos próximos parágrafos.

Como fazer isso? Começando por um exemplo: a filial de uma multinacional no Brasil ganhou, em 2006, o prêmio de melhor empresa do grupo em todo o mundo. O presidente quis fazer do evento de celebração algo mais forte, que não ficasse apenas na distribuição do dinheiro do prêmio, mas que fizesse com que as pessoas se comprometessem ainda mais: "Peguem os melhores funcionários de todo o grupo e levem-nos para um hotel por uns quatro dias. Tarefas para serem realizadas nesses dias: nenhuma. Apenas usufruir das comodidades do hotel." "Estranho. E não haverá nem uma palestrinha para dizer que o ano que vem será mais difícil?" "Não."

É preciso ter coragem para levar todos a um evento desses e acreditar que isso vai gerar mais compromisso – o desafio, nesses casos, é acreditar na responsabilidade dos indivíduos. O presidente passou os quatro dias jogando tênis e golfe, nadando na piscina e conhecendo ainda mais seu pessoal. Quando voltaram, mais de 80% dos funcionários pediram os orçamentos de volta e revisaram as metas para cima.

É muito mais difícil fazer isso do que usar instrumentos de condicionamento como o chefe, as metas e os bônus agressivos.

Motivações extrínsecas, como as do exemplo anterior, permitem às pessoas lerem o ambiente e se comportarem de acordo com suas exigências. Elas desenvolvem certa adaptação natural – entram e veem como funcionam as metas, a remuneração, a estrutura, o chefe –, e, a partir daí, têm desempenho de acordo com o mecanismo que lhes é imposto. Uma parte das empresas já fez essa lição de casa, trazendo o processo do suficiente para o condicionado.

Como avançar para o desempenho autossustentável
Um dos caminhos mais utilizados na busca do desempenho livre é preparar melhor as lideranças de todos os níveis – lembrando que líderes não são necessariamente os chefes. Muitas companhias têm gastado grande parte de seu orçamento de treinamento em programas de preparo de sua liderança. O resultado e impacto desse esforço têm sido muito baixos, quase imperceptíveis. Por outro lado, nas avaliações desses programas veem-se repetidamente frases como "o curso foi muito bom" ou "foi bom rever esses assuntos tão importantes". Suas notas de avaliação são sempre altas. Mas e aí?

O problema então não é a qualidade ou a forma dos programas – aliás, cada vez mais inovadoras e cheias de pirotecnias –, mas sim a sua efetividade, que continua sendo baixa. Sem perceber o real problema, as empresas continuam a aplicar seu dinheiro em novos cursos, modificando o conteúdo para assuntos novos, mais "modernos", e a forma para dinâmicas mais vivenciais, porém, continuam ainda sem resultado. Pior, os líderes já viram tantos programas que ficam absolutamente confusos em relação ao que de fato devem fazer – aqui também as "modas da administração moderna" infligem um cenário confuso e tortuoso.

Na verdade, ao que parece, o processo de liderança não entrou na agenda e no dia a dia dos chefes. O papel de liderar fica em um segundo plano e abaixo do papel de chefiar, em especial em relação às cobranças e entregas de curto e curtíssimo prazo – mais uma vez o "urgente" *versus* o "estratégico".

E, enfim, por mais que façam cursos de liderança, quando retornam a seus postos de trabalho os chefes caem nas armadilhas do tempo escasso, das cobranças imediatistas e do curto prazo. O círculo vicioso se repete: a realidade costuma engolir todo o conceito que foi mostrado aos chefes, que não conseguem colocar em prática aquilo que aprenderam, mesmo quando querem, o que faz com que a empresa conclua que os cursos não se mostraram efetivos e assim busquem novos.

O segredo então seria fazer da liderança e do livre desempenho partes do processo rotineiro dos chefes – o que os tornaria líderes –, algo tão essencial quanto os resultados de curto prazo, algo que faça parte integrante de sua agenda diária como um hábito repetido à exaustão. Como fazê-lo? Aqui moram os maiores desafios.

O modelo de certificação de líderes

Para que a liderança possa ser exercida plenamente, é necessário um processo contínuo, sem espasmos ou rompantes inspirados. Ela não deve ser considerada como um projeto – que, em sua concepção metodológica, tem começo, meio e fim, possui escopo, suas metas e seus objetivos, mas também tem cronograma, é finito –, mas sim como um processo, pois um processo não termina. Além disso, um "processo de estabelecimento de liderança" precisa ser encarado como uma vocação – e a ideia de certificação de líderes traz consigo esse conceito processual.

Por outro lado, deve ficar claro que a certificação possui um esforço inicial de preparo e ajuste – um "plano de voo", um "projeto de lançamento e implantação" –, mas também necessita de esforço para ser mantida de forma continuada (sua transformação de projeto em processo), senão a certificação é perdida e o esforço inicial poderá ser em vão.

O que é essa certificação em liderança?

É um processo ordenado, desenvolvido e priorizado por uma organização para formar líderes que consigam, de maneira consistente, comprovada e continuada, produzir o livre desempenho de seus liderados, visando assim o alto desempenho da organização como um todo.

Para tanto, para se estabelecer a certificação em liderança, mostra-se necessário um esforço muito maior que uma simples capacitação. O modelo de certificação deve começar com um diagnóstico dos principais espaços e traços culturais da organização que necessitam de reforço ou de ajustes. Cada organização possui suas características particulares, suas especificidades, que precisam ser entendidas; compreendê-las permitirá que o processo de certificação tenha uma estratégia eficaz e customizada para não correr o risco de ser rejeitado pelo sistema imunológico interno. É preciso tratar o processo como sendo uma verdadeira mudança cultural com todo o peso e esforço que isso pode trazer.

É importante considerar que, ao almejar influenciar a cultura de uma companhia, deve-se focar de início nas suas crenças e práticas, que usualmente são construídas com base nos seus ritos, nos "mitos" e "heróis" de uma empresa. Somente com um trabalho eficiente com base nesses pontos será possível começar a influenciar os valores, princípios e as ambições da empresa. Apenas após ter alcançado esse nível de influência se deve começar o trabalho com a cultura da empresa em questão.

O resultado desse processo pode ser resumido em dois quadros:

- Quadro das forças que a companhia precisa preservar e usar como sustentação para o desempenho;
- Quadro dos traços culturais que necessitam ser modificados para que não fiquem no caminho e na direção da construção do alto desempenho.

Ambos os quadros devem ser descritos em um conjunto de comportamentos que tornem claros e com exemplos visíveis o que se espera e o que não se espera da liderança. Essa descrição deve ser chamada de comportamentos essenciais da liderança, e passar a ser encarada como o modelo a ser pregado e seguido em todos os níveis.

A segunda etapa no processo de certificação de líderes é o alinhamento entre a linguagem e as ferramentas de liderança –, pois a implementação na prática desses comportamentos descritos necessita de ferramentas e vocabulários próprios. Esse alinhamento tem de ser feito por meio de encontros ou *workshops* que transpassem todos os níveis de liderança da organização com o objetivo de:

- Despertar o interesse e a motivação por se certificar em liderança;
- Capacitar na linguagem, nos conceitos e nas ferramentas.

Nesses encontros, deve ser entregue aos participantes um kit contendo os principais materiais necessários à sua prática, que no fundo é o seu manual de liderança. Devemos notar que o kit não é um conjunto padrão de conceitos em liderança, mas um conjunto especificamente desenhado para obter as mudanças necessárias na implementação da nova cultura, customizado de acordo com necessidades e demandas de cada companhia.

A terceira etapa é um acompanhamento individualizado de como cada líder está colocando em prática o que lhe foi passado como modelo. Nesse processo de acompanhamento, o estabelecimento de pontos de controle, com avaliações precisas – com consequências predefinidas para os que não desempenham –, é vital para o sucesso dessa etapa. Além disso, o grupo necessita de ajuda para colocar em prática seu kit e também para realizar mudanças de cunho pessoal, quando necessárias – ter alguém ao seu lado nessa hora que oriente e forneça suporte e apoio necessários torna-se um fator crítico para o sucesso dessa evolução. Tenhamos em mente que esse processo de certificação também é uma mudança individual, que acontece de dentro para fora, e por isso mesmo os líderes precisam sentir e viver as dificuldades para que consigam superá-las.

E como predefinido, o processo de certificação deve prever vários pontos de controle para que todos os envolvidos, direta e indiretamente, entendam que a mudança é para valer. Não adiantaria se a cada ponto de controle as ferramentas mudassem, os conceitos fossem outros, e a orientação, diferente. Nesse momento, a consistência entre as ferramentas, os conceitos, os comportamentos e a prática é essencial.

Uma quarta etapa é uma aferição pragmática das mudanças individuais, a qual passa por uma pesquisa ampla e bem estruturada sobre o desempenho de cada um dos líderes envolvidos no processo. Os gestores, subordinados e pares de cada um desses líderes são ouvidos, de forma planejada e coordenada, sobre a efetiva mudança de cada um deles na organização. As perguntas inseridas na pesquisa são baseadas nos comportamentos essenciais para a liderança na empresa, definidos como modelo no início do processo, e indicam de modo bem assertivo, sem grandes desvios de realidade, se o comportamento está ou não adequado ao desejado e planejado. Os principais cuidados com essa etapa referem-se à garantia de sigilo da pesquisa para que as opiniões não sejam influenciadas pelo medo da hierarquia – em relação a esse cuidado, sistemas que possibilitam a não identificação dos respondentes via internet e/ou intranet são bastante adequados para tal fim.

A etapa derradeira do processo é a montagem de um conselho, que deve ter o objetivo de analisar o desempenho específico de cada gestor e certificá-lo ou não. Os líderes, com seu histórico referente às quatro etapas anteriores somado ao seu desempenho presente no negócio da companhia, são avaliados formalmente por seus indicadores, ou seja, a partir do atingimento das suas metas e dos seus objetivos serão ou não considerados líderes certificados. Dessa forma, a liderança deixa de ser um atributo simplesmente qualitativo, passando também a uma avaliação quantitativa, mensurável e palpável – mais do que isso: quase tangível. Injustiças, rótulos e preconceitos, adjetivos que surgem em avaliações de desempenho puramente subjetivas, estarão muito pouco presentes nessa análise, o que fará com que a certificação seja um mérito atingido e obtido com o esforço pessoal de cada um.

Um alerta importantíssimo deve ser dado à organização que se envolver nesse processo: a certificação de liderança tem de ser mantida, ano a ano, repetindo-se rotineiramente a quarta e a quinta etapas. Desse modo, deve ficar claro que um esforço espetacular em um único ano não adianta. O fato é: a certificação é algo difícil de conseguir e fácil de perder.

Por fim, tenhamos em mente que é estritamente necessário existirem consequências para os líderes que não obtiverem sucesso no seu processo de certificação. Por exemplo, para aqueles líderes que conseguem resultados no negócio, mas não conseguem a mudança desejada para a liderança, é recomendado que sejam estudados espaços ou funções estritamente técnicos – sem a responsabilidade de liderar subordinados –, nos quais essas pessoas possam desempenhar seu papel. Muitas organizações, por não terem preparo para tratar desse modo profissionais com resultados excepcionais, acabam promovendo-os a funções de chefia, que são as únicas na empresa que conseguem remunerar e premiá-los, o que os adequa à sua estrutura organizacional, mas não leva em conta nem preserva seus talentos. Em casos assim, é comum que o profissional, sem estar preparado para liderar ou mesmo chefiar, depois de muito desgaste entre as partes acabe deixando a companhia.

O que normalmente necessita ser mudado na liderança
Conforme mencionado anteriormente, as mudanças são particulares de cada organização, mas em geral passam por muitos pontos comuns e que têm sido deixados em segundo plano quando a liderança é submetida ao processo de trituração diário das demandas e entregas de curto prazo.

A seguir falaremos um pouco sobre cada um desses pontos.

1) Desenvolvendo confiança

Para passar do condicionado ao livre desempenho é preciso, em primeiro lugar, trabalhar com elevados níveis de confiança da empresa nos funcionários, deles na empresa e dos indivíduos entre si. Deve haver transparência e envolvimento das equipes na montagem da estratégia, dando-lhes a opção de se reposicionarem.

As formas mais efetivas de elevar os níveis de confiança são:

• Desenvolver na companhia mecanismos que atribuem responsabilidade ao comportamento do indivíduo;
• Promover uma seleção natural daqueles que não merecem confiança – essa seleção natural deve ser pensada caso a caso, já que cada empresa tem suas próprias grades emocionais;
• E, sobretudo, trabalhar com baixa complacência. Confiar sim, mas, uma vez detectado o "traidor", de alguma forma afastá-lo, orientá-lo e dar-lhe prazo curtíssimo para que se adapte. Se ele não se adaptar, deverá ser demitido. Isso porque, em casos como este, se o *feedback* se repete duas, três ou quatro vezes sem punição, a empresa autoriza todo mundo a cometer a mesma falha, além de ser injusta com a equipe. Tratar pessoas diferentes de formas efetivamente diferentes, com baixa complacência, é o que impulsiona o desempenho superior. Se a organização não dá sinais claros e trata todos igualmente, não leva a padrões de desempenho superior.

Confiança não é algo que se compra da mesma maneira que se adquire um *software*. Do mesmo modo, também não se pode simplesmente adquirir um *software* para aumentar a confiança na empresa. A confiança se solidifica com pequenas atitudes praticadas ao longo do tempo. Um exemplo: uma famosa organização percebeu, em determinado ano, que ia estourar para cima o orçamento anual, porque andara muito mais rápido do que suas pernas, ou seja, tivera resultados bem acima do esperado. A direção – alta administração – resolveu então antecipar em vários meses a distribuição da participação nos resultados, já que o desempenho dos funcionários vinha superando em muito os números do ano. O que aconteceu foi que o volume de produção e vendas cresceu ainda mais nos últimos meses do ano, porque foi mostrado às pessoas que realmente se confiava nelas.

Confiar é acreditar que aqueles de quem dependemos irão atender às nossas expectativas. Essa definição traz uma premissa básica – é doadora. Não se exige que os outros confiem em você, é você quem confia primeiro. Então, quando a empresa quer fazer brotar a confiança, ela tem primeiro que se doar para os funcionários.

Uma segunda premissa é que confiança se constitui em uma relação de risco. O confiar implica tornar-se vulnerável. Não existe confiança para quem quer ser invulnerável. Acreditar é isso, é ter certeza de que irá acontecer. Como confiar, então? Existem três regrinhas básicas:

• Em primeiro lugar, aqueles de quem se depende precisam produzir *resultados superiores*; surpreender é o segredo. Quando se depende de alguém, a única forma de manter a confiança é essa certeza de que haverá resultado consistente.

• Em segundo lugar, é necessário se *preocupar* com as pessoas. Não da maneira paternalista tradicional, como a maioria das organizações faz. A preocupação é a garantia e a maneira de se demonstrar o comprometimento com aqueles que dependem do líder, que irá fazer o melhor possível para atender às expectativas dessas pessoas.

- E, em terceiro lugar, tem de *agir de maneira íntegra, honesta, ética e responsável*. Essas três bases têm de estar presentes em alto grau. A falta de qualquer uma delas compromete o nível de confiança. Priorizar o resultado e comprometer a integridade ou a preocupação em conseguir os resultados acaba sempre em baixos níveis de confiança; ou seja, deve ficar claro que os fins não justificam os meios.

Isso tudo vai se refletir no estilo de gestão, na qualidade dos chefes – lembrando apenas que chefe é cargo, mas subordinado é estado de espírito. Sempre que se transformar uma equipe ou uma comunidade em subordinados, a chefia vai caminhar para o desempenho condicionado. Ao se trabalhar com desempenho livre, o próprio "chefe" cai em desuso, surgindo a oportunidade de o líder aparecer – mas é uma virada no estilo gerencial que não é simples de ser feita. E existem diversos questionamentos – com razão – se um simples treinamento seria capaz de fazê-la.

Uma proposta para estruturar e implementar um programa de aumento nos níveis de confiança é que se formem partes organizacionais de *performance* livre, que sirvam de modelo para o desempenho dos condicionados – não se mobiliza uma organização para o alto desempenho fazendo-o exatamente na linha do *top-down*. O processo é montado em torres organizacionais e, a partir dessa base, infiltra-se por toda a organização, trabalhando com o chamado *pipeline* de liderança, "homens do presidente" em todos os níveis, para fazer a infiltração e mobilização de forma matricial. São pessoas preparadas para fazer a sucessão e que possuem a confiança do topo, que é adquirida por terem excelente preparo e disposição indiscutível. Bons exemplos de desempenho livre existentes na organização devem ser enaltecidos para que, de fato, se transformem em modelos e, por um bom tempo, sirvam de referência para outras áreas.

2) O reconhecimento necessário

No sistema de condicionamento, a organização mantém os funcionários devedores o tempo todo – sempre haverá uma meta a atingir. E, por mais que eles trabalhem, haverá sempre um vácuo de desempenho. Já na *performance* livre, é preciso reconhecer que o trabalho ficou excelente, superou a expectativa, e deixar que a própria pessoa assuma os defeitos – ou, no máximo, indique os defeitos em momento diferente do reconhecimento. Isso é muito difícil, mas deve ficar claro que não se pode usar um ritual de condicionamento buscando um desempenho livre. Há alguns rituais antigos que são absurdos nos dias de hoje, como premiar com um relógio com o logotipo da empresa ou com um *pin* o funcionário que por dez anos seguidos teve alto desempenho – não nos esqueçamos de que o *pin* ou o relógio não garantem o emprego de ninguém no caso de fusão ou venda da empresa. A *performance* livre, vale frisar, dá mais trabalho, pois cada colaborador deve correr por sua conta e risco, sempre buscando um desempenho que surpreenda.

Além disso, nem sempre os instrumentos usualmente utilizados pela companhia estão alinhados ao desempenho livre. Pode-se contornar essa barreira quando o gestor passa a trabalhar com recompensas fora dos mecanismos de condicionamento que a empresa possui – por exemplo, conceder um dia de folga ou inscrever para um evento internacional somente aqueles que estão fazendo a diferença.

Outra prática comum é em um mesmo momento serem feitos o reconhecimento e um *feedback* negativo. Um exemplo hipotético: o chefe chega para seu liderado que fez um trabalho soberbo com o maior cliente da companhia e ali mesmo, no corredor, fala:

– Parabéns pelo trabalho com o cliente, gostei muito do resultado que você conseguiu, mas... não devia ter atrasado o envio da nota fiscal, não é mesmo?

Dessa maneira, todo o reconhecimento se perde; um momento de comemoração e intensa vibração que serve para carregar as baterias do liderado para voar ainda mais alto acaba se tornando um momento comum e sem nenhum glamour – é nítido que os chefes, ou mesmo os líderes, têm extrema dificuldade em elogiar. Por isso sempre se deve escolher se o momento é de elogio ou de crítica e fazer uso de apenas um deles. Os momentos de reconhecimento são caros e raros e devem ser usados pelo líder para fazer os funcionários encontrarem motivos para acelerar ainda mais. Deve-se deixar a crítica para um momento de avaliação periódica, no qual, aí sim, juntam-se coisas boas e ruins e se traçam planos de ação. Por outro lado, deve-se ter cuidado também com o elogio em excesso ou mesmo motivado por fatos corriqueiros – dessa forma ele perde o valor, soa vazio e falso.

3) Humor como premissa de contratação e comunicação ativa como forma de manutenção

Outro detalhe a se considerar é que não se obtém *performance* superior com mau humor. Como não existe critério de seleção que barre o seu ingresso, o mal-humorado entra na empresa e acaba sendo sempre o "do contra", o negativo. No processo de seleção, é preciso investir mais tempo e usar o conceito das dinâmicas de grupo. Nas empresas, o colaborador mal-humorado sempre faz bom uso da chamada "rádio-peão", ou tecnicamente, o sistema psicossocial presente em toda organização, que se alimenta de três grandes fontes: do negativismo, da ironia e da inveja – por exemplo, na "rádio-peão", o negativo obtém resultado muito maior do que o positivo, que será sempre agraciado com o adjetivo de "puxa-saco".

Nesse contexto, para conseguir instalar *performance* superior, a primeira coisa a fazer é avaliar os mecanismos de comunicação. Em geral, o jornal do sindicato circula mais rápido, com mais eficiência, e é muito mais lido do que os jornais da empresa. A melhor opção, talvez, seja cancelar todos os jornais, ficando apenas com uma revista da companhia entregue na casa do colaborador, pois no ambiente de trabalho a "rádio-peão" é tão forte que, se um operário pega a revista, lê uma notícia boa e comenta: "Olha, estão fazendo isso"; o companheiro retruca: "E você acreditou?"

O mais importante, porém, é que o chefe ou líder fale e interaja mais frequentemente com seus funcionários – não basta aquela reunião formal a cada quinze dias. A comunicação face a face, intensa e solapando os níveis, é a chave para assegurar um clima positivo e a consequente colocação dos negativos em seus devidos lugares – de preferência do lado de fora.

O envolvimento e comprometimento de todos não se obtêm quando se contrata uma megaempresa de consultoria para formular, em três ou quatro meses, uma estratégia de negócios que é comunicada aos gerentes em uma reunião que dura invariavelmente de uma a duas horas. É mais eficiente montar muitos grupos de trabalho, cada um discutindo novos mercados, novos produtos, vantagens competitivas sustentáveis, relação com *stakeholders* etc. Esses grupos pesquisam, discutem e depois é feito um primeiro *workshop* para reunir e apresentar as ideias. Retornando aos processos de discussão, a empresa faz um segundo, um terceiro e, se necessário, um quarto *workshop*, aprimorando e afunilando as ideias e chegando a diretrizes das quais as pessoas fizeram parte efetivamente, mostrando-se comprometidas com sua execução – os *workshops* acabam sendo um momento de disseminação, engajamento e comprometimento das equipes, internalizando mais natural e facilmente seus resultados, suas metas e a própria estratégia desenvolvida (a internalização aqui é natural, o que não ocorre quando estamos falando do modelo das grandes consultorias).

4) E os valores, onde ficam?

Em relação a valores, não basta pôr um quadro pendurado na parede com o título "Nossos valores", pois hoje a maioria das pessoas que chega à empresa nem sabe o que é valor, o que é ética.

Se a um jovem se perguntar o que é honestidade, é grande a probabilidade de se receber uma resposta como "depende" ou "em que contexto?" A sugestão é que no período de integração seja reservado um tempo significativo – de alguns dias, até para imprimir a sua real importância – para uma "escola de valores". Esse período não deve ser usado simplesmente para divulgar os valores da companhia, mas para que os novos colaboradores se enxerguem como pessoas e como parte de um contexto maior, que percebam que suas atitudes devem se basear em valores e, ao ler o que está escrito em "Nossos valores", saibam de verdade o que aquilo significa e como se reflete no seu dia a dia, na sua área, na sua vida – profissional e pessoal.

Como regra, é imprescindível que colaboradores que não compartilham os mesmos valores deixem a empresa – e esse é mais um ponto em que não se pode ser complacente; sem os valores não se tem confiança, nem uma relação sadia. Por isso a necessidade da criação da "escola de valores" no período de integração: a empresa não é um lugar para aqueles que não se subordinam integralmente a princípios que ordenam as relações de trabalho e desenvolvimento humano.

Por fim, também será importante assegurar nessa "escola de valores" que os colaboradores saibam o que significam realmente os valores, os princípios, a visão e a missão da companhia, e que eles consigam depreender como esses valores se aplicam ao seu dia a dia na empresa, como eles se refletem no trabalho de cada um.

5) Gostar de gente é diferente de gostar de coisas

Para conseguir o desempenho superior, não se pode tratar as pessoas como coisas. Pessoas tratadas assim se comportam como tal e, na melhor das hipóteses, respondem com comportamento condicionado. É um processo que podemos denominar de "coisificação das pessoas".

É fundamental conhecer as pessoas com quem se trabalha, saber o que as move internamente, quais são as suas necessidades, seus desejos e suas aspirações, e como fruto disso tudo inspirá-las ao desempenho superior. Claro que isso dá muito mais trabalho, mas quem aprende a gostar de gente sabe que, ao tratarmos os seres humanos como gente, eles atingem velocidades e desempenhos sem dúvida surpreendentes.

Deve-se considerar que existem áreas e disciplinas em que um "coisófilo" pode ser figura-chave, mas nesses casos a regra do jogo deve estar clara, e ao mesmo tempo não se deve cobrar desse colaborador algo que ele não pode prover, ou para o qual não foi treinado.

6) Rituais

Os rituais são os momentos de liderar. Toda organização tem seus próprios rituais de administrar, e todo líder possui suas liturgias e momentos com seus liderados, nos quais ele influencia e é influenciado. Esses momentos se repetem seguindo padrões, que são captados e utilizados pelos liderados em favor do conforto. Se em seu ritual coletivo com o grupo o líder entra duro na cobrança e na explicação dos desvios, o grupo aprende rapidamente a não trazer informação de desvios para a reunião – assim, os rituais acabam perdendo seu impacto e sua liderança também.

Os rituais servem propósitos importantes em termos de liderança. Neles o líder alinha o *mind-set* do grupo para o que é importante e o que não é. Muitos líderes reclamam que sua equipe não consegue definir prioridades ou tomar decisões quando, na verdade, foi o líder quem não teve a preocupação de alinhar o grupo e de fazê-lo entender o modelo mental que necessita ser adotado para a área em questão. Muitas vezes ele alinha e orienta individualmente cada liderado em rituais individuais, mas, para não perder tempo, o chefe ouve seu liderado ao mesmo tempo em que responde seus e-mails. O ritual individual até existe, mas não cumpre o seu papel. Cria espaços para *feedback* e trabalha sob gestão por consequências, mas se esquece dos rituais de reconhecimento.

A pergunta que se deve fazer é se os rituais estão sendo pensados e trabalhados para que cumpram esses papéis. Se os liderados já se acostumaram com a forma como o líder conduz esses rituais, eles provavelmente já se tornaram pouco eficazes. De tempos em tempos, o líder precisa rever seus rituais e renová-los. Por exemplo, se faz a reunião de equipe toda semana, mudar para quinzenal ou vice-versa – deve modificar a pauta, o local, a coordenação, a ordem das coisas. E pensar em como tem fornecido os *feedbacks* à sua equipe e alterar também esse ritual – local, formato, duração etc. O mesmo vale para o reconhecimento, se é que o líder o tem feito – deve buscar surpreender seus liderados, tirando-os da zona de conforto. Atitudes como essas promoverão, sem dúvida, uma desacomodação extremamente saudável.

7) Proatividade

Liderar significa sair na frente e mobilizar outros no mesmo esforço e na mesma direção.

É comum o conceito de que liderar é cumprir ordens superiores e responder às pressões da organização – isso é chefiar!

Nesse contexto, a atitude mais crítica que surge é a passividade. Diante de um estímulo externo, as pessoas passivas simplesmente o ignoram, se isolam ou se recolhem diante das mudanças, pressões e situações. Esse tipo de atitude é percebido rapidamente, e esses indivíduos são rotulados de resistentes. Como eles não mudam, em geral acabam saindo da organização.

Mas também existem os reativos, pessoas que, mediante o estímulo externo, reagem e se movimentam. Porém, assim que o estímulo se interrompe, os indivíduos reativos também param. Reagem, adaptam-se e assim seguem, sempre respondendo às pressões do ambiente, mas nunca se antecipando a elas.

A terceira postura é a proativa. O indivíduo proativo percebe o estímulo antes de ele estar presente e antecipa os movimentos. A proatividade não só alivia todo o desgaste decorrente da pressão no ambiente de trabalho como evita essa pressão. Trabalhar proativamente não significa trabalhar mais. O que se faz é preparar-se para o estímulo e suas decorrências e ações necessárias. Na realidade, às vezes trabalha-se até menos, pois com o planejamento os proativos conseguem fazer estritamente o necessário, evitando retrabalhos.

Um dos fatores que mais atrapalham a proatividade na liderança é a autopercepção das pessoas – ninguém se acha passivo ou reativo, é muito difícil encontrar alguém que consiga admitir que não é proativo, ainda mais numa posição de chefia. Para constatar como se está em relação a isso, não basta a autopercepção, é necessário perguntar aos outros sua opinião. Essa pergunta foi feita de maneira protegida, na forma de votação anônima, e nossas pesquisas mostram que pouco mais de 10% dos líderes são de fato vistos como proativos. Para comprovar essa afirmação, a pergunta deve ser feita questionando se o líder sofre muita pressão no dia a dia (sofrer pressão é sinal de reatividade). O pior disso tudo é que alguns respondem, com grande orgulho e satisfação, que sofrem muita pressão. E a culpa da pressão é sempre do próprio líder e de sua postura.

Portanto, ser proativo é estar na frente, e não há como estar na frente apenas cumprindo metas. É preciso dedicar um pouco de tempo a olhar adiante e antecipar o futuro. Nesse momento é que surge o conceito de "causa" ou "obra".

Os líderes proativos lideram com um projeto para sua área, que os remete ao futuro, por meio do qual as metas fluem naturalmente. Projetos de futuro são fontes de inspiração e motivadores para os liderados. É muito difícil pensar em motivação quando se usam apenas as metas. O que mais energiza: fazer uma parede de tijolos ou construir a catedral da cidade? O projeto e o desafio envolvidos criam motivos coletivos que fazem com que as pessoas queiram ir além. Nesse momento, o líder pressiona a organização, e não o contrário. Ser proativo não é se achar proativo, mas sim lançar a área no amanhã, pensar adiante.

8) Estilos gerenciais

A forma como os líderes interagem com seus liderados é chamada de *estilo gerencial* e costuma derivar de características peculiares da personalidade do líder.

Alguns mais extrovertidos – e essa é uma característica de personalidade – têm mais facilidade na interação e no estabelecimento de relacionamentos, enquanto os mais introvertidos procuram maior profundidade nas abordagens com os liderados, embora sejam mais distantes, e assim por diante.

A personalidade da pessoa é o que ela é; entretanto, o que o indivíduo é nem sempre corresponde ao que uma determinada equipe necessita em dado momento. Com isso, a personalidade precisaria mudar com as necessidades dinâmicas de equipes, o que seria algo fora da realidade, pois a personalidade se cristaliza na adolescência dos indivíduos e dificilmente se modifica. A outra saída seria trocar o líder sempre que se modificarem as necessidades da equipe, o que também é impraticável.

Resta, portanto, a opção de o líder adquirir um repertório daquilo que ele *faz* na interação com liderados, que pode ser substancialmente diferente do que ele *é*. É como se ele precisasse assumir um personagem para atuar em uma peça de teatro – um mesmo ator pode interpretar diversos personagens, e isso traz uma enorme flexibilidade para o líder e responde de maneira dinâmica às necessidades da equipe e de sua área.

Portanto, o estilo de um líder passa não mais a ser o que ele *é*, mas o que ele *faz*. Um líder bem treinado é capaz de modificar o que faz entre situações e pessoas, adaptando-se às necessidades e contribuindo muito mais. O problema é que isso demanda enormes esforços e traz desconforto ao líder. Atuar de acordo com as necessidades exige observação e percepção a todo momento, bem como energia e atenção muito maiores.

Se esse assunto não estiver na agenda do dia a dia, o líder acabará retornando a seu estilo de conforto, que ora pode se adequar, ora pode estar distante das necessidades de sua equipe e área.

9) Equilíbrio emocional

Os líderes são observados e analisados a cada segundo. A cada interação, eles têm o poder de provocar reações positivas ou negativas em seus liderados. A cada interação tem-se a força de trazê-los para mais perto ou afastá-los um pouco mais; todo momento de contato produz compromisso ou descompromisso. Como os momentos são muitos, existe uma banalização da relevância desses contatos e uma despreocupação com a forma como são feitos.

Uma especial importância teria de ser dada aos momentos em que as emoções dos líderes os levam a formas de interação que afastam e descomprometem seus liderados. Claro, os líderes são seres humanos e, como tais, experimentam emoções – e as emoções são muito importantes; afinal, elas nos movem. Algumas, no entanto, para o lado errado: raiva, ansiedade, angústia, frustração, depressão, inveja e tristeza são normais, mas em geral trazem impactos negativos na relação do líder com seus liderados.

Saber discernir as diferentes emoções a cada momento em que surgem talvez seja uma grande evolução em termos de liderança. Muitas vezes, quando nos damos conta, a emoção já tomou conta e já é tarde demais. A percepção como primeiro passo e o controle, como segundo, tornam a atuação do líder muito mais objetiva, sensata, consistente e essencialmente mais justa – lembrar sempre de contar até dez. Ao recordarmos os melhores líderes que já existiram, vemos que eles possuíam essas capacidades emocionais. Os mais impulsivos terão mais dificuldade, mas essas capacidades são aprendidas com um pouco de exercício e força de vontade, e fazem toda a diferença no processo de conquistar o verdadeiro engajamento.

10) Demais ingredientes
Trabalhar fortemente a sociabilidade e a colaboração é uma questão-chave. A sociabilidade pode surgir de forma natural tanto para o bem como para o mal; quando ela se transforma em panelas de conluios e autossustentação – é imprescindível levá-la para o lado do bem. Quando não surge naturalmente, devem-se criar situações fora trabalho para que os integrantes do grupo se conheçam sem a farda, sem a armadura do trabalho – importante assinalar que se trata de "se conhecerem", não que precisem se tornar os "melhores amigos". Quando os indivíduos se conhecem melhor, abrem espaço para a colaboração, que é o outro ponto essencial ao alto desempenho.

Em muitas situações a colaboração depende de uma ação gerencial, e o líder tem de forçá-la criando objetivos, metas e projetos compartilhados, em que a contribuição conjunta seja essencial para que todos percebam a diferença que a colaboração faz para a alta *performance*.

Deve-se também dar ênfase à busca do conteúdo e da criatividade em todas as pessoas. Em tese, ninguém deveria ter apenas um trabalho ou um projeto em sua empresa. O melhor seria que houvesse um que o funcionário já sabe desempenhar – no qual usará os braços – e outro que ainda não sabe – no qual usará a cabeça –; e ambas as capacidades devem ser trabalhadas simultaneamente.

Quando os indivíduos se veem obrigados a fazer apenas aquilo que já sabem, tendem a se acomodar e a reclamar de tudo o que percebem de errado. Usam a cabeça, que não tem de empreender nenhum esforço, para encontrar aquilo que não está tão bom e reclamar. Ao criar desafios que forcem também o cérebro, estaremos obtendo todo o potencial de cada um sem o clima ruim de reclamação. Deve-se, por fim, dar ênfase à autonomia ao limite, suprimindo qualquer resquício de "Manual de alçadas", e assegurar que as pessoas tenham visibilidade. Esta, sim, é uma das mais fortes moedas de troca do desempenho livre, pois, quanto mais visível o indivíduo se tornar, maior será a sua esperança de valer mais profissionalmente, em qualquer organização. Sempre que o funcionário se sente com espaço, acelera os seus mecanismos de permanência na companhia.

Todos esses pontos precisam ser inseridos no processo de capacitação, acompanhamento e certificação. Pode-se notar que liderar para a alta *performance* não é uma grande ação, mas uma soma de inúmeras pequenas atitudes; e não basta que elas sejam realizadas, precisam ser percebidas, notadas, o que só ocorrerá quando se confundirem com o próprio cotidiano do líder.

Conclusão

A passagem do condicionado ao desempenho livre exige uma revolução na qualificação gerencial, que implica redesenhar o sistema de dirigir as pessoas em toda a empresa. Não se deve tentar obter isso via campanhas, porque elas funcionam por certo tempo e depois voltam ao padrão anterior. Treinamentos básicos e *workshops* são ainda menos eficazes. É preciso fazer todo um trabalho de intervenção na cultura existente.

Daí a crença de que a certificação é um caminho relevante e que viabiliza a transformação de forma perene. Entretanto, a certificação incomoda. O sistema imunológico irá repetidamente atacá-la e tentará a todo custo desqualificá-la. Nesse momento, apenas a crença da alta administração em relação ao modelo adotado é que sustentará a mudança. Sem essa crença muito forte e demonstrada a todo momento para toda a organização, serão grandes os riscos de jogar todo o esforço fora.

Em geral, o processo é deixado em segundo plano quando o desempenho chega a bons níveis, mesmo quase "matando" os funcionários. Porém, ao decidir-se executá-lo, será preciso assumir que, efetivamente, o desempenho livre é um diferencial competitivo, e não apenas uma forma de conquistar o troféu de melhor empresa para se trabalhar. Mais que isso, com o desempenho livre e o processo de certificação, temos a garantia de que a liderança irá produzir valor muito superior ao custo que ela implica.

Mensagem final

No âmbito organizacional

Certificar líderes é um processo de fazer a seleção de novo daqueles que já ocupam as posições. Pode ser algo doloroso e, portanto, a decisão de fazê-lo depende da alta direção, pois não existem mudanças de baixo para cima.

No âmbito de cada gestor

A aplicação de todos os conceitos, técnicas e métodos contidos neste manual de sobrevivência e crescimento para o gestor além da hierarquia exige decididamente o salto final para a ação. Exige muita coragem, muita autodeterminação. Ao ler este livro, tenho certeza de que neste instante você, além de ter entendido o caminho, pode sentir se sua equipe está ansiosa para assumir riscos e tentada a fazer coisas novas. Seu time necessita apenas de um empurrãozinho para entrar em ação. Você é o responsável por ajudar seu pessoal a dar esse salto, por acionar o mecanismo de autodeterminação na busca e na geração de prosperidade. Acredite!

A essa altura você pode estar pensando que precisa de mais conhecimento para dar esse salto. Lembre-se de como aprendeu a andar de bicicleta. Não foi estudando a teoria da aerodinâmica, muito menos o impacto dos ventos na mobilização de máquinas de duas rodas. Você aprendeu a andar de bicicleta andando. Pegou-a, sentou-se, caiu uma vez, duas, mas em hipótese alguma deixou de tentar outra vez. Você andou de novo, cometeu erros, ralou o joelho, machucou o braço, sentou-se novamente, deu mais algumas pedaladas e, finalmente, conseguiu tornar-se reconhecido em seu bairro como uma das pessoas que melhor andavam de bicicleta.

É esse meu intuito: dar a você, leitor, um mecanismo para que não precise "sair correndo" na busca do maior aproveitamento dos conceitos e das técnicas. Quero que com este livro você consiga posicionar-se, andar, errar, voltar, andar, voltar e andar. Não admito que tente usar os conceitos apresentados neste livro e não consiga, pois levei anos para aprender tudo o que está aqui e tenho certeza de que dá certo.

Por isso estou certo de que estudar este conteúdo realmente irá ajudá-lo em seu salto de coragem. Mas não tente simplesmente, execute e aprenda sempre. Só assim essas informações poderão incorporar-se a seu dia a dia e a seu sistema de gestão, independentemente da empresa em que você estiver.

Boa sorte nessa empreitada!

Referências

BAND, W.A. *Competências críticas*. Rio de Janeiro: Campus, 1997.

BEER, M. et al. *The Critical Path to Corporate Renewal*. Boston: Harvard Business School Press, 1990.

BENNIS, W. & BIEDERMAN, P.W. *Os gênios da organização*. Rio de Janeiro: Campus, 1999.

BENNIS, W.; BIEDERMAN, P.W. & NANUS, B. *A formação do líder*. São Paulo: Atlas, 1996.

_____. *Why Leaders Can't Lead*. São Francisco: Jossey-Bass Publishers, 1990.

_____. *Leaders*. Nova York: Harper & Row, 1985.

BERGAMINI, C.W. *Motivação nas organizações*. São Paulo: Atlas, 1997.

BLAKE, R.R. & MOUTON, J.S. *O grid gerencial III*. São Paulo: Livraria Pioneira, 1989.

BOYETT, J. & BOYETT, J. *O guia dos gurus II*. Rio de Janeiro: Campus, 2001.

BRACHE, A.P. & RUMMLER, G.A. *Melhores desempenhos das empresas:* ferramentas para a melhoria da qualidade e da competitividade. São Paulo: Makron Books, 1992.

BRADFORD, D.L. & COHEN, A.R. *Excelência empresarial*. São Paulo: Harbra, 1985.

BRIDGES, W. *Mudanças nas relações de trabalho*. São Paulo: Makron Books, 1995.

BUCKINGHAM, M. & COFFMAN, C. *Primeiro quebre todas as regras*. Rio de Janeiro: Campus, 1999.

CAMP, R.C. *Benchmarking:* o caminho da qualidade total. São Paulo: Biblioteca Pioneira de Administração de Negócios, 1993.

CARTHY, J.J. *Por que os gerentes falham*. São Paulo: McGraw-Hill, 1998.

COLLINS, J.C. & PORRAS, J.I. Propósito, missão e visão. In: *Stanford Business School Magazine*, vol. 57, n. 4, 1989.

CONNER, D.R. *Gerenciando na velocidade da mudança*. Rio de Janeiro: IBPI Press, 1995.

COVEY, S.R. *Os sete hábitos das pessoas muito eficientes*. São Paulo: Nova Cultural, 1989.

DEPREE, M *Leadership Is an Art*. Nova York: Doubleday, 1989.

DRUCKER, P.F. *Inovação e espírito empreendedor*. São Paulo: Pioneira, 1987.

FOURNIES, F.F. *Coaching for Improved Work Performance*. Nova York: Van Nostrand Reihold, 1978.

GOUILLART, F.J. & KELLY, J.N. *Transformando a organização*. São Paulo: Makron Books, 1996.

GOZDZ, K. *A construção da comunidade como disciplina da liderança*. São Paulo: Cultrix, 1992.

GUBMAN, E.L. *Talento*. Rio de Janeiro: Campus, 1999.

HAMEL, G. *Liderando a revolução*. Rio de Janeiro: Campus, 2000.

HANDY, C. *The Hungry Spirit*. Nova York: Broadway Books, 1998.

_____. *A era da transformação*. São Paulo: Makron Books, 1997.

_____. *Tempo de mudanças*. São Paulo: Saraiva, 1996.

HARVARD Business Review Book. Gestão de pessoas, não de pessoal. Rio de Janeiro: Campus, 1997.

HICKMAN, C.R. & SILVA, M.A. *A perfeição como lema*. Rio de Janeiro: Record, 1984.

KATZENBACH, J.R. *Os verdadeiros líderes da mudança*. Rio de Janeiro: Campus, 1996.

KEPNER, C.H. & BENJAMIN, B. Tregoe. *Administrador racional*. São Paulo: Atlas, 1971.

KIRBY, T. *O gerente que faz acontecer*. São Paulo: Maltese/Norma, 1991.

KOTTER, J.P. *Liderando mudança*. Rio de Janeiro: Campus, 1997.

KOTTER, J. *Organizational Dynamics*. Reading, Mass.: Wesley Publishing Company, 1978.

KOUZES, J.M. & POSNER, B.Z. *Credibilidade*. Rio de Janeiro: Campus, 1994.

_____. *O desafio da liderança*. Rio de Janeiro: Campus, 1991.

MANS, C.C. & SIMS JR., H.P. *Empresas sem chefes!* São Paulo: Makron Books, 1996.

MARQUES, A.C.F. *Deterioração organizacional*. São Paulo: Makron Books, 1994.

MAXWELL, J.C. *Desenvolva sua liderança*. Rio de Janeiro: Record, 1993.

MOREIRA, B.L. *Ciclo de vida das empresas*. São Paulo: STS, 1999.

MORGAN, G. *Imagens da organização*. São Paulo: Atlas, 1996.

ODIORNE, G.F. *Análises dos erros administrativos*. Rio de Janeiro: Interciências, 1979.

PETERS, T.J. & WATERMANN JR., R.H. *Vencendo a crise* – como o bom senso empresarial pode superá-la. São Paulo: Harper C. Row do Brasil, 1983.

PETERS, T. *Rompendo as barreiras da administração*. São Paulo: Harbra, 1993.

PINCHOTT III, G. *Intrapreneuring*. São Paulo: Harbra, 1989.

PORTER, M. *Vantagem competitiva*. Rio de Janeiro: Campus, 1989.

_____. *Competitive Advantage:* Creating and Sustaining Superior *Performance.* Nova York: The Free Press/a Division of Macmillan, Inc, 1985.

QUINN, R.E. *Desperte o líder em você.* Rio de Janeiro: Campus, 1998.

RANDSEPP, E. *A arte de apresentar ideias novas.* São Paulo: Fundação Getúlio Vargas, 1986.

RAY, M. & RINZLER, A. (orgs.). *O novo paradigma nos negócios.* São Paulo: Cultrix, 1999.

REBOUÇAS, D.P. *Planejamento estratégico.* São Paulo: Atlas, 1996.

REICHHELD, F.F. *Estratégia da lealdade.* Rio de Janeiro: Campus, 1996.

RENESCH, J. (org.). *Novas tradições nos negócios.* São Paulo: Cultrix, 1999.

RIBEIRO, J. *Fazer acontecer.* São Paulo: Cultura Editores Associados, 1994.

ROBBINS, A. *Poder sem limites.* Rio de Janeiro: Best Seller, 1987.

SCHRADER, M. *Stories of Success, Inspiration for the Entrepreneur.* Nation's Restaurant News, 1998.

SENGE, P.M. *A quarta disciplina.* Rio de Janeiro: Best Seller, 1993.

TICHY, N.M. & COHEN, E. *O motor da liderança.* São Paulo: Educator, 1999.

TONASKO, R.M. *Reformulando e redimensionando sua empresa para o futuro.* São Paulo: Makron Books, 1992.

USEEM, M. *O momento de liderar.* São Paulo: Negócio Ed., 1999.

VRIES, M.F.R. K. *Liderança na empresa.* São Paulo: Atlas, 1997.

VROOM, V.H. & YETI'ON, P.W. *Leadership and Decision.* Pensilvânia: University of Pittsburgh Press, 1973.

WILLIS, R. What's Happening to America's Middle Managers? *Management Review*, 1987.

Contato com o autor:
mandelli.cons@uol.com.br